검색 1위를 뛰어넘는
브랜딩 전략 6단계

네이버 마케팅 컨설팅북

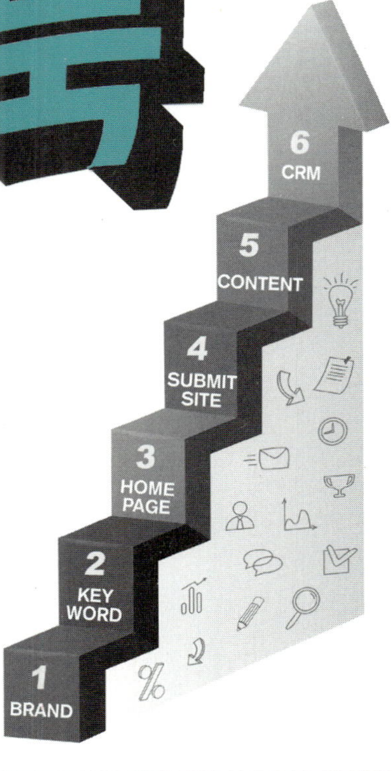

오종현 지음

1 BRAND
2 KEY WORD
3 HOME PAGE
4 SUBMIT SITE
5 CONTENT
6 CRM

e 비즈북스

프롤로그

이 책을 기획할 즈음 단식원을 컨설팅한 적이 있다. 작은 규모의 단식원이었던 그곳은 사장님과 단식원 운영에 필요한 직원으로만 구성되어 있었다. 마케팅에 전적으로 에너지를 쏟을 수 있는 담당자는 없었다. 부득불 사장님이 단식원 운영뿐만 아니라 마케팅도 해야 하는 상황이었다. 컨설팅을 할 때 사장님의 첫 질문은 다음과 같았다.

"블로그를 먼저 해야 할까요? 카카오스토리를 먼저 해야 할까요?"

마케팅을 위해 무료 홍보 채널을 구축하는 것이 급선무라고 생각했던 것 같다.

"사장님, 더 중요한 건 마케팅 프로세스를 구축하는 것입니다. 우선 ❶브랜드 콘셉트를 결정하고 ❷콘셉트에 맞는 키워드 추출한 후 ❸홈페이지를 구축한 다음 ❹사이트 및 지도를 등록해야 합니다. 그 후 ❺신규 고객의 유입을 위해 네이버 통합검색에 전략적으로 도배해야 합니다. 사장님이 생각하시는 블로그와 카카오스토리는 이 단계입니다. 그리고 단식원 오픈 후에 ❻기존 고객을 관리하는 시스템도 필요할 것입니다."

단식원을 컨설팅하면서 1단계에서 6단계로 나눠 구체적인 전략을 구성했다. 이때 중요한 것은 단식원에서 꼭 필요하고, 실행 가능한 전략이어야만 한다는 것이었다. 아무리 좋은 전략도 대기업에서 할만한 전략이라면 작은 규모의 사업체에서는 절대 할 수 없다. 흉내는 낼 수 있을지 몰라도 마케팅 성과로 끌어올리기엔 한계가 많다. 그래서 작은 규모의 사업체에서 할 수 있는 마케팅 전략을 단계별로 구성해 실행하고 평가하는 것이 중요하다.

많은 사람들은 온라인 마케팅이라고 하면 블로그, SNS, 유튜브 등을 떠올린다. 그리고 이미 거기에 맞는 다양한 책과 강의가 쏟아져 나오고 있다. 그리고 단식원 사장님처럼 규모가 작은 사업체를 운영한다면 먼저 블로그에 첫 번째로 글을 남기거나 페이스북과 카카오스토리에 자신의 채널이 오픈되었다는 것을 알리면서 마케팅을 시작한다. 그런데 가만히 생각해보자. 블로그, 페이스북, 카카오스토리, 유튜브 등은 해물탕으로 치면 꽃게, 낙지, 새우 등 각각의 요리 재료일 뿐이다. 맛있는 해물탕은 요리사가 어떤 해물탕을 끓일 것인지 목적을 정하고, 거기에 맞는 재료를 선택하고 손질하고 맛있는 양념과 함께 끓이는 과정을 통해 완성되는 것이다. 돈이 많으면 더 다양한 재료를 사용할 수 있고, 돈이 없으면 예산에 맞는 적절한 재료를 사용한다. 즉 블로그와 페이스북, 카카오스토리, 유튜브 등은 브랜드 콘셉트에 맞춰 키워드를 추출하고, 키워드 중심으로 콘텐츠를 생산해 배포하는 데 사용되는 채널, 일종의 요리 재료이다.

브랜드의 콘셉트를 잡고, 콘셉트에 따라서 콘텐츠를 생산하고, 기업체의 상황에 맞게 콘텐츠를 배포하는 것! 이것이 이 책에서 다루고자 하는 내용이다. 마케팅 채널에 글이나 동영상을 올리고 노출시키는 방법을 설명하는 단순한 사용 설명서가 아니다. 또한 너무 어려운 마케팅 이론을 다루는 무거운 책도 아니다. 운영과 마케팅 두 마리 토끼를 잡아야 하는 단식원 사장님도 충분히 따라서 할 수 있을 만큼 간단하면서, 명확하게 브랜드 콘셉트를 잡아 콘텐츠를 생산하고 적절하게 노출시키는 것에 초점을 맞췄다.

자, 지금부터 마케팅 전략을 단계별로 알아보면서 실행해보자.

차례

프롤로그 • 004

1단계 내 사업의 맞춤 정장, 브랜딩하기

01 작은 기업의 브랜드 마케팅

왜 브랜드 마케팅이 필요한가 012 | 일반적인 브랜드 마케팅과 컨설팅 브랜드 마케팅의 차이 015 | 좋은 브랜드란? 016 | 브랜드에 따라 고객과 콘텐츠가 정해진다? 020 | 브랜드에 어울리는 노출 전략 022

02 고객을 위한 브랜드 포장법

브랜드 관련 노출하기 027 | 고객 후기의 힘 031 | 악성 후기 찾아 삼만리 035

2단계 브랜드에 맞는 키워드 추출하기

01 브랜드에서 키워드 추출하기

브랜드를 잘 표현하는 키워드 040 | 대표 키워드의 성향 분석 방법 042 | 목적에 따른 키워드의 다양한 형태 048 | 정보성 키워드 활용 057

02 키워드 추출 방법과 전략

자동완성 060 | 연관검색어와 추천검색어 062 | 네이버 검색광고 관리시스템 활용 065 | 경쟁 업체의 키워드 따라 하기 068 | 검색광고를 통해 키워드 우선순위 정하기 072 | 조회 수가 높은 키워드가 매출이 높다? 077

3단계 | 고객과 검색엔진이 좋아하는 홈페이지 만들기

01 홈페이지의 중요성

홈페이지가 마케팅의 중심인 이유 082 | 네이버 통합검색에서 홈페이지가 차지하는 비중 086 | SNS에서 홈페이지가 차지하는 비중 089

02 홈페이지 제작 훈수 두기

홈페이지 빌더의 종류 091 | 요즘의 홈페이지가 반드시 갖춰야 할 조건 098 | 홈페이지 제작 비용의 구성 099

4단계 | 사이트 및 지도를 전략적으로 등록하기

01 네이버에 출생신고를 하자

사이트 및 지도 등록의 조건과 혜택 104 | 사이트 등록 방법 107 | 지도 등록 방법 111

02 사이트와 지도를 등록할 때 이것만은 알아두자

네이버 사이트 및 지도 등록의 특징 117 | 등록을 다른 사람이 했을 때 122

03 서브 홈페이지를 통한 노출 전략

서브 홈페이지란? 127 | 주제에 따른 홈페이지 구성 방법 129 | 노출에 유리한 키워드 세팅 130

5단계 콘텐츠를 생산하고 노출시키기

01 좋은 콘텐츠의 조건

모바일에 최적화된 콘텐츠 134 | 30초 내로 핵심을 말하는 콘텐츠 137 | 포스팅 하나에 한 주제만 써야 하는 이유 139 | 동영상과 이미지, 지도 활용 방법 140 | 태그를 활용하라 144 | 똑같은 내용을 다양하게 표현하는 방법 145 | 효과적인 콜 투 액션 세팅 147 | 콘텐츠 생산의 필수 조건 세 가지 151 | 콘텐츠 작성 시 주의해야 할 세 가지 155

02 효과적인 검색 노출 방법

검색 노출을 해야 하는 이유 158 | 구글의 최근 검색 트렌드를 먼저 파악하자 160 | 네이버 통합검색의 특징 167 | 네이버 검색에만 있는 유사문서 172 | 은밀한 통로로 들은 네이버에서 상위 노출 작업이 가능한 영역 174 | 효과적으로 제목을 구성하는 방법 177 | 콘텐츠 생산의 시작인 네이버 블로그 179 | 블로그 상위 노출 요소 181 | 블로그에 글을 쓴 후 반드시 확인해야 할 것 184 | 카페를 직접 키우지 않고 카페 영역에 노출하는 방법 194 | 네이버 마케팅의 현실에 대한 솔직한 이야기 195 | 블로그 외 영역에서의 효과적인 노출 전략 198

03 온라인 광고 상품의 이해

네이버 검색광고란? 208 | 돈 주면 블로그 상위에 띄워준다는 파워컨텐츠 212 | 네이티브 광고란? 214 | 나에게 효과적인 광고 운영 전략 216

6단계 | 기존 고객을 관리하는 시스템 만들기

01 잦은 노출의 중요성

자꾸 보면 정이 든다 220 | 잦은 노출에 필요한 마케팅 채널 221 | 고객 정보의 DB화가 중요한 이유 223 | 노출 시기는 언제가 좋은가 224

02 기존 고객을 위한 혜택

충성 고객을 만들 콘텐츠 226 | 재구매 유도 전략 228

마무리 | 통계로 마케팅 성과 확인하기

01 마케팅 채널의 통계 분석

블로그 통계 분석하기 232 | 네이버 포스트 통계 분석하기 238 | 지식iN 집필 통계 분석하기 241 | 지도 통계 분석하기 243

02 홈페이지 통계 분석

로그분석 프로그램의 종류 245 | 유입률이 높은 키워드는 무엇인가 247 | 어떤 경로에서 많이 들어왔는가 249 | 체류 시간과 이탈률은 어떠한가 253 | 어떤 지역에서 많이 들어왔는가 255 | PC와 모바일의 유입 비율은 어떠한가 256 | 이 전화는 무엇을 보고 걸려왔는가 257 | 전략 점검 및 노출 계획 258

에필로그 260

1단계

내 사업의 맞춤 정장, 브랜딩하기

01 | 작은 기업의 브랜드 마케팅

'브랜드 마케팅'이라고 하면 왠지 규모가 커 보이고, 대기업에서 하는 마케팅인 것만 같다. 그래서 실제로 작은 업체에서는 브랜딩을 하지 않고 단순히 노출 위주의 마케팅을 진행하는 경우가 많다. 그러나 규모가 작을수록 보다 명확하게 브랜딩해야 한다. 브랜딩이 정해져야 콘셉트가 명확한 콘텐츠를 노출시켜 고객들에게 각인될 수 있다. 고객에게 내 브랜드가 긍정적으로 각인만 된다면 잠재고객은 내 팬이 될 수 있고, 내 팬은 자연스럽게 내 브랜드에 대한 긍정적인 이야기를 온라인과 오프라인을 통해 생산할 것이다.

모든 시작은 고객을 만족시킬만한 브랜딩에 있다.

1. 왜 브랜드 마케팅이 필요한가

한 시가 떠오른다. 그 시는 고등학교 때 배운 김춘수 시인의 〈꽃〉이다.

　내가 그의 이름을 불러주기 전에는
　그는 다만
　하나의 몸짓에 지나지 않았다.

　내가 그의 이름을 불러주었을 때
　그는 나에게로 와서
　꽃이 되었다.

브랜드가 고객에게 주는 가장 큰 영향이 바로 '의미'이다. 우리는 살아가면서 수많은 제품과 서비스를 경험하게 된다. 그런데 셀 수 없이 많은 제품과 서비스 사이에서 치열한 경쟁을 뚫고 뇌리에 남는 제품과 서비스가 있다. 공통점이 있다면 고객에게 강한 이미지를 남기고 있다는 것이다.

이미지, 인상, 느낌 등을 통해서 의미 없는 제품과 서비스, 특별한 의미를 가지는 제품과 서비스가 된다. 특별한 의미는 브랜드가 주는 가장 큰 마케팅 효과이다. 오리온 '초코파이'를 친구에게 받으면 친구의 따뜻한 정이 느껴지고, 일요일 점심은 농심 '짜파게티'를 만들어 먹어야 할 것 같고, 피곤하면 동아제약 '박카스'를 마셔야 할 것 같다. 이들 기업의 브랜드 파워는 대단하다. 롯데와 해태의 '초코파이'와 이경규가 광고했던 삼양 '짜짜로니', 그리고 일양약품 '원비-디'와 같은 약국에서 흔히 봤던 피로회복제 등 비슷한 제품과 서비스가 수없이 많지만, 머릿속에 강하게 남아 있는 것은 롯데의 '초코파이', 동아제약의 '박카스', 농심의 '짜파게티'이다. 고객에게 인지되기 위해서는 매력적인 광고가 중요한데, 이 광고를 구성하고 표현하는 핵심 요소가 바로 브랜드이다. 즉 탄탄한 브랜드가 있어야 광고를 통해 고객에게 매력적으로 어필할 수 있다.

브랜딩을 하는 업체는 많다. 그 사이에서 힘겹게 경쟁에서 살아남아 고객에게 인지도가 높아지면 브랜드 충성도가 높은 팬은 자연스럽게 생기기 마련이다. 이 팬들을 통해서 제품의 매출이 올라가는 것은 당연하며, 온·오프라인을 망라하여 다양한 경로로 퍼진 브랜드의 긍정적인 이야기는 신규 고객을 불러모으는 데 매우 강력한 힘을 가지게 된다.

애플의 '아이폰'이나 해태의 '허니버터칩'과 같이 열성적인 고객의 팬심과 자발적으로 적은 긍정적인 후기는 대기업의 일이라고 치부해버릴 수도 있다. 그러나 작은 기업과 개인사업자도 브랜딩만 잘 구축되어 있다면 팬심과 자발적인 후기는 의외로 쉽게 따라 온다.

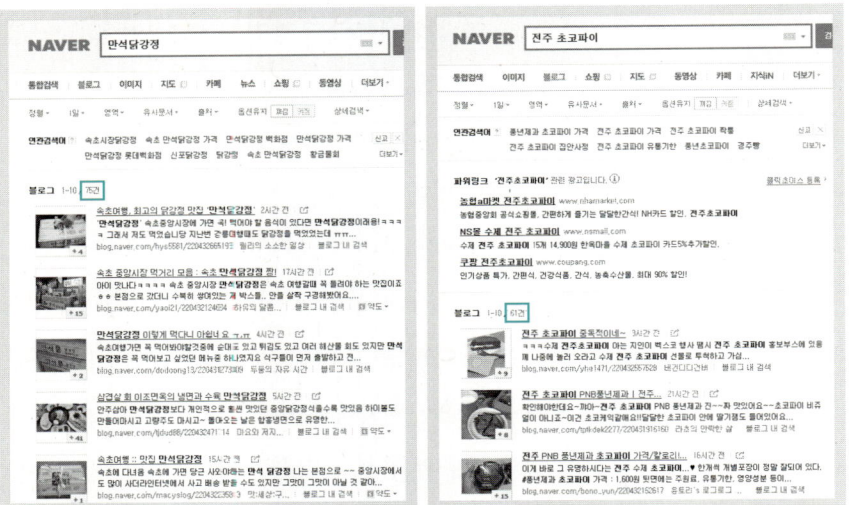

▲ 하루 동안 '만석닭강정(좌)'과 '풍년제과 초코파이(우)'에 대해 작성된 블로그 글

    '만석닭강정', '풍년제과 초코파이'의 경우 고객에게 자신의 브랜드를 강력하게 인지시킨 대표적인 사례이다. 만 하루 동안 고객의 후기가 각각 75건, 61건이 올라왔다. 온라인에서 고객들이 브랜드를 인지하고 자발적으로 한 후기 작성은 신규 고객의 구매를 유도한다. 이처럼 브랜드를 잘 구축하고 있는 것만으로도 얻을 수 있는 영향력은 실로 대단하다.

    브랜드 마케팅을 해야 살아남는다는 것은 이미 예전부터 있던 이야기이다. 실제로 많은 대기업이 기업에 맞는 브랜딩을 하고 그에 맞춰 제품이나 서비스를 생산하며(혹은 반대로 제품과 서비스를 먼저 만들고 적절한 브랜드를 입히거나), 이를 고객에게 어필하는 전략을 실천하고 있다.

    소규모 기업이나 개인사업자들은 '브랜드 마케팅'이라는 말이 생소하기 그지없을 것이다. 그러나 소기업과 개인사업자일수록 브랜딩은 굉장히 중요한 것이다. 대기업과 달리 쉽게 브랜드를 기획하고 여기에 맞춰 다양한 마케팅 전략을 펼칠 수 있기 때문이다. 대기업이 하나의 브랜드를 기획하고 움직이기까지는 많은 시간과 인원 그리고 예산이 투입되어야 한다. 실행 속도 역시 더딜 수밖에 없다. 실행 속도가 느리니 고객의 반응을 정확하기 살피기에도 많은 에너지가 들 수밖에 없으며 전략 수정 역시 느리다. 그러나 소기업과 개인사업자일 경우, 브랜드를 기획하고 움직이는 데 비교적 적은 시간과 인원, 예산으로 가능하다. 물론 대기업만큼 꼼꼼하고 체계적으로 접근하기엔 무리가 있지만, 쉽게 실행할 수 있고 현장에서 고객의 반응을 쉽게 체감할 수 있다는 점에서 전략의 수정이 빠르다.

브랜딩되지 않은 콘텐츠를 네이버 상단에 노출시킨다면 지하철 앞에서 나눠주는 전단지 그 이상 그 이하도 아니다. 따라서 노출 위주의 마케팅을 시작하기보다는 사업체를 빛낼 수 있는 브랜딩을 우선적으로 실천해야 한다. 브랜딩만 정해진다면 구체적인 노출 영역과 노출시킬 키워드, 그리고 콘텐츠를 정할 수 있다. 노출보다 브랜딩이 우선이라는 점을 잊지 말자.

2. 일반적인 브랜드 마케팅과 컨설팅 브랜드 마케팅의 차이

일반적인 브랜드 마케팅은 고객을 분석하고 구머 욕구를 충분히 자극할만한 브랜드를 구축하는 것이 우선이다. 그리고 그 브랜드를 고객에게 강력하게 각인시키기 위해 오프라인과 온라인 마케팅에 총력을 다한다. '고객 분석 → 브랜드 구축 → 마케팅'의 순으로 진행된다.

그러나 현장에서 컨설팅할 때는 브랜드 마케팅의 순서를 조금 달리한다. 물론 사업을 처음 시작해 고객 분석과 브랜드 도출 과정을 함께하는 경우는 일반적인 방법으로 진행되지만, 대부분은 브랜드가 정해진 상태에서 사업을 진행하다가 컨설팅을 요청하는 경우가 많다. 이런 경우 이미 정해진 브랜드를 점검하고, 브랜드에 매력을 느낄 만한 타깃 고객을 찾는 것을 우선으로 한다. 그리고 이렇게 필터링된 고객을 대상으로 구매 욕구를 자극하는 마케팅 전략이 뒤따르게 된다. 즉 '브랜드 분석 → 고객 필터링 → 마케팅'의 순서로 진행한다.

이 책을 읽는 많은 독자 역시도 이미 자신이 구축한 브랜드를 중심으로 마케팅을 진행하고 있을 것이다. 따라서 이 책에서 다루는 브랜드 마케팅 전략은 이미 구축된 브랜드를 어떻게 하면 고객들에게 매력적으로 노출시켜 매출로 이어지게 하는가를 핵심으로 할 것이다.

3. 좋은 브랜드란?

우선 내 제품과 서비스만의 차별성을 찾고 이 차별성을 중심으로 명확하게 브랜딩하는 것이 중요하다. 브랜딩은 모든 마케팅의 시작이다. 가급적 구체적으로 만들어야 한다. '상위 1%를 위한 영어 캠프', '원하는 목적에 최적화된 프로그램이 있는 단식원', '단순 상위 노출보다 마케팅 전략을 다루는 강의' 등 세밀한 타기팅이 중요하다. 즉 만인을 타깃으로 하기보다는 내 제품을 꼭 구매해줄 고객으로 타깃의 범위를 줄여야 한다.

필자가 컨설팅하고 있는 영어 캠프의 콘셉트는 '상위 1%를 위한 영어 캠프'이다. 일반 영어 캠프보다 비용이 비싸지만, 프로그램의 구성은 내 아이를 한 번쯤은 보내보고 싶을 정도로 탄탄하게 구성되어 있다. '좋은 프로그램에 비싼 영어 캠프 비용!'이 바로 업체를 생각하면 떠오르는 이미지이다.

이 영어 캠프를 이용하는 주 고객은 중산층 이상의 전문직 부모님이다. 프로그램을 직접 경험한 아이와 부모님의 후기를 통해서 프로그램의 생생한 현장감을 들려주고, 일반 영어 캠프 프로그램과 비교해 어떤 점이 매력 포인트인지 전문가의 의견을 빌려 노출시켰다. 노출 매체로는 네이버와 구글을 택했는데, 이는 다른 업체와 비슷하다. 그러나 구글의 비중이 타 업체에 비해서 높다는 점과 노출시킨 키워드, 콘텐츠 부분 면에서 다르다. 검색엔진 마케팅에서 네이버보다 구글의 비중이 높은 것은 전문직의 구글 활용도가 높다는 점에서 착안하였다.

또한 키워드와 콘텐츠 자체는 고급 영어 캠프와 관련된 내용을 활용했다. '블루리본스쿨', '미국써머스쿨', '호주정규학기참여' 등 이미 영어 캠프 영역에서는 고급스러운 키워드들이다. 또한 전문직이 많이 보는 커뮤니티와 오프라인 신문에도 광고를 진행했다. 오직 주 고객층에게만 노출되는 데 총력을 다했다.

그 결과 이 영어 캠프는 다른 업체에 비해 비교적 높은 비용이지만, 3회 이상 참가생이 256명으로 업계에서 재등록률 1위가 되었다. '상위 1%를 위한 영어 캠프'라는 콘셉트가 고객에게 어필되고, 프로그램이 만족스러워 재등록이 이루어진 것이다. 더욱이 기존 고객의 입소문을 통한 신규 등록 역시 30%로 꽤 높은 편이다.

한 단식원에서는 프로그램을 콘셉트로 내세운다. '나 오늘부터 단식하고 싶어'라고 즉흥적인 결정을 한 고객을 타깃으로 하기보다 '나는 ○○○한 이유로 단식하고 싶어'라는 명확한 목적의 고객을 타깃으로 하고 있다. 따라서 비키니 몸매를 위한 단식 다이어트, 승무원 준비를 위한 단식 다이어트, 예비 신부를 위한 단식 다이어트 등 프로그램이 명확하며, 그 프로그램을 중심으로 고객에게 효과적인 단식 프로그램을 제안한다. 당연히 프로그램에 의해 키워드를 정했고, 콘텐츠가 생산되었다.

또한 모바일 검색량이 많은 고객의 특성상 모바일에서 보기 좋은 형태로 네이버 블로그 및 포스트, 사이트 영역 노출을 시도했고, 20~30대 여성이 비교적 오랜 시간 머무는 페이스북과 카카오스토리에서 타기팅된 네이티브 광고Native AD를 집행했다. 단식원 오픈 초기에는 단식원 중심의 키워드와 콘텐츠를 노출시켰지만, 지금은 단식원을 노출시키기보다 프로그램을 내

세우면서 보다 명확한 목적의 고객들이 상담할 수 있게 되었으며, 상담의 성공률도 높아졌다.

필자의 경우도 살펴보자. 필자가 '오씨아줌마'라는 필명으로 생산해내는 콘텐츠는 블로그 상위 노출을 위한 어뷰징 정보는 거의 없다. 어떻게 하면 네이버와 카카오를 통해서 효과적으로 노출시키고 매출을 올리는가에 집중했다. '블로그 상의 노출', '네이버 상위 노출 방법', '카카오스토리 마케팅' 등 일반 광고대행사들이 경쟁적으로 잡는 키워드를 피하는 대신 '네이버 통합검색 마케팅', '블로그 운영 방법', '카카오스토리 통계' 등 마케팅의 전략과 방법에 관심이 있는 고객들을 유입시켰고, 이 고객들이 원하는 마케팅 방법과 전략을 글과 동영상으로 제공했다.

그리고 기존 마케팅 업체와의 차이점은 하나의 마케팅 채널에서 상위에 노출되기 위한 방법을 다루는 것이 아니라 온라인 마케팅 전체를 체계적으로 다룬다는 점이다. 기존의 불확실한 블로그 및 카페 상위 노출에 회의감을 느낀 고객, 기업에서 체계적인 마케팅을 하기 위한 분들에게 어필하고 있다. 현재 오씨아줌마 카카오스토리 채널의 구독자 수는 4천 명 이상이다. 그리고 이 중 30%는 오씨아줌마의 강의를 듣거나 오씨아줌마의 컨설팅을 받은 고객이며, 지속적으로 오씨아줌마가 제공하는 다양한 마케팅 소식을 듣고 있다.

영어 캠프는 '비싸지만 좋은 프로그램', 단식원은 '단식하는 목적에 최적화된 프로그램 제공', 오씨아줌마는 '온라인 마케팅 운영 전략에 대한 상세한 콘텐츠'가 브랜딩이다. 그리고 이 브랜딩을 통해 보다 명확한 마케팅 전략을 세웠고 고객들에게 구체적이고 일관된 콘텐츠를 제공하고 있다. 이처럼 한 기업체에서 심사숙고 끝에 브랜딩을 결정하면 브랜딩을 잘 표현하고 있는 키워드를 구체적으로 정할 수 있고, 이 키워드를 통해 매력적인 콘텐츠를 생산해 고객이 많이 보는 곳에 노출시킬 수 있다. 즉 브랜딩을 통해 키워드와 노출 영역을 정하면 내 제품을 구매할 가능성이 높은 고객에게 보다 쉽게 노출되고, 구매에 도움이 되는 콘텐츠를 노출시켜 실제 구매로 이어지게 하는 것이 핵심이다. 이는 기존의 경쟁이 심한 메인 키워드만 네이버 상위에 노출시키는 전략보다 효율적인 마케팅 결과로 도출될 수 있다. 좋은 브랜딩은 고객이 매력적이라고 생각하는 콘텐츠를 일관되게 노출시킬 수 있는 나침반의 역할을 한다.

그렇다면 당신에게 매력적인 브랜딩은 무엇인가? 나에게만 있거나 남이 내세우지 않는 '차별성'이다. 비슷한 종류의 제품이라도 기업이 이 제품에 어떤 의미를 부여하는가에 따라 전혀 다른 제품으로, 그리고 보다 매력적인 제품으로 고객들에게 어필할 수 있다. 필자의 부모님은 경북 청송이라는 곳에서 과수원을 한다. 여기까지는 사과를 키우는 다른 과수원과 동일하다. 차이점이 있다면 제초제를 치지 않는다는 점인데, 제초제를 치지 않으면 땅속의 다양한 생물이 활발하게 활동해 사과의 당도가 높아진다. 따라서 제초제를 치지 않는 것이 이 과수원만이 가질 수 있는 브랜딩이며, 제초제를 치지 않는 사과의 장점이 좋은 콘텐츠가 될 수 있다. 반면 다른 이웃의 과수원은 아침과 낮 시간에 클래식과 트로트를 세 시간씩 틀어준다. 이 과수원의 브랜딩은 음악을 듣고 자란 사과가 될 것이고, 음악을 듣고 자란 사과만의 다양한 콘텐츠가 이 과수원만의 콘텐츠가 될 것이다.

같은 아이템도 어떤 부분에 초점을 맞춰 브랜딩하는가에 따라 생산되는 콘텐츠가 달라지고, 타깃 고객이 달라질 수 있다. 만약 위 과수원에서 자신의 차별점을 내세우지 않는다면 평범한 '청송사과' 그 이상도 그 이하도 아니다. '청송사과'와 의미가 부여된 '제초제 없는 청송사과', '음악을 먹은 청송사과'는 전혀 다른 제품이라고 고객에게 인지될 것이고, 또한 고객은 그냥 '청송사과'보다는 브랜딩된 후자의 '청송사과'를 더 기억할 것이다. 또한 매출로도 자연스럽게 이어질 것이다.

4. 브랜드에 따라 고객과 콘텐츠가 정해진다?

한약 재료로 어린이 건강 식품을 생산하는 쇼핑몰의 마케팅을 담당한 적이 있다. 매우 인기 있는 제품은 '유산균'이었다. 당연히 쇼핑몰의 주 타깃층이 아기와 어린이이기 때문에 이에 맞춰 키워드를 추출하고, 콘텐츠를 생산했다.

그런데 재미있는 사실을 발견했다. 어머니들이 아이의 유산균을 같이 먹는 것이었다. 육아 카페의 한 어머니가 쓴 글에서 알게 되었는데 생각보다 많은 어머니가 유아용 유산균 제품을 함께 먹었다. 그래서 약간의 리뉴얼을 거쳐 유산균의 브랜딩을 온 가족이 함께 먹는 유산균으로 변경했다. 즉 유산균의 주 타깃이 아이에서 가족으로 넓어진 것이다. 그렇게 되니 과거에는 단순히 '어린이 유산균', '유아 유산균', '아기 배앓이', '아기 장 건강' 등 유아에 타기팅된 키워드만 사용했지만, 지금은 '가족 유산균', '임산부 유산균', '직장인 유산균', '변비가 심할 때' 등 가족 구성원에 타기팅된 키워드로 콘텐츠를 생산하게 되었다. 이처럼 브랜딩을 어떻게 하느냐에 따라서 타깃 고객이 달라지고, 생산되는 키워드와 콘텐츠 역시 달라진다.

내 아이템과 서비스를 예쁘게 포장할 수 있는 브랜딩을 정했다면, 브랜드에 맞는 고객과 키워드를 추출해야 한다. 브랜딩이 명확하면 명확할수록 키워드를 구체적이면서도 다양하게 뽑을 수 있다. 네이버 마케팅에서 가장 중요한 것이 키워드 추출이다. 고객은 검색창에 키워드를 입력해 나오는 네이버 통합검색 결과에서 원하는 콘텐츠를 찾기 때문이다. 즉 네이버 통합검색에서 어떤 키워드로 노출되는가가 고객에게 노출되기 위한 필수 관문인 셈이다.

키워드 추출 후에는 추출한 키워드에 맞는 콘텐츠를 생산하면 된다. 많은 분이 콘텐츠를 생산한 후 키워드를 고민하는데, 이는 고객의 관심을 끌 수 없는 콘텐츠가 될 가능성이 높다. 한의원의 예를 보자. 한의학에서 중요한 사상이 바로 주역이다. 그러나 일반인은 주역에 대해 관심이 없을 뿐만 아니라, 질환과 주역의 연관성 역시 찾기가 쉽지 않다. 상황이 이러하니 한의사가 주역에 대한 내용만 블로그에 쓰면 고객이 외면할 가능성이 높다. 실제로 한의원을 찾는 고객이 많이 검색하는 키워드가 '수술 없는 비염 치료'이다. 따라서 비염 치료 방법 중 수술을 통한 치료와 수술 없는 치료를 구분해서 설명하고, 고객에게 한의원 치료의 장점을 설명해주는 것이 고객이 원하는 콘텐츠일 것이다. 그리고 이런 콘텐츠를 고객이 보기 좋고 이해하기 쉽게 꾸미는 방법으로 사진, 동영상, 글 등을 활용하면 된다.

키워드 추출과 콘텐츠 생성에 대한 다른 예를 보자. 같은 곳에 가는 여행 상품이라도 신혼부부 중심의 프로그램인지 효도 여행 중심의 프로그램인지에 따라서 완전히 다른 타깃 고객층이 형성되고 이에 따라서 다른 키워드가 추출하게 된다. 신혼부부는 예비 신혼부부들이 검색할 만한 '신혼부부 추천 여행지', '신혼여행 추천 장소', '제주도 신혼여행' 등의 키워드를 타기팅하고, 젊은 고객들이 좋아할만한 사진과 동영상 그리고 글을 구성해야 실제 고객인 예비 신혼부부의 마음이 설렐 것이다. 반면 어르신을 타깃으로 한 여행 상품이라면 '해외 효도 여행', '부모님 효도 여행', '제주도 효도 여행' 등 어르신 혹은 부모님의 효도 여행에 대해서 알아보는 자녀들이 쉽게 검색할만한 키워드를 추출해야 하고, 타깃 고객이 좋아할만한 사진과 동영상, 글로 구성해야 한다. 당연히 여행 상품의 브랜딩에 따라서 키워드가 달라지고, 구성된 이미지와 동영상, 글이 완전히 달라질 것이다.

지금 당신의 아이템과 서비스를 빛낼 브랜딩을 잡았다면, 브랜딩을 중심으로 명확하게 타깃 고객을 설정하고 고객이 좋아하는 키워드를 추출해 매력적인 콘텐츠로 구성해 노출되는 것이 매우 중요하다.

5. 브랜드에 어울리는 노출 전략

단식원과 통증의학과의 경우를 살펴보자. 단식원과 통증의학과의 타깃은 완전히 다르다. 타깃이 다르기 때문에 브랜딩 역시 다르며, 마케팅 전략 역시 달라질 수밖에 없다.

단식원의 경우 오프라인 매장을 가지고 있기 때문에 타깃 고객은 실제로 방문할 수 있는 지역에 거주해야 하며, 20~30대 미혼 여성이라는 성별과 연령이 중요하다. 또한 홈페이지 유입 통계를 분석해보니 여성들이 다이어트에 대해서 검색할 때 '여름 휴가를 100일 정도 앞두고', '저녁 10시 이후에' '지역 명칭'을 활용했다. 이와 같은 분석은 명확한 브랜딩을 통해 타깃 고객층을 정하고, 키워드를 추출한 후 생산한 콘텐츠를 분석한 결과였다. 그렇다면 이 단식원은 기본적으로 지역 키워드 중심의 키워드 광고와 블로그, 사이트 영역 등을 통해 네이버에 노출시켜야 하며, 20~30대 여성들이 많은 시간을 보내는 페이스북과 카카오스토리 등의 SNS에 노출될 수 있는 네이티브 광고를 집행해야 한다.

실제로 정확한 타기팅이 가능한 네이티브 광고를 활용해서 광고가 노출되는 지역, 연령(20~30대), 성별(여성)을 정하고, 10시 이후에 적극적으로 노출시켰다. 상담은 전화와 카카오톡을 중심으로 운영했으며, 젊은 고객일수록 카카오톡을 통한 상담이 활발했다. 그리고 홈페이지의 유입 통계를 분석해서 세부적인 전략들을 수정했다.

반면 통증의학과의 경우는 단식원과 다른 전략을 취해야 했다. 고속버스 터미널 근처에 있기 때문에 서울 외의 지역에서 방문하는 고객층이 30% 이상 되었다. 척추, 관절, 대상포진 등 다루는 질환 자체가 40대 후반의 고객이 많았고, 네이버에서 질환 키워드를 통한 검색 유입이 제일 많았다. 재미있는 사실은 온라인을 통해 방문하는 고객을 분석하니 환자의 자녀가 검색을 통해 관련 정보를 찾은 후 부모님을 모시고 오는 경우가 많았다는 것이다. 그래서 네이버에서는 질환과 증상 중심의 키워드로 키워드 광고, 사이트, 블로그, 네이버포스트, 지식iN 등에 노출했으며, 연령층이 높은 고객들을 위해 카카오톡 상담이나 온라인 상담보다는 전화 중심으로 소통했다. 지방에서 오는 분들을 위해 '○○ 지역에서 버스로 1시간 30분 거리' 등의 표현으로 거리 상의 장점 역시 부각했다. 또한 젊은 자녀가 많은 시간을 보내는 SNS에 '내 부모님의 관절이 아프다면?', '어버이날 최고의 선물은 부모님 건강!' 등의 문구를 노출해 홈페이지 방문을 유도했다. 그리고 단식원과 동일하게 홈페이지 유입 통계를 분석해서 세부적인 전략을 수정했다.

  온라인에서 마케팅을 할 때 중요한 것은 어떤 영역에 어떻게 노출시키느냐이다. 온라인과 오프라인이 다르며, 지역, 연령, 성별에 따라서 그 전략을 달리해야 한다. 온라인 쇼핑몰과 오프라인 매장이 다른 이유는 온라인 쇼핑몰은 전국에 숨어 있는 잠재 고객을 대상으로 마케팅을 해야 하지만, 지역 기반의 오프라인 매장은 실제 방문이 가능한 고객을 대상으로 마케팅을 해야 하기 때문이다. 네이버 검색을 중심으로 보면 온라인 쇼핑몰은 아이템 자체를 부각시키는 광고와 노출을 시도해야 한다. '예쁜 스마트폰 케이스', '커플 스마트폰 케이스', '스마트폰 케이스 추천' 등 아이템을 잘 표현하는 키워드가 많다. 구매 가능성이 있는 고객에게 최대로 노출되는 것이 중요하다. 반면 오프라인 매장은 실제로 방문할 수 있는 고객에게 노출되어야 한다. 그래서 지역 키워드를 활용하는 것이 매우 중요하다. 만약 대구에서 미용실을 하고 있는데 홈페이지와 블로그 방문자 90%가 서울 사람이라면 마케팅이 잘못되고 있는 것이다. 서울에서 대구까지 머리를 하러 갈 가능성은 거의 없다. 따라서 '대구 디지털펌', '대구 복구머리', '경북대 졸업 헤어' 등 실제 방문 가능성이 높은 고객이 검색할 수 있는 키워드가 중요하다. 지역 키워드의 경우 구체적이면 구체적일수록 실제 방문할 가능성이 높다. 그리고 이런 키워드를 중심으로 네이버 키워드 광고와 블로그 외 다양한 영역에 노출시켜야 한다.

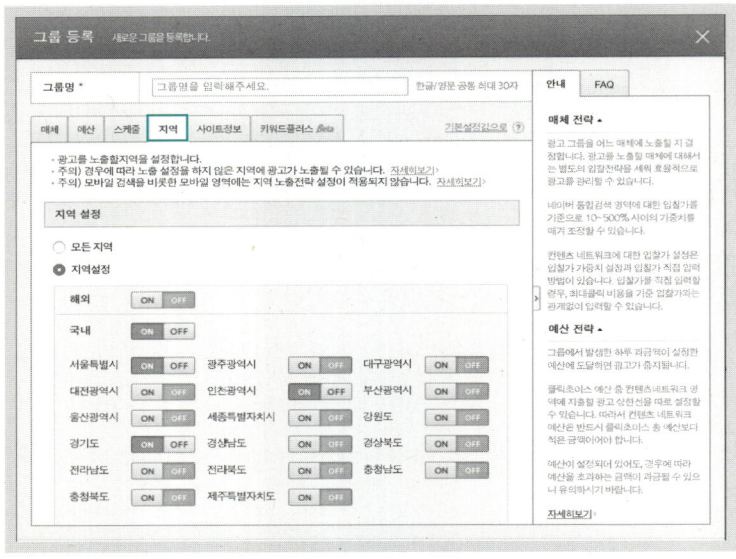

▲ 네이버 검색광고 지역 설정 화면

또한 광고 상품 자체에서도 노출되는 지역을 선택할 수 있다. 네이버 키워드 광고의 경우는 [그룹전략] 영역에서 노출 지역을 설정할 수 있기 때문에 오프라인 매장의 경우 필수적으로 적용해야한다. 카카오스토리에 노출되는 카카오 모바일 광고와 페이스북 광고의 경우도 노출되는 지역을 선택할 수 있다. 이는 굳이 올 수 없는 고객에게 내 광고를 노출시켜서 광고비를 낭비할 필요는 없다는 의미이다. 오프라인 매장의 경우 노출시키고자 하는 키워드 앞에 '지역명'을 삽입해 해당 지역의 관심 있는 고객이 볼 수 있게끔 하고, 광고 상품 자체의 옵션 기능을 통해서 노출 지역을 선택하면 된다.

▲ 카카오 모바일 광고의 타게팅 수정 화면

    페이스북과 카카오스토리에 노출되는 네이티브 광고의 경우는 검색광고보다 정확하게 '연령', '성별', '취미' 등을 지정해 노출시킬 수 있다. 카카오스토리에 노출되는 카카오 모바일 광고에서 노출시킬 수 있는 타기팅 옵션은 [플랫폼], [지역], [연령], [성별], [취미] 등 다양하다. 네이버가 키워드 세팅을 통해서 고객에게 노출시켰다면, 네이티브 광고는 타기팅 옵션을 통해 정확하게 내 고객에게 노출될 수 있다. 즉 내 고객층에 대해 자세히 알고 있다면 정확한 타기팅이 가능하다. 최근에는 모바일에서의 SNS 사용량이 많기 때문에 네이티브 광고도 적절하게 사용하면 매우 효과적이다.
    내 잠재 고객이 온라인에서 나를 쉽게 발견하게 하게 위해서는 되도록 고객의 지역, 연령, 성별, 취향 등을 정확하게 알아야 한다. 그리고 이런 조건은 키워드 세팅과 광고의 노출 옵션을 통해서 고객에게 효과적으로 노출시킬 수 있다. 이를 통해 타기팅된 고객에게 노출된다면 저렴한 유입 비용으로 최대의 전환율을 체험할 수 있을 것이다.

02 | 고객을 위한 브랜드 포장법

네이버 마케팅에서 가장 중요한 것은 내 브랜드가 어떻게 포장되어 있는가이다. 여기서 포장이란 검색에서 고객에게 신뢰도를 줄 수 있게끔 노출되어야 한다는 뜻이다. 그래서 고객이 검색창에 내 업체명 혹은 내 브랜드를 검색했을 때 신뢰를 주는 결과가 나와야 고객의 구매 결정에 긍정적인 영향을 줄 수 있다. 그러나 반대로 내 브랜드의 검색 결과에 악플 혹은 의도하지 않는 내용이 노출된다면 고객의 구매 결정에 부정적인 영향을 준다. 그렇다면 어떻게 해야 고객에게 신뢰를 줄 수 있는 브랜드로 포장할 수 있을까?

심사숙고 끝에 멋진 브랜드를 만들었다. 이제 고객에게 적극적으로 노출시켜야 한다. 그 방법이 바로 네이버 통합검색을 통한 노출이다. 만약 고객이 '오씨아줌마'를 검색했다면 목적은 두 가지일 가능성이 높다. 첫 번째는 오씨아줌마의 사이트에 방문하기 위해서, 두 번째는 오씨아줌마라는 브랜드가 어떤지 알아보기 위한 후기 검색일 가능성이다.

첫 번째 경우인 '오씨아줌마'를 검색해서 사이트에 방문하려는 고객이라면 기존 고객이거나 이미 오씨아줌마라는 브랜드를 알고 있는 고객이라고 할 수 있다. 이들을 최대한 빠르게 내 사이트에 들어갈 수 있게 해야 하는 의무가 있다. 마케팅 관점에서 보면 네이버에서 내 브랜드를 검색하고 내 사이트에 들어온 고객은 유입 비용이 가장 낮고 구매 가능성이 가장 큰 고객이다. 두 번째 경우인 오씨아줌마에 대한 후기를 읽으러 온 고객은 구매 결정을 위해 오씨아줌마에 대한 정보를 검색하는 것일 가능성이 높다. 즉 블로그, 포스트, 카페, 지식iN 등 다양한 통합검색 영역에서 오씨아줌마에 대해 긍정적인 내용이 있다면 구매로 이어질 가능성이 높다.

따라서 브랜드명을 네이버에서 검색했을 때는 브랜드와 관련된 사이트가 먼저 노출되어 고객의 방문을 쉽게 하고, 블로그, 포스트, 카페, 지식iN 등의 영역에서는 긍정적인 후기를 노출시켜 고객에게 신뢰를 형성해야 한다. 이 두 가지가 중요한데 지금부터 하나씩 알아보자.

1. 브랜드 관련 노출하기

PC와 모바일에서 네이버 검색창에 '오씨아줌마'를 검색하자.

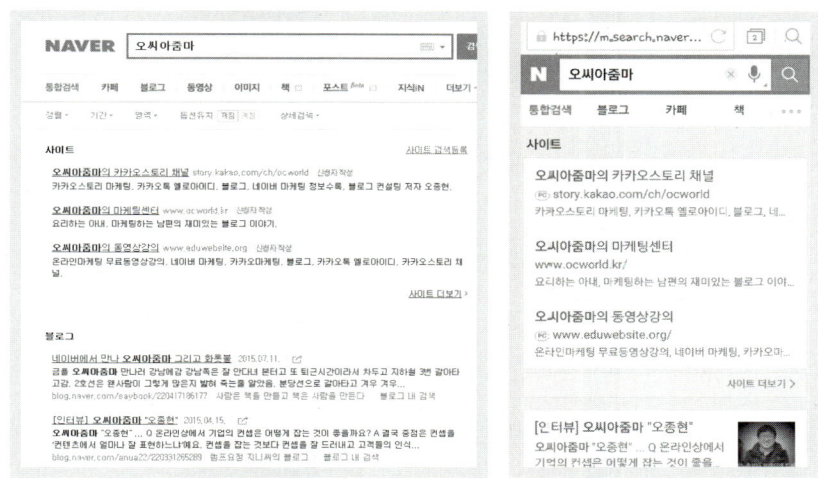

▲ 네이버 PC(좌)와 모바일(우)에서의 '오씨아줌마' 검색 결과

'오씨아줌마' 브랜드 사이트와 긍정적인 후기가 먼저 노출되는 것을 확인할 수 있다.

▶ 모바일에서 지도가 먼저 노출되는 오프라인 병원

오프라인 매장이 있는 경우는 지도가 먼저 노출되는 경우도 있다.

고객이 내 브랜드명 혹은 아이템명을 검색했을 때 사이트나 지도가 노출되는 것은 중요하다. 이를 위해서는 브랜드명을 '희소성' 있게 지어야 한다. 희소성 있는 이름을 쓰고 있는 업체는 쉽게 상단에 노출될 수 있지만, 희소성이 없는 브랜드명이라면 상단에 노출되기 위해서 많은 에너지를 쏟아야 한다.

희소성이 없을 경우를 보자. '포토트리 www.pototree.com'는 카메라 관련 제품을 판매하고 있다. 네이버 검색창에 '포토트리'라고 검색하면 '포토트리 photo tree'라는 제품을 판매하는 업체의 키워드 검색광고가 나온다.

▲ '포토트리' 검색 시 네이버 통합검색 결과

고객이 '포토트리www.pototree.com'라는 업체를 찾기 위해서는 통합검색의 상위에 노출되고 있는 파워링크를 지나서 사이트 영역에 가서야 겨우 찾을 수 있다. 즉 '포토트리www.pototree.com'는 검색 후 한눈에 사이트를 찾기엔 키워드 광고로 인해 번거로울 수밖에 없다.

▲ '드림마트' 검색 시 네이버 통합검색 결과

'드림마트'의 경우도 이와 마찬가지다. 업체명이 귀에 익숙하고 좋은 이름처럼 보이나, 전국에 굉장히 많다. 내 업체로 안내하기 위해서는 너무나 큰 장애물이다. 주소를 정확히 모르면 하나씩 클릭해서 들어가야만 한다.

▲ '촛불1978' 검색 시 사이트 및 지도 영역 결과

반면 고객이 기억하기 쉽고 희소성이 있는 브랜드의 경우는 통합검색에서 역시 눈에 띄게 노출된다. 네이버에서 '촛불1978'을 검색하면 결과 상단에 사이트와 지도 영역이 노출되면서 고객이 보다 쉽게 인지할 수 있다. 또한 블로그 및 카페 등 기타 영역에 노출되는 글도 '촛불1978'에 대한 글들만 노출되기에 고객이 업체 사이트, 위치, 후기까지 한눈에 알 수 있다.

고객이 브랜드명 혹은 제품명을 검색했을 때 내 사이트 혹은 지도가 먼저 최상단에 노출되는 것이 고객에 대한 예의이다. 그래야 고객이 큰 고민을 하지 않고 내 홈페이지와 지도 영역을 맞이할 수 있다.

2. 고객 후기의 힘

고객이 구매를 결정하기 위해서는 강력한 신뢰를 줘야 하는데, 이때 가장 큰 무기는 고객의 후기이다.

▲ '오씨아줌마' 검색 시 네이버 블로그 영역 결과

만약 고객이 오씨아줌마의 강의 혹은 책을 구매하기 위해서 '오씨아줌마'를 검색했을 때 블로그 영역에서 그림과 같이 노출된다면 고객은 오씨아줌마에 대해서 긍정적인 이미지를 가질 수 있다. 왜냐하면 이미 오씨아줌마의 강의를 듣거나 책을 구매한 사람이 긍정적으로 평가하고 있기 때문이다.

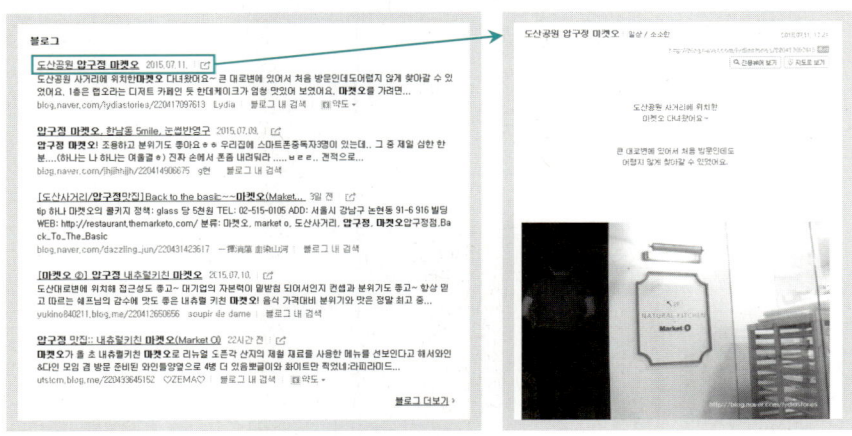

▲ '압구정 마켓오' 검색 시 네이버 블로그 영역 결과(좌)와 후기글 일부(우)

오프라인의 경우는 후기를 통해 고객이 간접적으로 매장을 경험할 수 있는 효과가 있기 때문에 더욱 중요하다. '압구정 마켓오'와 같은 오프라인 매장의 경우 매장의 위치, 내부, 제품, 서비스 등이 중요한데, 이를 다른 사람이 쓴 후기를 통해서 간접적으로 경험할 수 있으며, 다양한 후기를 많이 접할수록 실제로 방문할 가능성이 높아진다.

실제로 2013년 실시한 마케팅차트MarketingCharts의 '광고 채널 신뢰도Trust in Advertising'에 대한 설문 조사에 의하면 다른 고객의 긍정적인 리뷰나 평가는 브랜드를 검색한 고객에게 큰 신뢰를 준다고 한다.

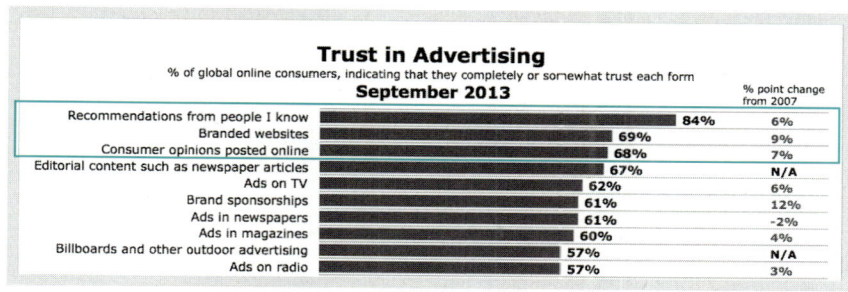

▲ 광고 채널의 신뢰도(출처: www.marketingcharts.com)

신뢰도가 높은 상위 세 가지가 '지인의 추천(84%)', '브랜드 웹사이트(69%)', '온라인상의 고객 후기(68%)'였다. 즉 다른 고객의 후기가 고객의 구매에 큰 영향을 미친다는 것을 알 수 있다. 하지만 이는 동시에 많이 놓치고 있는 부분이기도 하다.

▲ 한 지역의 피자 가게를 네이버에서 검색한 결과

한 지역의 피자 가게를 검색했을 때 블로그 영역 검색 결과를 보면 오로지 가게에서 운영하고 있는 브랜드 사이트의 글만 노출되고 있다. 고객의 글은 노출되고 있지 않으며, '블로그 더보기'를 클릭하지 않는 이상 후기는 확인할 수 없다.

이와 같이 도배된 검색 결과로 고객의 신뢰를 얻을 수 있을까? 아니면 길거리에 버려지는 전단지 정도로 생각할까? 따라서 최소한 고객이 내 브랜드명 혹은 아이템명을 검색했을 때는 블로그와 카페 영역에 고객의 긍정적인 후기가 우선적으로 노출되어야 한다. 긍정적인 후기는 고객의 구매 결정에 큰 영향을 미친다.

▲ 언론을 통한 브랜드 홍보

후기를 통한 브랜드 꾸미기 외에도 기사를 통한 홍보 역시 중요하다. '오씨아줌마'를 검색했을 때 노출되는 네이버의 뉴스 영역을 보자. 이 영역에 콘텐츠가 노출되면 고객에게 신뢰를 줄 수가 있는데, 노출시킬 수 있는 방법은 무엇일까? 언론사에서 취재를 나오는 경우도 있지만, 광고대행사와 제휴 프로모션을 통해 진행되거나 기사를 전문적으로 다루는 광고대행사에 비용을 지불하고 기사를 내는 경우가 대부분이다. 이와 같은 방법은 인지도 높은 신문에 한두 개 비싸게 내는 것보다 너다섯 개 기사를 인지도 없는 곳에 내는 것이 더 좋다. 고객은 네이버 검색을 통해 뉴스를 볼 때 생각보다 언론사의 브랜드는 크게 신경 쓰지 않는다.

언론 기사를 통한 홍보는 고객의 후기를 이끌어내는 것이 쉽지 않은 업종에 좋은 방법이다. 대표적으로 객단가가 높고 재구매율이 떨어지는 인테리어, 건축 등의 업종과 고객의 후기가 법적으로 금지된 병원의 경우이다. 또한 대출, 전당포와 같이 고객에게 후기를 요구하기 까다로운 업종도 마찬가지이다. 이런 업종이야말로 기사를 통해 고객에게 신뢰도를 주는 콘텐츠 공급이 매우 중요하다.

3. 악성 후기 찾아 삼만리

필자가 컨설팅했던 업체에 비상이 걸린 적이 있다. 업체명을 치면 '○○에서 머리를 했는데 완전 마음 상했어요'라는 제목의 글이 블로그 영역에서 첫 번째로 노출되는 것이었다. 네이버에서 한 달 동안 해당 업체명을 치는 횟수가 약 1천 회임을 감안하면, 적지 않은 고객이 이 블로그 글을 보게 될 것이다. 이 글을 본 고객은 진위와 상관없이 부정적인 이미지를 갖게 되는 것은 당연하다. 이 글은 4개월 전에 작성했던 글이었는데, 네이버의 검색 로직이 바뀌면서 상위에 노출된 것이었다. 업체는 부랴부랴 고객의 블로그에 연락을 취했고, 다시 서비스해주겠다고 약속하고 글을 내릴 수 있었다.

악성 후기가 올라오는 것은 근본적으로 막을 수는 없다. 그러나 악성 후기가 올라오면 바로 대응을 해야 한다. 우선 이런 악성 글을 빨리 발견하고 업체마다 나름의 기준을 가지고 고객과 소통해 검색에서 악성 후기를 빨리 내리는 것이 중요하다. 이러한 글이 방치되면 구매 의지를 가진 고객들에게 노출되어 구매전환율을 낮추는 결과로 이어진다.

그렇다면 어떻게 하면 빨리 발견할 수 있을까? 네이버 [검색옵션]을 통하면 된다.

▲ 네이버의 '검색옵션>기간'을 설정하는 과정

우선 검색창에서 브랜드명을 검색한다. 그리고 '검색옵션 > 기간 > 1주'를 선택한다. 그러면 일주일 동안 네이버 검색에 반영된 콘텐츠들이 노출된다. 이때 [블로그], [지식iN], [카페] 등 각 검색 탭을 누르면서 새롭게 생성된 글을 읽어보고 새로운 악성 후기가 있는지 알아보면 된다.

다만 안타까운 점은 네이버의 검색 로직은 자주 바뀌어서 예측불허의 결과들이 나올 때가 있다는 것이다. 언제 어떻게 그객의 악성 후기가 네이버 통합검색 상단에 기습 등장할지 모른다. 그래서 최소한 일주일에 한 번씩 지난 일주일 동안 생성된 글 중 악성 후기가 없는지 모니터링해야 하며 발견 즉시 내부 기준을 근거로 처리하는 것이 좋다. 일반적으로는 불만이 있는 고객에게 전화해 이야기를 들어주고 서비스를 제공한다.

그러나 순리적으로 업체가 처리하기에 곤란한 경우도 있다. 어린이 건강 식품을 홍보하고 있을 때였다. 경쟁 업체에서 고객의 블로그로 위장해 제품을 폄하하는 악성 후기를 퍼트렸다. 이 건강 식품에는 아이들 몸에 좋지 않는 유해 성분이 있다는 유언비어였다. 그런데 더 큰 문제는 건강 식품명을 네이버에 검색하면 블로그 영역 최상단에 고객의 후기로 위장한 경쟁 업체가 쓴 악성 후기가 노출되고 있는 것이었다. 글을 내리기 위해 블로그 운영자와 쪽지로 연락을 시도했지만, 연락이 되지 않았다. 이 글이 계속 노출될수록 제품의 이미지가 땅에 떨어질 것은 분명했다. 이럴 때 이용할 수 있는 기능이 '네이버 신고센터 help.naver.com/support/reportCenter/home.nhn'이다.

▲ 네이버 신고센터

특히 우측의 '명예훼손 게시물 신고'의 경우 악성 후기를 없애는 데 매우 유용하다. 만약 부정확한 정보로 인해서 내 브랜드의 명예를 훼손시키고 있다면 '명예훼손 게시물 신고'을 이용하자. 약 세 시간 안에 문제의 글이 검색에서 제외된다. 다만 신고를 당한 자가 [재게시(이의신청) 요청]을 할 경우 다시 검색에 노출될 수 있기 때문에 어떤 허위 정보로 인해 내 명예가 훼손되고 있는지 명확히 알고 신고해야 한다.

네이버 마케팅의 튼튼한 기초는 브랜드 관리이다. 어떻게 고객에게 쉽게 노출되고, 내 브랜드에 대한 긍정적인 후기를 지속적으로 노출시키며, 악성 후기를 어떻게 현명하게 관리하는지가 매우 중요하다.

2단계

브랜드에 맞는
키워드 추출하기

01 | 브랜드에서 키워드 추출하기

내게 지갑을 열어줄 고객이 중요하다. 브랜딩은 이 고객에게 매력적으로 보이기 위해서이며, 명확한 브랜딩은 잠재 고객을 정확하게 파악할 수 있도록 해준다. 그리고 신규 유입에 큰 비중을 차지하고 있는 네이버에서 잠재 고객들에게 효과적으로 노출되기 위해서는 키워드를 추출하는 것이 가장 중요하다. 매출을 올려줄 고객이 사용할 키워드에 맞는 콘텐츠를 노출시킨다면 고객들은 보다 쉽게 내 콘텐츠를 보고 구매를 결정하게 될 것이다.

그렇다면 내 브랜드를 잘 드러내는 키워드는 어떤 것이 있으며, 어떤 방식으로 찾을 수 있을까?

1. 브랜드를 잘 표현하는 키워드

모든 마케팅의 시작은 내가 고심 끝에 정한 브랜드이다. 브랜드를 통해서 키워드를 추출하고 키워드에 맞는 콘텐츠를 생산하는데, 이때 브랜드를 잘 표현하는 키워드를 추출하는 것이 중요하다. 브랜드를 잘 표현하는 키워드란 브랜드만이 가지는 '차별성', '의미'를 잘 드러내는 단어이다. 이 단어만 잘 공략한다면 구매 욕구가 충만한 고객이 내 콘텐츠를 보고 구매하게 될 것이다.

통영에 있는 한 수산물 쇼핑몰은 다른 수산물 쇼핑몰에 비해 특히 많이 사용하는 명칭이 있다.

- 통영 자연산 돌문어1kg(1~3미) 100% 자연산 싱싱한 돌문어/직배송/익일수령
- 통영 자연산 간재미, 갱개미(회감용/반건조/매운탕용)/직배송
- 통영 자연산 성게알 500g/직배송
- 통영 자연산 가리비/비단가리비(15~25미 내외) 1kg/직배송
- 자연산 군소(냉동품) 500g(1팩)/직배송

예시처럼 이 쇼핑몰이 자주 사용하는 키워드는 '통영', '자연산', '직배송'이다. 다른 곳과 대비해 가장 명확하게 브랜드를 표현하는 키워드이다. 단순히 '돌문어'보다는 '통영 돌문어', '자연산 돌문어'가 명확하게 이 수산물 쇼핑몰의 브랜드를 잘 드러내는 키워드인 것이다. 특히 '직배송'이라는 키워드는 서울이나 다른 지역에서 쉽게 사용할 수 없는 이 쇼핑몰만의 핵심 키워드이다. 만약 고객이 '통영 돌문어', '자연산 돌문어', '돌문어 직배송' 등의 키워드로 검색한다면 타 업체와 차별화된 콘텐츠 덕분에 보다 쉽게 구매를 결정할 수 있을 것이다.

브랜드를 잘 표현하는 키워드는 단순히 조회 수가 높은 키워드가 아니라 브랜드가 내세우는 가치가 들어간 키워드이다. 그리고 이 키워드의 역할은 내 아이템과 서비스를 구매할 가능성이 큰 고객을 필터링하는 것이다. 예를 들어 유산균의 경우도 '유산균 효능', '유산균 추천', '유산균 가격' 등 단순히 검색량이 많은 키워드를 사용하기보다 브랜드를 잘 나타내는 키워드를 사용해야 한다. 어린이를 대상으로 했을 땐 '아기 유산균', '어린이 유산균', '유아 유산균', '아기 배앓이', '아기 장 건강' 등 유아에게 타기팅된 키워드를 사용하지만, 온 가족을 대상으로 했을 때는 '가족 유산균', '산부 유산균', '직장인 유산균' 등 가족 구성원에 타기팅된 키워드를 사용해야 한다. 아이가 대상인지 가족이 대상인지에 따라서 키워드 성향이 완전히 달라지

는 것이다. 고급 식당의 경우에는 상견례 장소를 찾고 있는 고객을 대상으로 하는지, 회사에서 접대 장소를 찾고 있는 고객을 대상으로 하는지에 따라서 사용하는 키워드가 다르며, 쇼핑몰은 20대 여성이 입는 원피스인지 40대 여성이 입는 원피스인지에 따라서 키워드가 달라진다.

아직도 네이버 마케팅의 최고봉은 조회 수 많은 키워드를 블로그 상위에 노출시키는 것이라고 많이 생각한다. 그러나 자신이 직접 상위 노출을 시도했든지 광고대행사를 통해 대행을 했든지 블로그 상위 노출을 위해 투자하는 비용과 비교해 실제 매출을 계산해보면 그리 흡족하지 못하는 상황이 자주 있다. 이유는 간단하다. 자주 로직이 바뀌는 네이버에서 상위 노출을 위한 비용은 나날이 높아지는 반면 메인 키워드를 검색한 고객이 실제 구매를 하는 확률은 낮기 때문이다. 즉 구매전환율이 낮다는 것은 조회 수가 많은 키워드가 고객을 정확하게 타기팅하지 못하고 있다는 이야기와 동일하다. 따라서 내 고객을 가장 잘 필터링할 수 있는 키워드는 바로 브랜드를 잘 나타내는 키워드이며, 노출 대비 효율이 높은 키워드이다.

2. 대표 키워드의 성향 분석 방법

두 사업체를 운영하고 있다고 가정해보자. 하나는 '마케팅' 관련이고, 또 다른 하나는 '사과'이다. 마케팅의 대표 키워드를 하나 뽑아보면 '카카오스토리 마케팅', 사과의 대표 키워드는 '사과 직거래'가 될 수 있다. 그렇다면 각 대표 키워드에 똑같은 마케팅 전략을 펼쳐도 될까? 대답은 **안 된다!** 각 키워드의 성향이 다르기 때문이다. 키워드의 성향이 다르다는 것은 키워드를 검색하는 고객의 성향이 다르다는 것이다. 키워드 성향을 파악하는 것이 매우 중요하다. 그럼 어떻게 키워드 성향을 파악하는가? 크게 세 가지 성향을 파악해야 한다.

1 모바일 검색과 PC 검색

나름 아이템 전문가라고 하면 모바일이나 PC 중 어디에서 많이 검색을 하는지 느낌이 온다. 하지만 반드시 실제 데이터로 판단해야 한다.

전당포를 컨설팅했을 때 모바일은 '아이폰대출', '노트 대출' 등의 키워드가, PC는 '귀금속담보대출', '강남명품전당포' 등의 키워드 조회 수가 많았다. 전자는 젊은 층에서 쉬운 소액 대출을 위해 간단히 모바일에서 검색한 것으로 예상되며, 후자는 30~40대 이상의 연령층에서 큰 금액을 대출받기 위해 그들에게 익숙한 PC에서 자세히 검색한 것으로 예상한다. 그리고 '전당포'라는 대표 키워드는 모바일 검색량이 많지만, 세부 키워드 조회 수는 키워드마다 달랐다. 따라서 마케팅 전 수치로 키워드 성향을 파악해야 한다.

과거에 비해서 객관적인 자료를 알 수 있는 곳은 다양하다. 대표적인 곳이 '네이버 검색광고searchad.naver.com'이다. 네이버 검색광고에서 '카카오스토리마케팅'과 '사과직거래'의 PC와 모바일 검색량을 비교해보자.

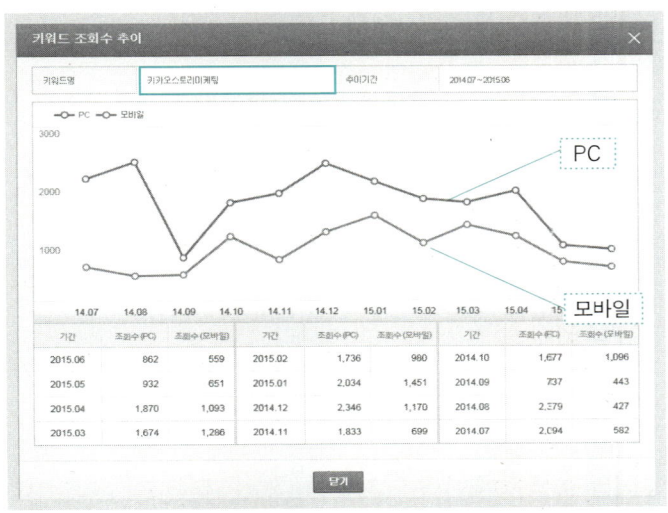

▲ '카카오스토리마케팅'의 PC 및 모바일 검색량 비교

'카카오스토리마케팅'의 경우 PC 검색량이 더 많다. 이는 마케터나 마케팅이 필요한 사람이 컴퓨터에서 검색했을 것이다. 따라서 PC에 맞는 구성을 해 PC에서 정보를 찾는 다수의 고객이 PC에서 문의나 상담을 쉽게 할 수 있도록 해야 한다. 특히 홈페이지는 PC에 더 다양한 콘텐츠를 넣어야 하며, PC에서 예쁘게 보이도록 UI를 구성해야 한다.

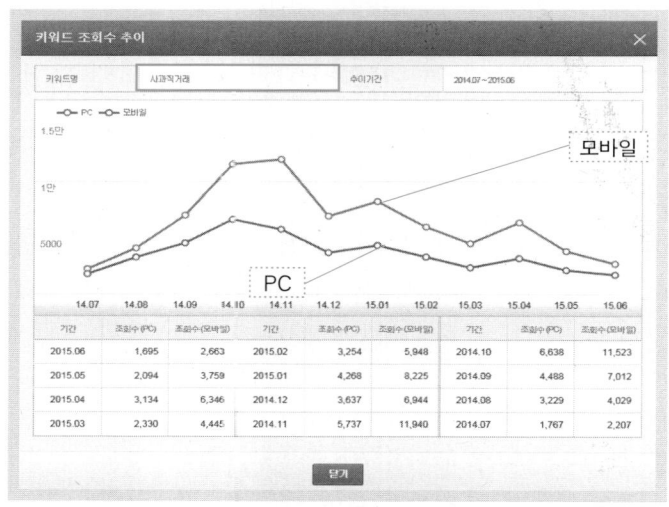

▲ '사과직거래'의 PC 및 모바일 검색량 비교

반면 '사과직거래'의 경우는 모바일 검색량이 많다. 사과 직거래를 위해서 주부들이 휴대전화로 검색하고 정보를 찾아 주문까지 했을 것이라고 추측할 수 있다. 모바일에서의 검색량이 확연히 많기 때문에 가급적 모바일에서 쉽고 편하게 콘텐츠를 볼 수 있도록 만들어야 한다. 아울러 사과 주문까지 모바일에서 가능하게 한다면 더 많은 매출로 이어질 것이다.

이처럼 고객들이 내 아이템을 모바일과 PC 중 어디에서 많이 검색하는가를 꼭 수치와 트렌드로 확인해야 한다.

2 고객의 검색이 많아지는 시기

노도 물이 들어올 때 젓는다고, 마케팅 역시 고객이 가장 구매하고자 하는 욕구가 강할 때 하는 것이 유리하다. 키워드를 중심으로 이야기하자면 구매 욕구가 강하다는 것은 네이버에서 검색량이 늘어난다는 것과 동일하고, 반대로 검색량이 준다는 것은 구매 욕구가 줄었다는 것과 동일하다. 그래서 네이버 검색량의 트렌드가 중요하다. 트렌드가 올라가고 있다면 분명 아이템의 성수기가 다가옴을 말하고, 검색량이 정점을 찍고 내려오고 있다면 이는 성수기가 지나감을 말한다. 이 역시 '네이버 트렌드trend.naver.com'를 통해 쉽게 알 수 있다. 네이버 트렌드는 네이버의 검색량 추이를 쉽게 알 수 있는 사이트로, 사용자가 정한 기간 동안 가장 높은 수치를 100으로 둔 상대적인 수치이다. 즉 기간을 다르게 해 측정하면 수치는 변한다. 네이버 트렌드에서는 검색량의 추이만 확인하면 된다. 정확한 검색량을 알고 싶다면 '네이버 검색광고 관리자 시스템'을 활용해야 한다.

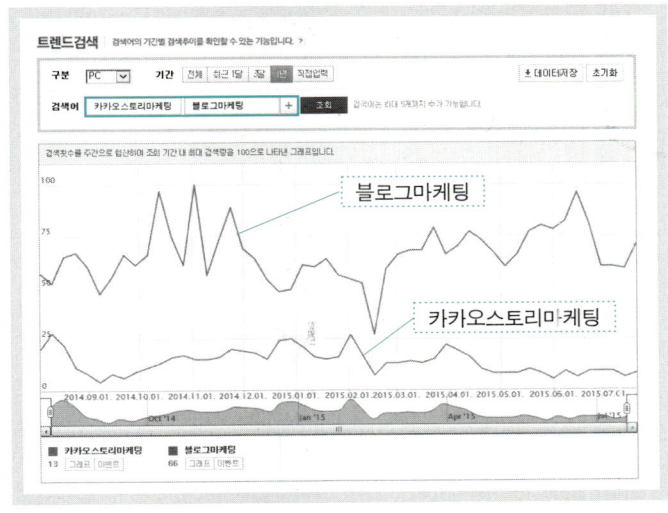

▲ 마케팅 관련 키워드의 검색 트렌드 비교

'카카오스토리마케팅'과 '블로그마케팅'은 시기별로 등락이 존재하긴 하지만, 전체적으로 수평선을 이루고 있다. 특별한 성수기 없이 1년 내내 비슷한 검색량을 보이고 있는데, 이는 1년 내내 아이템에 대한 관심도는 비슷하다고 봐도 무방하다.

▲ 사과 관련 키워드의 검색 트렌드 비교

반면 '청송사과'와 '사과직거래'는 확실히 사과를 수확하는 9월부터 검색량이 상승하기 시작해서 11월에 정점을 찍고 내려온다. 사과의 성수기는 9월부터 12월로 볼 수 있다. 물론 세부적으로 매월을 분석해보면 더 자세하게 알 수 있지만, 전체적인 흐름만 짚어봤을 때는 9월에서 12월이 고객의 관심도가 가장 높다.

즉 마케팅 관련 업체의 경우는 1년 내내 고객의 구매 욕구가 존재하니 거기에 맞춰 마케팅을 해야 하지만, 사과의 경우는 11월이 최고 성수기이니 성수기 전후에 적절한 마케팅을 기획해야 할 것이다. 특히 성수기가 극명한 아이템의 경우는 성수기를 놓치면 매출에 타격이 심각하니 꼭 확인해야 한다.

3 대표 키워드의 인기 유지 여부

키워드의 검색량은 고객의 관심도이다. 검색량에 따라서 아이템의 성수기 파악은 물론 전체적인 검색량 추이를 통해 아이템의 인기도를 파악할 수 있다. 검색량이 지속적으로 늘어나고 있다면 이 아이템은 지속적으로 고객의 관심을 얻고 있는 것이고, 검색량이 지속적으로 줄어들고 있다면 고객에게 관심에서 멀어지고 있다는 것이다.

이번에는 다른 키워드로 키워드의 인기도를 한 번 알아보자. 과거에 인기 있던 '아이팟'이라는 키워드와 최근 이슈가 되고 있는 '사물인터넷'의 검색 트렌드를 비교해보자.

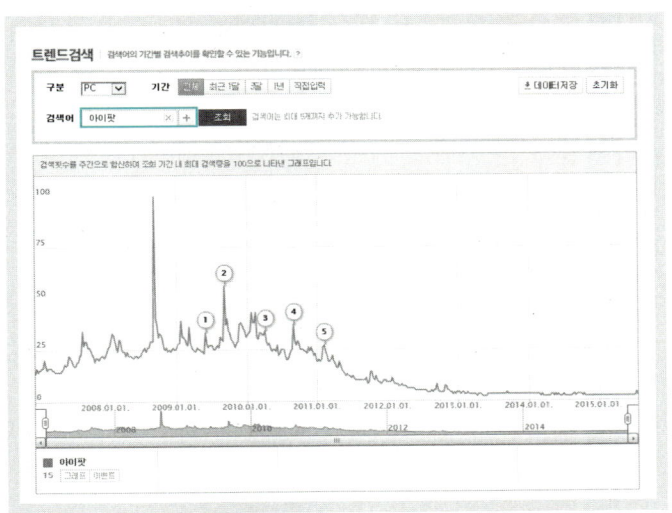

▲ '아이팟'의 네이버 트렌드 분석

'아이팟'은 PC의 검색량은 떨어지고 있고, 모바일의 검색량은 정체하고 있다. 만약 내 아이템의 검색량이 이렇다면 고객의 관심 역시 떨어지고 있다는 것이다.

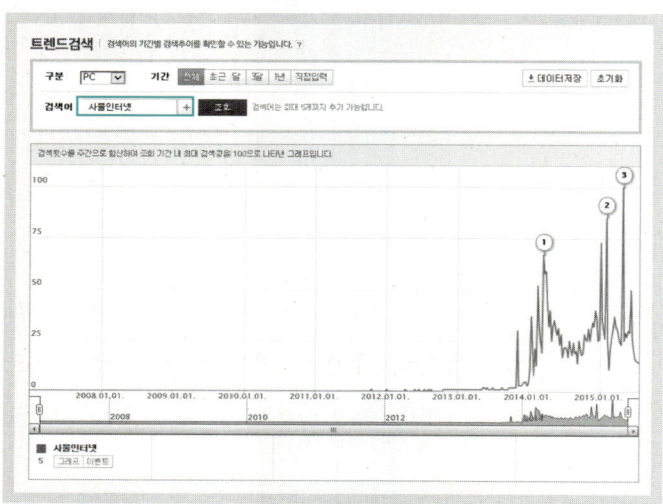

▲ '사물인터넷'의 네이버 트렌드 분석

반면 최근 인기 키워드인 '사물인터넷'의 키워드를 분석해보면 2014년 이후부터 검색량이 급격하게 늘어나고 있는 것을 알 수 있다. 키워드의 검색량이 늘어나고 있다는 것은 고객의 관심 역시 늘어나고 있다고 볼 수 있다.

물론 위의 사례는 극단적인 사례이지만 분명한 것은 키워드의 트렌드는 곧 아이템의 인기 수준과 수명을 말해준다. 지금 바로 당신의 대표 키워드로 아이템의 인기 수준과 수명을 확인해보자.

3. 목적에 따른 키워드의 다양한 형태

네이버 마케팅에서 중요한 것은 잠재 고객이 검색할만한 키워드를 보다 쉽게 추출하는 것이다. 그리고 키워드를 목적에 따라서 다섯 가지 형태로 구분할 수 있다. 얼마나 고객을 세밀하게 필터링하는가에 따른 '메인 키워드 vs. 세부 키워드', 아이템을 보는 관점에 따른 '직접 키워드 vs. 간접 키워드', 실제 방문할 수 있는 고객에게 노출되기 위한 '지역명+키워드', 타깃 고객을 정확하게 정하는 '타깃 고객+키워드', 마지막으로 모바일에서 검색량이 늘고 있는 '구어체 키워드'로 나눌 수 있다. 그리고 내 브랜드가 키워드를 통해서 어떻게 표현되고 노출될 수 있을까 또한 중요하다. '신방화역 한정식집'과 '20대 여성의류 쇼핑몰'의 예를 통해서 하나씩 짚어보자.

1 메인 키워드 vs. 세부 키워드

메인 키워드는 조회 수가 많은 키워드, 세부 키워드는 조회 수가 적은 키워드라고 쉽게 생각한다. 물론 조회 수만 보면 메인 키워드는 많고, 세부 키워드는 적다. 여기에 하나의 의미를 더 부여하자면 검색량에 비해 잠재 구매 가능성이 낮은 키워드가 메인 키워드이며, 잠재 구매 가능성이 높은 키워드가 세부 키워드이다.

예를 들어 '데이트장소'라고 검색하는 것이 아닌 '신방화역 데이트'라고 구체적으로 자신이 원하는 바를 키워드로 표현했다면 실제로 신방화역 근처의 카페나 레스토랑에 방문할 가능성이 크다. 물론 키워드의 조회 수가 많고 적고 기준은 상대적이다. 다만 이 상대적인 기준은 마케팅을 진행하면서 상위 노출의 난이도, 구매전환율 등을 고려해서 자신의 기준을 가지게 될 것이다.

'신방화역 한정식집'과 '20대 여성의류 쇼핑몰'로 메인 키워드와 세부 키워드를 추출해보자. '신방화역 한정식집'의 경우 메인 키워드는 '신방화역 맛집', '신방화역 한정식집', 세부 키워드는 '신방화역 맛집 추천', '신방화역 한정식집 추천', '마곡지구 맛집', '마곡지구 한정식집', '신방화역 3번출

구 맛집' 등이 될 것이다. '20대 여성의류 쇼핑몰'의 경우 메인 키워드는 '원피스', '봄 원피스', 세부 키워드는 '예쁜 원피스', '봄 원피스 코디', '20대 예쁜 원피스', '예쁜원피스파는곳', '정장 예쁜 원피스', '예쁜원피스쇼핑몰' 등이 될 것이다.

세부 키워드는 메인 키워드에 비해서 검색량은 적다. 그러나 고객의 니즈는 한층 더 구체적이며, 이는 구매와 직결된다. 세부 키워드를 잘 다루는 자가 낮은 유입 비용으로 최대의 매출을 올릴 것이다.

2 직접 키워드 vs. 간접 키워드

남자들이 잘하는 말이 있다. '꼭 사랑한다고 말해야 사랑하는 건 아니다!' 간접 키워드도 이와 비슷하다. 표면적으로는 아이템을 가리키고 있진 않지만, 내적으로 그 키워드를 가리키고 있는 키워드이다. 직접 키워드는 단어 그대로 아이템을 직접적으로 가리키는 키워드이다.

필자는 컴퓨터 모니터와 키보드와는 떨어질래도 떨어질 수 없는 직업이다. 밤낮없이 키보드를 사용하다 보니 손목에 무리가 가는 것은 흔한 일이었다. 그러던 어느 날 오른쪽 손목이 시큰시큰하고 아파서 '손목 통증', '손목 시큰거림'으로 네이버에 검색한 적이 있다. 검색 결과 '외측 상과염'으로 일명 '테니스 엘보 증상'이라고 한다. 다시 '테니스 엘보 증상'을 검색해서 내가 앓고 있는 증상을 확인한 후 가까운 통증의학과에 방문해서 검진을 받았다. 만약 필자처럼 손목이 아프면 '테니스 엘보'를 바로 검색하는 경우보다 '손목 통증', '손목 시큰거림' 등의 증상을 먼저 검색하는 경우가 많을 것이다.

2009년 새로운 민간 자격증이 만들어졌다. 바로 '원예치료사'였다. 마케팅을 하는 필자도 처음 들어봤을 정도로 당시 '원예치료사'라는 키워드는 조회 수가 거의 없었다.

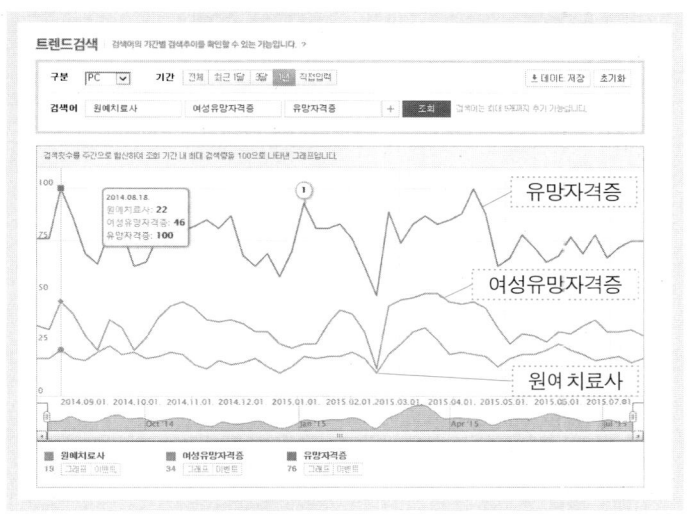

▲ '원예치료사', '여성유망자격증', '유망자격증'의 검색량 및 검색 추이 비교

그래서 '유망자격증', '여성유망자격증', '주부자격증', '취업 잘되는 자격증' 등 원예치료사를 직접 가리키고 있진 않지만, 간접적으로 가리키고 있는 키워드를 적극적으로 활용했다. 그 결과 '원예치료사'만을 노출시켰을 때보다 훨씬 더 많은 방문자가 콘텐츠를 볼 수 있었다. 이처럼 다양한 관심사를 가진 고객들에게 내 아이템을 소개한다는 점에서 간접 키워드의 활용은 아주 매력적이다.

다만 고객의 아이템에 대한 관심은 상대적으로 직접 키워드가 더 많기에 간접 키워드를 검색한 고객의 구매전환율은 떨어지는 편이다. '여성유망자격증', '주부자격증'으로 검색해서 나오는 여러 가지 자격증 중 '원예치료사'를 선택하는 사람과 애초 '원예치료사'를 검색해서 해당 정보를 보는 사람과의 차이라고 할 수 있다. 따라서 제품을 직접 사려는 사람이 검색하는 직접 키워드와 다양한 고객에게 내 아이템을 노출시킬 수 있는 간접 키워드는 적절하게 배분해서 활용해야 한다.

이제 '신방화역 한정식집'과 '20대 여성의류 쇼핑몰'의 간접 키워드를 추출해보자. '신방화역 한정식집'의 경우 직접 키워드는 '신방화역 맛집', '신방화역 한정식집', 간접 키워드는 '신방화역 상견례 장소', '신방화역 회식 장소', '신방화역 모임 장소', '마곡지구 가족 모임 장소 추천' 등이 될 것이다. '20대 여성의류 쇼핑몰'의 경우 직접 키워드는 '원피스', '봄 원피스', 간접 키워드는 '여자 소개팅 패션', '예쁜 봄 옷', '여자 면접 의상' 등일 것이다. 원피스를 직접 가르키고 있지는 않지만, 원피스의 구매를 유도할 수 있는 키워드들이다.

직접 키워드와 간접 키워드를 잘 조합해서 콘텐츠를 생산한다면 보다 다양한 고객을 내 홈페이지로 유도해서 매출을 올릴 수 있을 것이다. 참고로 간접 키워드를 다양하게 추출하기 위해서는 아이템에 대한 이해가 필수이다. 내 제품과 서비스에 관심을 가진 고객이 어떤 성향을 가지고 있으며 어떤 관심사가 있는지 알아야 고객의 이목을 끌 수 있는 간접 키워드를 추출할 수 있다. 마케팅 관련 콘텐츠에만 관심이 있는 필자가 '돌문어'를 구매할 고객들의 성향과 관심사를 깊게 파악하는 것은 사실상 불가능하다. 돌문어를 구입하는 고객의 성향을 파악하는 것은 돌문어를 판매하는 쇼핑몰 사장님이다. 즉 간접 키워드의 경우 광고대행사나 그 분야의 비전문가가 주도적으로 추출하기엔 한계가 있다. 그렇기 때문에 제품과 서비스를 제공하는 업체의 사장 혹은 담당자가 주도적으로 키워드를 추출해야 한다.

3 지역명+키워드

오프라인 매장이 있거나 지역 특산물 혹은 관광지의 경우는 지역명이 매우 중요하다. 매출에 가장 직접적으로 영향을 준다. 검색량이 많이 나오는 메인 키워드와 세부 키워드에 지역명을 붙이는 전략이 가장 일반적이다.

'네이버' 검색어 819개		더보기
1 대전베스트맘	483	58.97%
2 대전산후도우미	204	24.91%
3 대전베스트맘산후도우미	88	10.74%
4 베스트맘대전	15	1.83%
5 산모도우미대전	14	1.71%
6 세종산후도우미	5	0.61%
7 세종산모도우미	4	0.49%
8 세종대전산후도우미	3	0.37%

'네이버' 검색어 465개		더보기
1 부산산후도우미	233	50.11%
2 부산베스트맘	110	23.66%
3 베스트맘산후도우미	46	9.89%
4 해운대산후도우미	23	4.95%
5 부산산후도우미해운대	17	3.66%
6 수영구산후조리	11	2.37%
7 부산산후도우미추천	10	2.15%
8 베스트맘	5	1.08%

▲대전(좌)과 부산(우)의 '산후도우미' 홈페이지의 유입 키워드

그림은 대전과 부산에 위치해 있는 산후도우미 업체의 유입 키워드이다. 이 업체는 지역에 거주하고 있는 출산 예정 산모가 주 고객이다. 이들이 검색하는 키워드는 당연히 '지역명+산후도우미'일 것이다. 대전의 경우 대전과 세종의 지역명을 이용해서 고객들이 많이 검색했으며, 부산의 경우는 부산과 해운대, 그리고 수영구 등 부산의 지역명을 이용해서 검색했다. 고객이 자신의 위치를 구체적으로 검색하기 때문에 검색어와 밀접한 관련 정보가 나왔으며, 이는 구매 의도가 높다고 볼 수 있다. 따라서 실제 계약으로 이어지는 경우가 높다.

지역 특산물의 예를 들어보자. 만약 통영에 있는 수산물 업체에서 '돌문어'를 '지역명+키워드'로 활용해서 마케팅한다고 하면 '통영+문어', '통영+돌문어', '통영+자연산문어' 등 '통영'이라는 키워드를 메인 키워드 및 세부 키워드에 적극적으로 연결해서 활용해야 고객들의 검색에 자주 노출될 수 있다. 서울 및 수도권을 제외한 지역에서는 이렇게 지역명을 적극적으로

활용하는 것이 매우 중요하다.

반면 서울 및 수도권 지역은 사업의 특징에 따라서 다르다. 성형외과의 경우는 고객이 은평구에 살든 강남구에 살든 압구정에 있는 성형외과를 이용할 가능성이 크다. 심지어 서울 외곽의 수도권에서도 충분히 방문해서 성형외과를 이용할 수 있다. 이런 경우는 지역 키워드를 적극적으로 활용하더라도 지역 키워드를 통한 신규 고객의 유입은 큰 효과를 보지 못한다. 반면 열쇠집의 경우는 지역이 매우 중요하다. 강남구에 사는 사람이 은평구의 열쇠집에 전화해서 문의하는 경우는 없다. 은평구, 응암동, 연신내 등 세부적인 지역 키워드가 매우 중요하다. 그래서 서울과 수도권의 경우는 아이템의 성격에 따라서 지역 키워드를 어떻게 활용할 것인지 확실한 전략을 세워야 한다.

'신방화역 한정식집'과 '20대 여성의류 쇼핑몰'의 경우를 살펴보자. '신방화역 한정식집'의 경우 '신방화역'이라는 키워드는 물론 '마곡지구', '마곡엠밸리', '마곡동', '강서구', '가양역' 등 고객이 실제 방문할 수 있는 다양한 키워드를 활용하면 고객의 검색에 자주 노출될 수 있다. '20대 여성의류 쇼핑몰'의 경우는 전국을 대상으로 하기 때문에 사실상 지역 키워드에 큰 의미가 없다.

지역 키워드는 가급적 자세하게 추출하는 것이 좋다. 아주 세부적인 키워드를 추출해서 이를 블로그에 사용하기보다는 키워드 광고로 집행해 고객을 홈페이지로 유입시키는 것이 훨씬 유리하다.

4 타깃 고객+키워드

기본적으로 고객에게 맞춰진 정보를 고객이 보게 되면 고객은 보다 적극적으로 움직인다. 그리고 고객에게 맞춰진 정보는 '타깃 고객'의 키워드를 활용해서 적극적으로 필터링할 수 있다. 노트북의 경우에는 '대학생 노트북', '가정용 노트북', '직장인 노트북' 등의 키워드로 다양한 고객을 타기팅할 수 있다. 유산균의 경우도 '아기 유산균', '임산부 유산균', '노인 유산균' 등 내 제품을 구매할 고객을 분석해 직접 키워드로 활용하면 좋다.

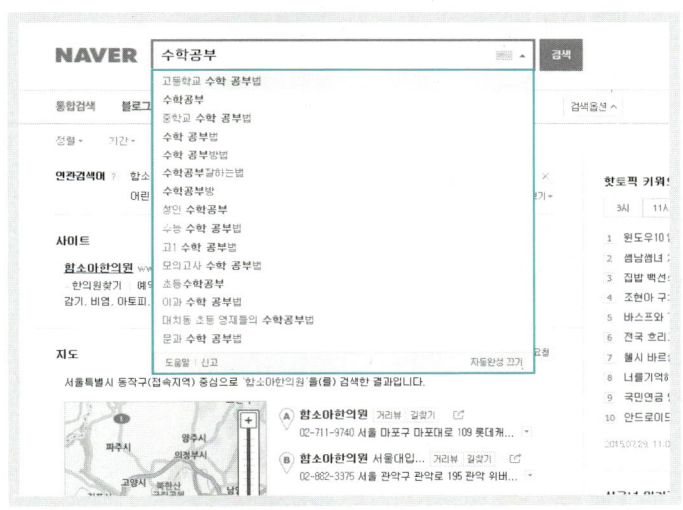

▲ '수학공부' 네이버 검색 시 자동완성 키워드

　네이버에서 '수학공부'를 검색했을 때 자동완성으로 추천해주는 키워드를 보면 '고등학교', '중학교', '고1', '초등', '성인' 등의 타기팅된 고객 키워드가 노출된다. 만약 수학 공부 관련 서비스를 제공한다면 네이버의 자동완성 키워드처럼 내 고객은 어떤 고객인지 구체적으로 정하고 키워드에서도 이를 적극적으로 활용해야 한다.

　기본적으로 활용할 수 있는 타깃 고객 키워드는 성별(여성, 남성), 직업(직장인, 학생, 가정주부 등), 연령(20대, 30대, 40대 등)이며, 이외에도 다양한 고객층을 대상으로 한 키워드를 활용할 수 있다.

'신방화역 한정식집'과 '20대 여성의류 쇼핑몰'의 경우를 살펴보자. '신방화역 한정식집'의 경우 대상 타깃은 신방화역 근처의 한정식을 찾는 고객, 즉 지역이 중요하다. 이때 연령이나 남녀의 성별은 중요하지 않다. 반면에 '20대 여성의류 쇼핑몰'의 경우는 전국을 대상으로 하기에 지역 키워드는 큰 의미가 없지만 타깃을 20대 여성으로 하고 있기 때문에 연령으로 키워드를 정하는 것이 중요하다.

5 구어체 키워드

최근 모바일의 등장으로 구어체 형태의 키워드가 증가하고 있다.

▲ '아기가' 네이버 검색 시 자동완성 키워드

과거에는 '단어+단어' 형태의 키워드가 대부분이었다. 그러나 이제는 '문장 형태'의 키워드가 많이 등장하고 있으며, 이를 마케팅에 적절하게 활용하면 좋다. 이유식 배달 업체라면 '아기가 분유를 잘 먹지 않아요', '아기가 잘 먹는 이유식은 따로 있다' 등의 키워드를 적극적으로 활용하는 것이다. 특히 '문장 형태'의 키워드를 키워드 광고와 블로그 등에서 아직 적극적으로 활용하고 있지 않기 때문에, 구어체 형태의 키워드로 내 아이템을 소개할 수 있다면 적극적으로 활용하길 추천한다.

지금까지 살펴본 목적에 따라 다른 다양한 키워드처럼 키워드를 하나하나 구분해보면 내 아이템을 다양하게 표현할 수 있고 더욱 풍성한 콘텐츠를 생산할 수 있을 것이다. 핵심은 내 아이템을 이런 다양한 키워드를 통해서 얼마나 풍성하게 표현할 수 있는가이다.

4. 정보성 키워드 활용

키워드는 상업적 키워드와 비상업적인 키워드로 구분할 수 있다. 상업적 키워드는 매출에 직접적으로 영향을 미치는 키워드이며, 정보성 키워드는 제품과 서비스에 대한 일반적인 정보를 다루는 키워드이다.

수산물 쇼핑몰과 단식원의 예를 보자.

	상업적 키워드	정보성 키워드
수산물 쇼핑몰	자연산 가리비 직배송, 수산물쇼핑몰, 자연산 바다장어 구매 등	자연산 가리비 특징, 민물장어와 바다장어 차이점, 돌문어 삶는 법 등
단식원	단식원 비용, 대구 단식원 추천, 단식원 예약, 단식원 입소 기간 등	간헐적 단식 방법, 단식 효과, 단식 후 보식 등

비교해보면 알 수 있듯이 상업적 키워드는 고객이 구매하기 위해서 검색하는 키워드가 대부분이며, 정보성 키워드는 고객이 신뢰할만한 정보를 찾기 위해 검색하는 키워드이다. 키워드를 추출할 때 상업적 키워드와 정보성 키워드를 적절하게 조합해 사용하면 브랜드의 신뢰도가 높아지는 것은 물

론 높은 구매전환율로 이어질 수 있다.

　마케터인 필자에게 매출을 올려줄 수 있는 키워드는 '온라인 마케팅 컨설팅', '네이버 마케팅 강의', '카카오 마케팅 광고' 등이다. 이 키워드를 검색하는 사람은 컨설팅이나 광고에 관심이 있는 사람이다. 이는 고객의 신뢰가 바탕이 되었을 때 실제 매출로 이어지는 키워드이다. 오씨아줌마에 대해 어떤 정보도 가지고 있지 않은 고객이 몇 십만 원 혹은 몇 백만 원 하는 강의나 컨설팅 등을 바로 의뢰하진 않을 것이다. 그래서 고객에게 신뢰를 주기 위한 방법으로 정보성 콘텐츠가 중요하고 이를 정보성 키워드를 통해서 적극적으로 노출시켜야 한다.

▲ 오씨아줌마 유튜브 채널의 정보성 콘텐츠

　그림은 마케팅의 기본적인 정보를 다룬 오씨아줌마의 유튜브 채널이다. 네이버, 다음, 페이스북, 카카오스토리 등을 통해서 하루에 1천 명 이상의 고객이 동영상 강의를 시청하고 있다. 이 동영상을 통해서 고객은 바로 오씨아줌마를 알게 될 것이고, 콘텐츠에 만족했다면 오씨아줌마라는 브랜드에 긍정적인 영향을 미칠 것이다.

▲ 통증의학과 브랜드 블로그의 글 목록

그림은 한 통증의학과 브랜드 블로그의 글 목록이다. '통증 바로알기'라는 카테고리를 통해서 통증에 대한 이야기를 쉽고 정확하게 전달하고 있다. 우선 관련 질환에 대한 키워드를 추출하고, 키워드에 맞는 콘텐츠를 원장이 직접 블로그에 쓴다. 특히 방문자의 이해를 돕기 위해 구어체로 쉽게 풀어 쓰고 있다. 고객 맞춤형 글로 작성되어 이 블로그에 방문한 고객은 글을 읽고 난 후 만족도가 비교적 높으며, 쪽지 기능을 통해서 블로그 운영자인 원장에게 직접 질문을 보내는 경우도 있다.

정보성 콘텐츠는 지금 당장 매출을 올리는 역할을 하지는 않는다. 고객에게 순수한 정보를 쉽고 정확하게 전달하는 것이 그 목적이기 때문이다. 그러나 고객이 좋은 콘텐츠를 지속적으로 보게 된다면 브랜드 신뢰도에 영향을 미칠 것이고, 이는 궁극적으로 높은 구매전환율로 이어질 것이다. 정보성 콘텐츠, 지금 당장은 매출로 이어지진 않지만 지속적으로 우리가 관심을 가져야 할 부분이다.

02 | 키워드 추출 방법과 전략

이제 브랜드를 잘 표현할 수 있는 키워드를 추출해보자. 홈페이지와 블로그 통계를 분석해보면 재미있는 사실을 발견하게 된다. 고객이 입력하는 키워드 패턴은 생각보다 단순해 네이버 추천에서 크게 벗어나지 않는다는 것이다. 키워드를 창작해서 검색하지 않으며, 대부분 네이버가 추천하는 키워드로 검색한다.

고객이 네이버에서 추천하는 키워드로 검색한다면 당연히 네이버가 추천하는 키워드를 중심으로 노출시켜야 한다. 특히 네이버의 블로그나 카페, 네이버 포스트 등에서 글의 제목에 어떤 키워드가 들어가냐는 노출에 큰 영향을 미친다. 따라서 검색 가능성이 높은 키워드를 어떻게 하면 다양하게 그리고 쉽게 추출할 수 있는지가 노출의 관건이다. 지금부터 다섯 가지의 키워드 추출 방법을 통해서 다양한 키워드를 뽑아내고, 그중 실제 고객이 검색할만한 키워드를 효과적으로 찾아내는 방법을 알아보겠다.

1. 자동완성

네이버는 '자동완성'이라는 기능을 통해서 검색창에 바로 추천하는 키워드를 노출시키고 있다. 실제로 가장 많이 검색하는 키워드가 나오는 곳이기도 하다. 이 키워드 중에서 내 아이템과 관련 있는 키워드를 추출하자. 자동완성을 통해서 추출되는 키워드는 '직접 키워드'이다.

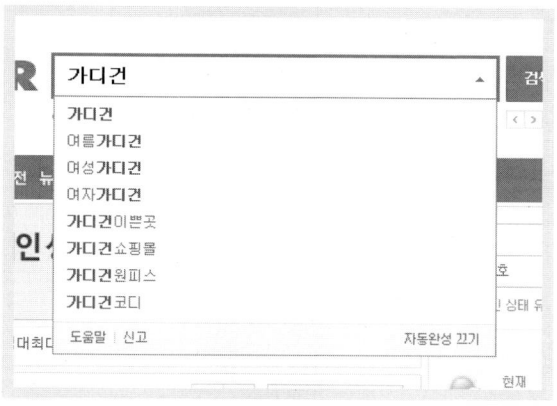

▲ 네이버에서 '가디건'의 자동완성 키워드 추출하기

예를 들어서 '가디건'의 자동완성 키워드를 뽑아보자. 네이버에서 '가디건'만 검색해도 많은 키워드가 나오지만, 이것만으로는 부족하다. 가능성 있는 키워드를 최대한 많이 뽑는 것이 중요하다. 우선 검색창에 '가디건'만 검색해서 나오는 키워드 중 나에게 매출을 올려줄 가능성이 있는 키워드를 뽑아보자.

▲ 접근성이 높은 구체적인 키워드 추출하기

키워드를 뽑았다면 이제 '가디건 ㄱ'을 검색하면 '가디건 ㄱ'으로 시작하는 자동완성 키워드가 나올 것이다. 이런 방식으로 '(키워드) ㅎ'까지 검색하면서 나에게 잠재적으로 매출을 올려줄 키워드를 추출한다. 특히 자동완성의 경우는 고객의 검색창에 바로 노출되기 때문에 고객의 접근성이 가장 강하다. 자동완성에 노출되는 키워드를 어떻게 효과적으로 노출시키

2단계 브랜드에 맞는 키워드 추출하기 · 61

느냐가 잠재 고객의 방문을 늘리는 데 매우 중요한 역할을 한다. 우선적으로 뽑아야 하는 키워드는 네이버 자동완성 키워드를 통해 추출하자.

2. 연관검색어와 추천검색어

고객이 검색창을 통해서 검색을 하면 첫 검색 영역 위에 보이는 것이 '연관검색어'와 '추천검색어'이다. 자동완성과 함께 네이버가 직접 추천하는 키워드이기 때문에 여기에서 매출을 올려줄 키워드를 추출해야 한다.

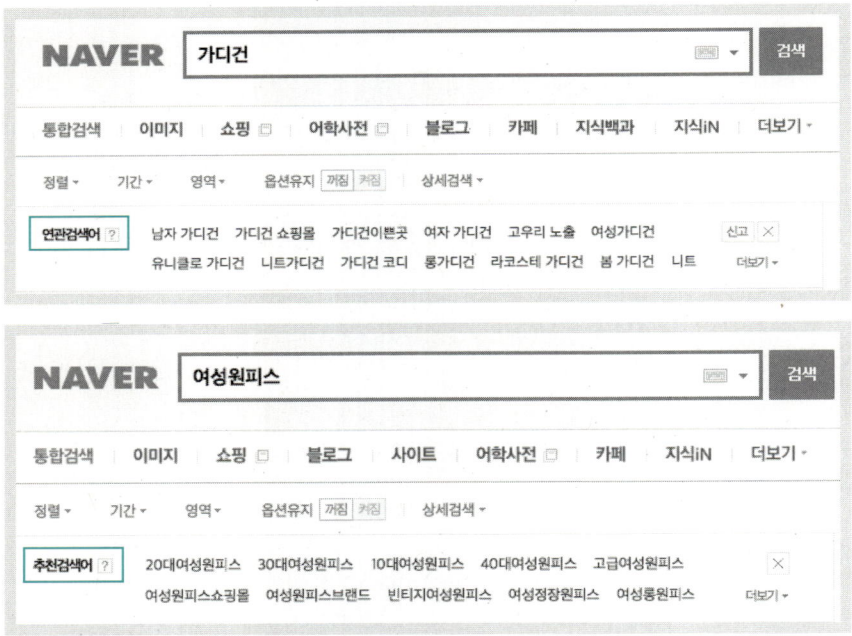

▲ 연관검색어(위)와 추천검색어(아래)

그렇다면 연관검색어와 추천검색어의 차이는 무엇일까? 네이버 고객센터는 다음과 같이 정의하고 있다.

- **연관검색어** 모든 분야에서 특정 단어 이후 연이어 많이 검색한 검색어를 노출함으로써 이용자들의 검색 패턴을 보여주는 것
- **추천검색어** 비즈니스 연관 분야에서 이용자의 검색 의도를 파악하여 특정 키워드를 입력한 이용자가 궁금해할 만한 검색어를 노출해주는 것

쉽게 말하면 키워드 광고 단가가 비싼 키워드는 대체로 추천검색어에 노출되고, 나머지는 연관검색어에 노출된다. 추천검색어는 네이버가 자체적으로 정하며, 업체명이나 제품명 등 상업적인 키워드가 들어가지 않는 게 특징이다. 따라서 추천검색어보다는 실제 고객의 의도가 들어간 연관검색어를 적극적으로 활용해야 한다. 이제 키워드를 하나씩 추출해보자.

먼저 검색창에 메인 키워드를 검색한다. 그러면 다양한 연관검색어가 노출되는데, 그중 나에게 돈을 벌어줄 키워드를 1차로 추출한다. 이 키워드를 1차 키워드로 부르자. 그리고 1차 키워드를 검색창에 넣게 되면 1차 키워드의 연관검색어가 나온다. 여기서 키워드를 추출한다. 이 키워드를 2차 키워드라고 하자. 2차 키워드 역시 검색창에 넣게 되면 2차 키워드에 대한 연관검색어가 나오게 된다. 이를 3차 키워드로 부른다. 쌍끌이 어선으로 물고기를 잡듯이 이와 같은 방식으로 세밀하게 키워드를 추출한다.

만약 메인 키워드가 '가디건'이라면 1차 키워드는 '가디건이쁜곳', '여자가디건', '니트가디건' 등이 된다. 1차 키워드 중 '니트가디건'을 검색하면 다양한 2차 키워드를 볼 수 있다. 그중 잠재 고객들이 검색할 키워드를 추출한다. '여성니트가디건', '후드니트가디건' 등이 될 것이다. 같은 방식으로 2차 키워드 중 '후드니트가디건'을 검색창에 넣어보면 '롱후드니트가디건', '꽈배기후드니트' 등의 3차 키워드를 뽑을 수 있다.

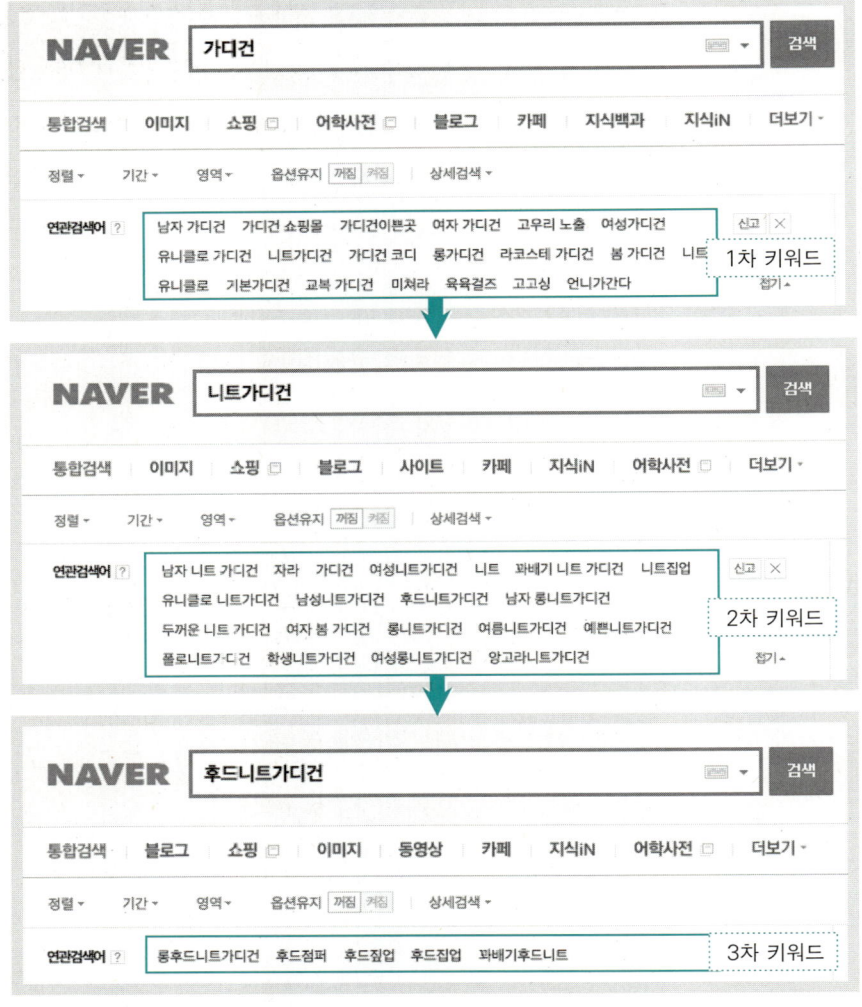

▲ '가디건'으로 키워드 추출하기

　이 방법으로 다양한 세부 키워드를 뽑을 수 있는 것은 물론 이를 통해 고객이 검색할 수 있는 대부분의 직접 키워드 및 다양한 세부 키워드를 찾아낼 수 있을 것이다.

3. 네이버 검색광고 관리시스템 활용

네이버는 키워드 광고를 집행하는 광고주들에게 보다 효과적인 키워드를 제안하기 위해서 다양한 시도를 하고 있으며, 아이템 홍보에 도움을 줄 키워드를 추천해주고 있다. 네이버가 제안하는 키워드를 볼 수 있는 곳은 '네이버 검색광고'이다. 실제로 광고를 집행하지 않더라도 회원 가입이 가능하며, 키워드 조회 및 추출 등 다양한 기능을 이용할 수 있다. 네이버에서 추천해주는 키워드는 다음의 방법으로 확인 가능하다.

❶ 로그인 후 [광고관리시스템 바로가기]를 클릭한다.

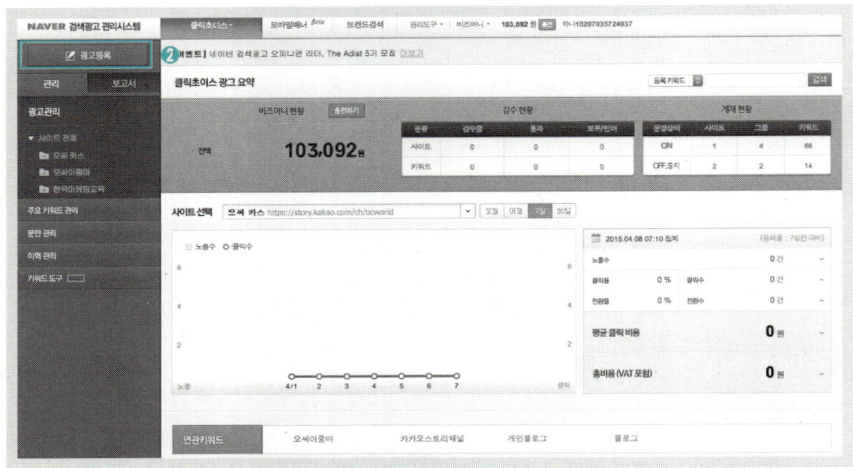

❷ 좌측 상단의 [광고등록]을 클릭하면 '광고등록' 페이지가 나온다.

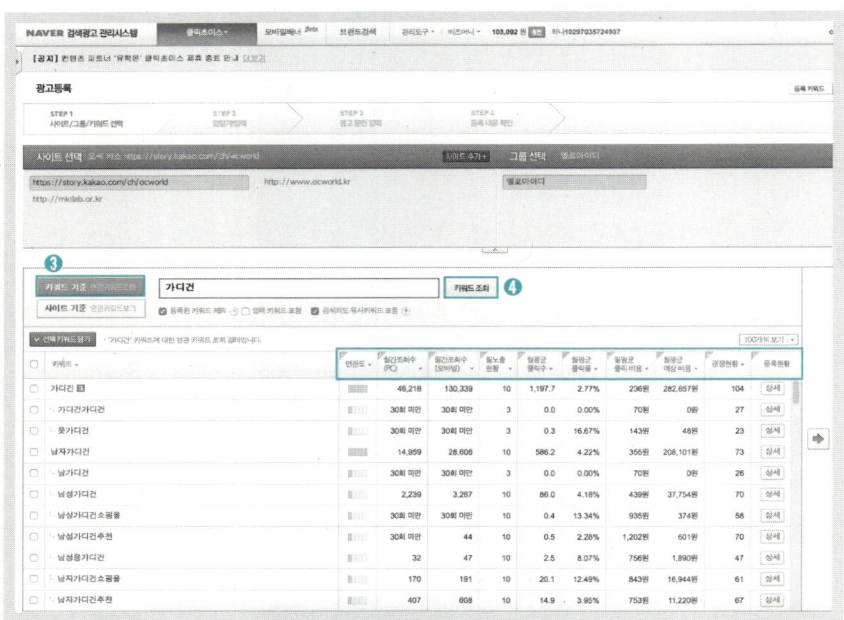

❸ [키워드 기준]을 클릭한 후 메인 키워드를 삽입한다.

❹ [키워드 조회] 버튼을 누르면 네이버가 추천해주는 키워드를 볼 수 있다. 이때 각 항목이 나오는데 그 의미는 다음과 같다.

- 연관도 입력한 키워드와의 연관도. 일반적으로 상단에 노출되는 키워드일수록 연관도가 높다.
- 월간조회수(PC) 고객이 PC에서 최근 한 달(30일) 동안 네이버에서 해당 키워드를 검색한 횟수
- 월간조회수(모바일) 고객이 모바일에서 최근 한 달(30일) 동안 네이버에서 해당 키워드를 검색한 횟수
- 월 노출현황 PC기반에서 네이버 파워링크에 노출되는 광고의 평균 갯수. 인기 키워드의 경우 열 개, 비인기 키워드의 경우 세 개 노출
- 월평균 클릭수 최근 한 달(30일) 동안 파워링크의 광고를 클릭한 수. 이는 키워드 광고의 클릭 수이며, 블로그, 카페 등의 게시글 클릭 수와는 전혀 상관이 없다. 일반적으로 파워링크가 통합검색 결과의 상위에 노출되면 클릭 수가 높고, 블로그나 카페 아래에 노출이 되면 클릭 수가 낮다.
- 월평균 클릭률 한 달(30일) 동안의 한 개 파워링크 광고의 평균 클릭률. 이 역시 키워드 광고와 관련이 있으며 다른 영역과는 관련이 없다.
- 월평균 예상 비용 한 달(30일) 동안 네이버 파워링크에 광고를 진행한 업체의 월평균 광고비. 평균적인 금액이라 대략 이 정도의 광고비가 소진된다는 정도만 알면 된다. 실제 집행해보면 이와 많이 다르다.
- 경쟁현황 현재 이 키워드로 광고를 집행하고 있는 업체의 숫자로, 업체의 숫자가 많으면 많을수록 경쟁이 심한 키워드이다.

'월평균 클릭수', '월평균 클릭률', '월평균 클릭 비용', '월평균 예상 비용' 등은 크게 신경 쓰지 않아도 된다. 이는 키워드 검색광고에 대한 수치이지 네이버 블로그, 카페, 사이트 등의 영역에서 발생하는 클릭에 대한 통계가 아니다. '키워드' 부분만 자세히 보면 된다.

키워드 ▼	연관도 ▼	월간조회수 (PC) ▼	월간조회수 (모바일) ▼	블로그 현황 ▼	월평균 클릭수 ▼	월평균 클릭률 ▼	월평균 클릭 비용 ▼	월평균 예상 비용 ▼	경쟁현황 ▼	등록현황
자연산가리비		66	171	8	2.9	4.86%	161원	469원	16	상세
가리비		3,640	9,260	10	96.7	2.97%	429원	41,484원	44	상세
가리비가격		585	1,349	10	22.7	4.40%	142원	3,227원	23	상세
활랍스터		65	72	10	2.4	4.58%	127원	308원	18	상세
통영가리비		105	159	10	4.7	5.37%	158원	743원	23	상세
이순신물빵		134	455	1	11.0	10.90%	77원	847원	1	상세
홍합		2,763	11,220	10	64.8	2.53%	457원	29,614원	54	상세
오징어순대택배		34	97	5	1.1	3.63%	73원	79원	6	상세
오징어순대		2,820	16,196	10	31.5	1.23%	202원	6,363원	38	상세
듀록삼겹살		30회 미만	41	1	1.7	6.25%	77원	128원	2	상세
조개		5,499	14,475	10	62.8	1.24%	372원	23,362원	44	상세

▲ '자연산 가리비'에 대한 키워드 조회 결과

예를 들어 '자연산가리비'를 검색했을 때 관심 있게 봐야 할 키워드는 실제 '자연산가리비'와 관련 있고 판매가 가능한 키워드이다. '자연산가리비', '가리비', '가리비가격', '통영가리비'와 같은 관련 키워드와 '홍합', '조개' 등 실제 수산물 업체에서 판매 가능한 키워드를 추출한다. 네이버에서 알고리즘을 통해서 키워드를 제안해주기 때문에 효과적인 키워드를 다양하게 추출할 수 있을 것이다.

4. 경쟁 업체의 키워드 따라 하기

나만큼 내 아이템에 대한 연구를 많이 하는 곳이 경쟁 업체이다. 경쟁 업체 역시 좋은 키워드를 사용해서 고객에게 노출하려고 다양한 전략을 구사할 것이다. 이때 경쟁 업체가 사용하는 좋은 키워드를 내가 활용하는 방법을 알아보자. 다양한 방법이 있겠지만, 여기서는 경쟁 업체의 블로그를 활용해서 키워드를 추출하는 방법 그리고 키워드를 통해서 경쟁 업체의 키워드를 추출하는 방법을 알아보자.

먼저 경쟁 업체의 블로그를 활용해서 키워드를 추출하는 방법이다. 일단 경쟁 업체의 블로그를 들어가서 전체 글 목록을 볼 수 있는 '전체보기'를 클릭한 후 블로그 포스팅의 제목을 유심히 살펴본다. 네이버 블로그 검색에서 원하는 키워드가 상위에 노출되기 위해서는 다양한 조건이 있지만, 그중 '제목'이 큰 비중을 차지한다. 제목에 키워드가 꼭 있어야 최소한 상위 노출의 기본은 갖췄다고 할 수 있다. 따라서 경쟁 업체가 전략적으로 노출시키고자 하는 키워드는 블로그 제목에 다 있다고 봐도 무방하다.

▲ 한 가디건 쇼핑몰의 브랜드 블로그 '전체보기' 화면

그림은 한 쇼핑몰의 브랜드 블로그이다. 이 업체의 글 제목에서 노출시키고자 하는 키워드를 찾아보면 '스트라이프 티셔츠', '공항패션', '데일리룩' 등일 것이다.

이 방법은 경쟁 업체가 나와 비슷한 브랜딩을 하고 있다면 큰 도움이 된다. 반면 경쟁 업체의 브랜딩이 나와 전혀 다르다면 참고 사항일 뿐 직접적으로 사용하기엔 무리가 있다. 예를 들면 나와 경쟁 업체가 동일하게 30대

여성을 대상으로 가디건을 판매하고 있다면 경쟁 업체의 키워드가 매우 유용하겠지만, 경쟁 업체가 20대 초반 여성을 대상으로 하고 있다면 상대방의 키워드는 내 키워드와 다를 것이다.

두 번째 방법은 네이버 검색옵션을 활용하는 방법이다. 네이버에서는 하루에 수많은 콘텐츠가 생산되고 있고, 그 콘텐츠에는 적절한 키워드가 세팅되어 있다. 그리고 그 키워드는 블로그 글 제목이나 카페 글 제목에 있다. 그래서 네이버의 '검색옵션' 기능을 사용해 오늘을 기준으로 만 하루 동안 생산된 제목에 '메인 키워드'가 있는 블로그와 카페의 글을 찾아내는 것이다. 이렇게 나온 제목을 보면서 내가 활용할 만한 키워드를 추출한다.

'가디건'을 예로 들어보겠다.

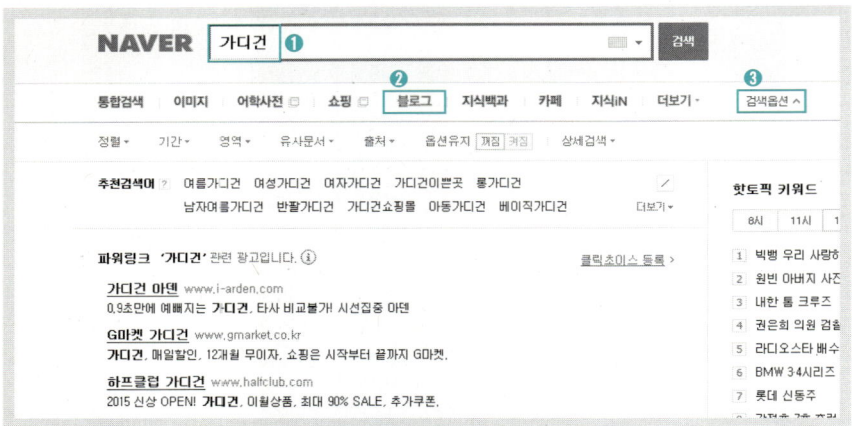

❶ 네이버 검색창에 '가디건'을 검색한다.
❷ [블로그] 탭을 클릭한다.
❸ [검색옵션]을 클릭해 옵션들을 노출시킨다.

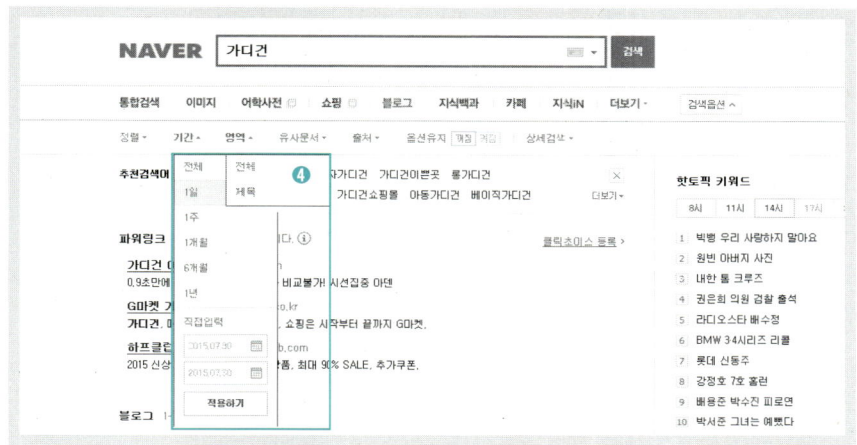

❹ '기간'을 1일, '영역'을 '제목'으로 설정해 만 하루 동안 제목에 '가디건' 이 들어간 블로그 글을 모두 찾는다.

❺ 이렇게 필터링해서 나온 블로그 글을 통해서 내가 쓸만한 키워드가 있는 지 찾아본다. '여자 가디건 코디', '풍성 가디건', '빅사이즈 가디건 세트'

등이 될 것이다.

　핵심은 내 브랜딩과 어울리는 키워드를 추출하는 것이다. 모방은 창조의 어머니라고 했다. 나만큼 매출을 올리기 위해 고민하는 경쟁 업체가 사용한 키워드의 질은 그 어느 것보다 좋다. 경쟁 업체가 사용한 키워드를 통해서 적극적으로 콘텐츠를 생산하고 노출시키자.

5. 검색광고를 통해 키워드 우선순위 정하기

지금까지의 방법을 통해 적게는 몇 백 개, 많게는 수천 개까지의 많은 키워드를 추출할 수 있을 것이다. 물론 중복되는 키워드도 분명히 있다. 그렇기 때문에 첫 번째는 중복되는 키워드를 걸러내는 작업을 해야 하고, 두 번째는 네이버 검색광고를 통해 실제 고객이 유의미하게 검색하는 키워드를 추출해야 한다.

　만약 앞서 소개한 방법으로 약 1천 개의 키워드를 뽑았다면 마케팅에 도움이 되는 글을 필터링해야 한다. 물론 1천 개의 키워드를 모두 사용해서 콘텐츠를 생산한다면 가장 좋은 방법이지만, 시간이 없을 뿐더러 추출한 키워드를 모두 사용해 콘텐츠를 생산하는 방법은 효율적이지 않다. 그래서 1천 개의 키워드 중 월 30회 이상 검색하는 키워드를 필터링하는 것이 중요하다. 필자는 최소한 하루에 한 번은 검색되어야 키워드의 효과가 있을 것이라고 생각하며, 마케터의 성향에 따라서 월 20회가 될 수 있고 월 100회가 될 수도 있다.

　그렇다면 월 30회 이상 조회되는 키워드를 어떻게 알 수 있을까? 앞서 소개했던 네이버 검색광고를 이용하면 된다. 네이버 검색광고를 1개월간 집행해보면 고객이 실제로 한 달에 몇 번 검색했는지 알 수 있다.

일단 네이버 검색광고를 집행한다. 이때 하나의 광고 그룹을 만들어서 추출한 키워드를 모두 넣는다. 단 검색량이 많을 것으로 예상되는 일반적인 키워드는 제외시킨다. 검색량이 많은 키워드는 필터링 과정을 거치지 않더라도 마케팅에 유효한 키워드임을 쉽게 알 수 있으며, 검색량이 많기 때문에 키워드 광고 단가 역시 비싸다. 그렇기 때문에 테스트를 재차 할 필요 없이 필요에 의해 전략적으로 사용하면 된다. 즉 테스트할 키워드는 검색량이 상대적으로 적거나 경쟁이 심하지 않는 키워드이다.

어떤 키워드가 검색량이 많고 경쟁이 심한 키워드일까? 이는 파워링크에 노출되는 광고 업체 수를 보면 대략 짐작할 수 있다.

▲ '예쁜가디건' 검색 시 파워링크 노출 상태

'예쁜가디건'은 검색했을 때 '파워링크'에 노출되는 키워드 열 개, '더보기'를 눌렀을 때 나오는 업체까지 약 65개로 인기 있는 키워드이다.

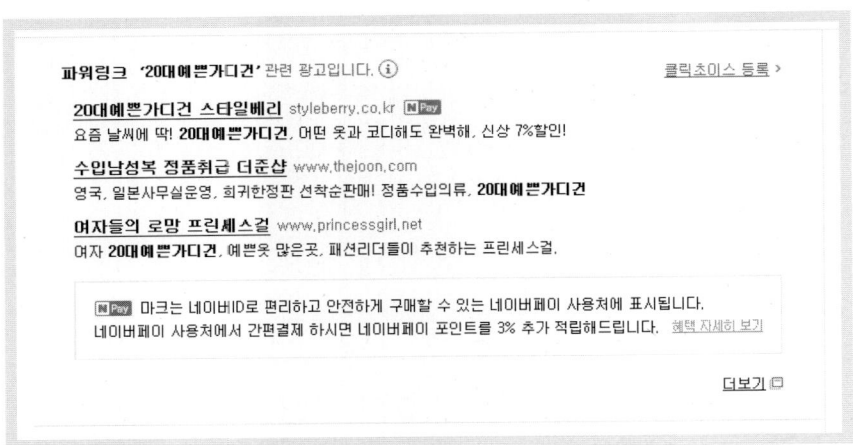

▲ '20대예쁜가디건' 검색 시 파워링크 노출 상태

반면 '20대예쁜가디건'은 '파워링크'에 세 개, '더보기'를 눌렀을 때 다섯 개로 비교적 경쟁이 심하지 않는 키워드이다.

따라서 얼마나 나에게 유효한 키워드인가를 필터링할 때는 '예쁜가디건'과 같은 키워드는 굳이 테스트하지 않아도 무방하다. 이미 검색광고를 집행하는 업체 수만 봐도 경쟁이 심한 키워드임을 쉽게 알 수 있기 때문이다.

이제 한 달 동안 추려낸 키워드의 검색광고를 집행한 뒤 실제 마케팅에 유효한 키워드인지 알아보자. 일단 키워드 광고를 집행한다. 한 달 동안 내 홈페이지로 키워드 광고를 진행하는 것이 가장 일반적이다. 그리고 한 달 후 내 키워드 광고 성과 중 '노출 수'를 확인한다.

'노출 수'를 확인하는 방법은 다음과 같다.

❶ 검색광고 관리시스템 페이지에서 [보고서]를 선택한다.

❷ '기본보고서 > 사이트 전체'에서 사이트를 선택한다.

❸ [키워드]를 클릭한다.

❹ [최근 30일]을 클릭한다.

❺ '노출수' 중심으로 키워드를 정렬하면 한 달 동안 키워드 조회 수가 얼마나 나왔는지 알 수 있다.

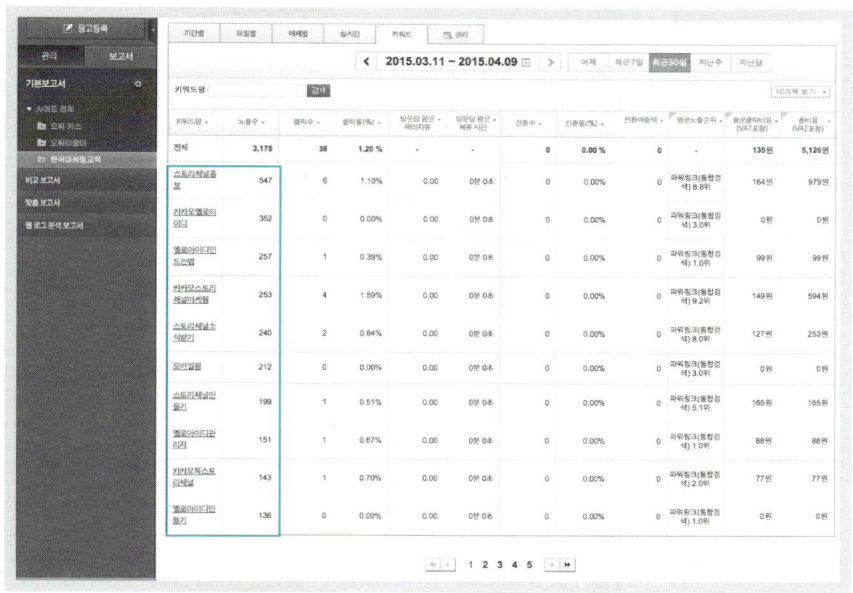

▲ 필자의 키워드 광고 현황 중 '노출수' 상위 키워드들

2단계 브랜드에 맞는 키워드 추출하기 · 75

필자의 경우 상위권이 '스토리채널홍보'는 547회, '카카오옐로아이디'는 352회, '옐로아이디만드는법'은 257회인데 이 키워드는 유효한 키워드라고 볼 수 있다. 따라서 이 키워드들은 사이트, 블로그, 지식iN, 네이버포스트, 동영상, 이미지 등 다양한 영역에 노출시키는 것이 좋다.

▲ 필자의 키워드 광고 현황 중 '노출수' 하위 키워드들

반면 한 달 동안 광고 집행 시 '카카오스토리채널교육'은 5회, '스토리채널성과형광고'는 5회, '옐로아이디교육'은 5회였다. 필자가 정한 자체 기준인 월 30회 이상 키워드가 유효하다고 봤을 때 이 키워드들은 유효한 키워드로 볼 수 없다. 일단 이 키워드를 통해서 콘텐츠를 생산하는 건 보류해야 한다.

실제 한 업체에서 키워드를 경우 앞서 설명했던 1단계에서 4단계를 통해서 뽑은 키워드가 약 850여 개였다. 그리고 이 키워드를 키워드 광고로 집행했을 때, 한 달 동안 30회 이상 조회된 키워드는 약 10%인 80여 개에 불과했다. 그래서 80여 개를 유효한 키워드로 보고 이 키워드를 적극적으로 노출시켰다. 만약 우선순위 없이 850여 개의 키워드를 모두 노출시키려고 했다면 많은 시간이 드는 것은 물론이고 고객이 검색해서 내 홈페이지로 들어올 가능성도 굉장히 떨어졌을 것이다. 따라서 이와 같은 검색광고를 집행해 마케팅에서 유효한 키워드의 필터링 과정을 꼭 거쳐야 한다.

'자동완성', '연관검색어와 추천검색어', '검색광고 관리시스템', '경쟁업체 키워드'의 방법으로 많은 키워드를 뽑았지만 현실적으로 키워드 모두 마케팅할 수는 없다. 그래서 어떤 키워드가 유효한 키워드인지 확인해야 하는 필터링 과정을 거쳐야 하며, 현재 가장 쉽게 필터링할 수 있는 방법은 한 달 간 검색광고를 집행한 후 성과를 보면 된다.

이와 같이 쌍끌이 어선식으로 키워드를 추출해 유효한 키워드를 중심으로 콘텐츠를 생산한다면 보다 효과적으로 네이버 통합검색에서 노출될 것이다.

6. 조회 수가 높은 키워드가 매출이 높다?

사실 키워드 조회 수와 매출은 상당한 관계가 있음을 부인할 수 없다. 일반적으로 조회 수가 높은 키워드는 많은 고객에게 노출되어 매출을 올릴 가능성이 높다.

조회 수가 높은 키워드는 네이버에서 노출될 때 세 가지 특징이 있다.

▲ '양악수술' 검색 시 나오는 파워링크와 비즈사이트 광고

첫째, 네이버 광고는 PC 기준으로 최대 열다섯 개까지 노출된다. 노출되는 키워드 광고 열다섯 개 중 내 홈페이지는 딱 하나만 노출될 수 있다. 그

중 하나가 되어야 하는데 입찰가를 높여 상위에 노출되지 않는 이상 선택받기란 쉽지 않다. 또한 조회 수가 많고 상업적 성격이 강한 키워드는 네이버 통합검색에서 블로그, 카페, 포스트 등의 영역이 노출되지 않는다. '양악수술'의 경우도 통합검색에서 블로그, 카페, 포스트 등의 영역은 노출되지 않으니, 고객들이 '양악수술'을 검색한다고 해도 블로그, 카페, 포스트 등의 영역에서 내가 작성한 콘텐츠를 볼 확률은 낮다. 통합검색에 노출되지 않으면 그것만으로도 고객에게 노출할 기회를 대부분 잃어버리는 것과 같다.

둘째, 검색량이 많은 키워드는 순위 변화에 취약하다. 키워드 광고는 클릭당 단가CPC가 높으면 높을수록 상위에 노출된다. 수많은 업체와 경쟁해 최소 15위 안에 들어야 고객들에게 선택받는 기회라도 얻을 수 있다. 따라서 15위 안에 들어가기 위한 경쟁 업체와의 입찰 경쟁은 아주 심하다. 이는 순위 변화가 많다는 의미이기도 하다. 광고 영역뿐만 아니라 블로그와 카페, 포스트 영역도 마찬가지다. 수많은 경쟁 업체가 '양악수술'이라는 키워드로 상위에 노출되기 위해 엄청난 양의 콘텐츠를 생산해내고 있다. 이런 방법은 비효율적이다. 비교적 최신글이 상위에 노출되는 네이버에서 수많은 경쟁을 뚫기 위해서는 경쟁 업체보다 더 많이 그리고 지속적으로 상위에 노출될 수 있도록 콘텐츠를 공급해야 한다. 하지만 네이버 검색 영역의 도배를 전문적으로 하는 광고대행사가 아닌 일반 사업체에서 한다는 것은 시간적인 면이나 효율적인 면에서 좋지 않다. 결과적으로 고객이 수많은 경쟁 속에서 내 콘텐츠를 볼 확률은 점점 낮아진다고 할 수 있다.

셋째, 광고대행사를 통한 상위 노출 작업에 취약하다. 아무리 네이버가 상위 노출 작업에 대해서 방어를 잘하고 있더라도 상위 노출을 작업하는 작업자들에게 뚫리는 것은 시간 문제이다. 뚫리면 보완하고 뚫리면 다시 보완하는 것이 일상이다. 그런 가운데 상위 노출에 대한 별도의 작업을 안 하는 업체는 상위에 노출될 가능성이 낮다. 안타깝게도 현재 네이버는 돈만 있으면 블로그, 카페, 지식iN, 뉴스 등의 영역은 상위 노출 작업으로 도배하는 것이 가능하다. 이처럼 상위 노출 작업이 수시로 일어나는 영역에서 별도의 작업 없이 정공법을 택해 콘텐츠가 상위에 노출되기란 하늘에 별 따기이다. 이 또한 고객에게 내 콘텐츠를 노출시킬 확률이 점점 낮다.

키워드 자체의 조회 수와 방문 수는 내 콘텐츠가 있는 블로그나 포스트의 방문 수가 아니다. 그래서 조회 수가 많은 메인 키워드보다 고객에게 내 콘텐츠를 쉽게 노출시킬 수 있는 세부 키워드가 중요하다. '단어+단어' 혹은 '단어+단어+단어'의 조합이 중요하다. 키워드가 구체적이면 구체적일수록 검색량은 줄어들지만 고객의 욕구는 더 많다고 할 수 있다. 경쟁 또한 심하지 않다. 즉 구매전환의 관점에서 보면 조회 수가 많은 키워드보다 고객의 의도가 있는 세부 키워드가 훨씬 더 매력이다. 고객에게 안정적으로 노출될 수 있다는 것과 고객의 필요를 채워주는 콘텐츠이기 때문이다. 그렇기 때문에 브랜드에 맞는 다양한 세부 키워드를 추출하고 여기에 맞는 콘텐츠를 만들어 고객에게 노출시킨다면 보다 매력적인 전환율이 나올 것이다.

롱테일 법칙에서도 세부 키워드(롱테일 키워드)는 수익의 80%를 차지한다고 했다(KMAC 지식경영센터, 〈파레토와 롱테일〉). 세부 키워드는 브랜드화된 키워드이기 때문에 특정 고객의 검색을 유도하며, 콘텐츠 만족도가 높아서 매출로 쉽게 이어지기 때문이다. 그래서 마케팅으로 조회 수가 많은 메인 키워드를 노릴 수도 있지만, 이보다 앞서 선행되어야 하는 것은 세부 키워드를 어떻게 매력적으로 뽑고 활용하는 것이다. 매력적인 세부 키워드를 뽑으면 뽑을수록 구매 욕구가 큰 고객을 쉽게 만날 수 있게 될 것이다.

3단계

고객과 검색엔진이 좋아하는 홈페이지 만들기

01 홈페이지의 중요성

필자가 온라인 마케팅을 직접 하고 컨설팅을 하면서 느끼는 것은 홈페이지의 중요성이다. 홈페이지가 있고 없고는 내가 집을 가지고 있는지 아니면 전세를 전전하고 있는지에 비교할 만큼 중요하다. 홈페이지의 유무에 따라서 마케팅 전략이 달라지기 때문이다. 홈페이지 중심의 마케팅 전략은 장기적으로 지속할 수 있으며 브랜딩하기에도 유리하다. 특히 브랜딩된 콘텐츠를 꾸준히 고객에게 노출하기 위해서는 홈페이지가 필수이다. 왜 홈페이지가 중요한지 하나씩 짚어보자.

1. 홈페이지가 마케팅의 중심인 이유

작은 업체일수록 홈페이지 제작과 운영에 소극적인 태도를 취하거나 단순히 홈페이지를 가지고 있다는 사실에 만족하는 것으로 그친다. 그러나 홈페이지를 마케팅의 중심에서 적극적으로 활용한다면 다양한 효과를 볼 수 있다.

홈페이지가 마케팅의 중심이어야 하는 이유는 무엇일까?

첫째, 고객에게 큰 신뢰를 주기 때문이다. 온라인에서 마케팅할 수 있는 채널은 다양하다. 홈페이지부터 블로그, 기사, 배너 및 키워드 광고 등 하루에도 수많은 매체에서 온라인 마케팅 콘텐츠를 접하게 된다. 그중 신뢰도가 높은 채널은 무엇일까?

앞서 살펴보았던 통계를 다시 살펴보자.

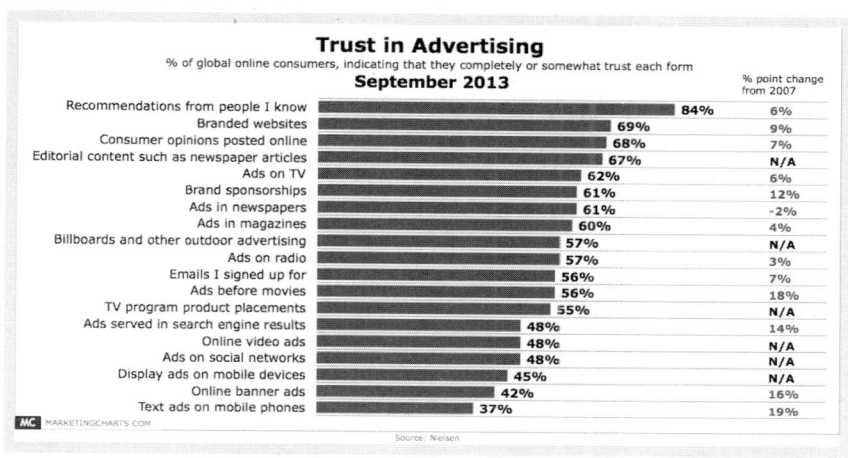

▲ 광고 채널의 신뢰도(출처: www.marketingcharts.com)

마케팅차트의 조사에 따르면 신뢰도가 높은 채널로 가장 높은 것이 84%로 지인의 추천이며, 그다음이 69%로 내 브랜드에 대해 전문적인 정보를 담은 홈페이지이다. 같은 콘텐츠라도 홈페이지를 통해 고객에게 노출시키는 것이 브랜드의 공식 입장이라는 느낌을 고객에게 보다 강력하게 주는 것이다. 다른 영역에도 좋은 콘텐츠가 있어야 하겠지만 최우선적으로 홈페이지에 고객을 만족시킬 수 있는 콘텐츠가 있어야 한다.

온라인 마케팅에서 고객에게 신뢰를 주는 홈페이지는 반드시 있어야 하는 필수 조건이다. 블로그, 카페, 동영상 등 다양한 콘텐츠를 다양한 영역에서 노출시키더라도 마지막에는 홈페이지로 고객을 유입시키는 것이 매우 중요하다.

둘째, 내 홈페이지에 방문한 고객의 적극적인 행동을 이끌어내기에 매우 유리하기 때문이다.

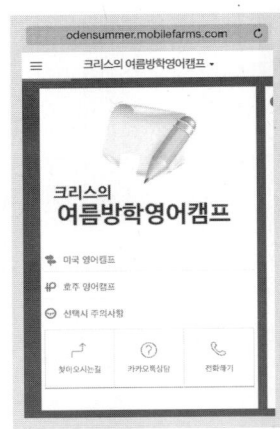  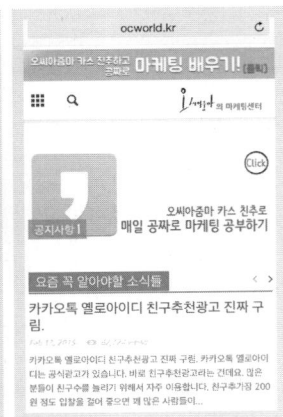

▲ 다양한 업종의 홈페이지

　그림은 영어 캠프(좌), 수산물 쇼핑몰(중간), 온라인 마케팅(우)의 홈페이지이다. 각기 다른 목적으로 만들었지만, 공통점이 있다. 바로 고객에게 강력한 메시지를 준다는 것이다. 고객이 각 홈페이지에 방문했을 때 무엇을 해야 하는지 홈페이지가 적극적으로 알려준다. 영어 캠프는 '카카오톡상담', '전화하기'로 어필하고 있으며, 수산물 쇼핑몰은 지금 인기 있는 제품을 방문자에게 노출시켜서 구매를 유도하고 있고, 온라인 마케팅 홈페이지는 자신의 콘텐츠를 적극적으로 노출시키고 있다. 이처럼 홈페이지는 고객에게 '이 홈페이지에 와서 해야 할 것은 ○○야!'라고 강력하게 어필할 수 있다.

　최근 개인사업자나 작은 업체에서는 홈페이지 대신 블로그, 카페, 페이스북, 카카오스토리 등을 홈페이지로 사용한다. SNS를 이용하는 방법은 초기 비용이 들지 않는다는 장점이 있으나 고객에게는 그다지 매력적으로 보이지 않는다는 단점 또한 있다. 그 예를 함께 살펴보도록 하자.

▲ 홈페이지형 블로그 PC 버전(좌)과 모바일 버전(우)

한 한의원의 홈페이지형 블로그를 보면 네이버 블로그의 타이틀 부분에 HTML 코드를 삽입해서 홈페이지인 것처럼 만들었다. 타이틀만 보면 홈페이지로 착각할 정도이다. 그런데 이런 홈페이지형 블로그의 경우 몇 가지 문제점이 있다.

우선 모바일에서는 화려하게 꾸민 블로그 타이틀 영역을 전혀 볼 수 없다는 것이다. 모바일 블로그 타이틀은 오로지 사진 한 장만 넣을 수 있다. 즉 PC에서 화려하게 만들어놓은 타이틀은 모바일에는 전혀 노출되지 않는다. 한의원에서 다루는 비염, 성장 등의 키워드는 모바일에서 검색량이 많은 키워드이기 때문에 모바일에서 고객들에게 노출될 확률이 큰데, 블로그의 타이틀 부분이 제대로 보이지 않으니 모바일에서는 고객에게 적극적인 행동을 요구할 수 없다. 최소한 '전화상담', '찾아오시는길' 정도의 안내는 있어야 하지만 모바일에서 네이버 블로그의 대문은 글이 최신순으로만 노출되기 때문에 불가능하다.

또 다른 문제는 고객이 네이버 검색을 통해서 블로그에 들어왔을 때 첫 화면에 타이틀이 보이지 않는다는 것이다. 네이버 통합검색에서 블로그 글을 클릭했다면 첫 화면이 게시글로 강제 이동하기 때문이다. 이렇게 되면 게시글 상단에 있는 타이틀이 고객의 첫 화면에서는 노출되지 않는다. 따라서 네이버 검색을 통해 블로그에 들어온 고객은 이 타이틀을 볼 가능성이 지극히 낮다.

마지막 문제는 네이버 정책에 따라서 타이틀 사용에 제한이 있을 수 있다는 것이다. 네이버는 블로그 서비스에 다양한 정책 변화를 시도하고 있다. 만약 타이틀에 HTML 코드를 사용하지 못하게 된다면 홈페이지형 블로그와 같은 노력은 허사가 된다. 잠재적인 위험 요소라고 볼 수 있다.

홈페이지가 마케팅의 중심이어야 하는 마지막 이유는 다양한 유입 경로 및 광고에 대비할 수 있는 것이다. 새롭게 생겨나고 사라지는 온라인 마케팅 시장에서 유연성 있는 것이 홈페이지이다. 만약 홈페이지가 PC와 모바일에 최적화되어 있다면 페이스북, 트위터, 카카오톡, 카카오스토리, 밴드 등 다양한 SNS 채널을 통해 쉽게 노출할 수 있다. 이와 함께 네이버 검색광고, 구글 배너 광고, 페이스북, 카카오스토리의 네이티브 광고 등 다양한 광고 상품을 활용할 수 있다. 특히 구글 애널리틱스, 네이버 애널리틱스, 에이스카운터, 로거 등의 통계 분석 프로그램을 통해서 다양한 유입 경로와 광고 효과에 대해 보다 명확한 효과 측정이 가능하다. 반면 블로그, 카페, SNS 채널들은 통계 부분이 홈페이지에 비해서 제한적이기 때문에 활용도가 크게 떨어져 홈페이지를 중심으로 하는 마케팅은 필수가 될 수밖에 없다.

2. 네이버 통합검색에서 홈페이지가 차지하는 비중

홈페이지가 네이버에 노출시킬 수 있는 영역은 사이트와 웹문서 영역이다.

사이트 영역부터 살펴보자. 앞서 언급했듯이 내 브랜드명을 검색했을 때 사이트 영역이 최상단에 뜨는 것만으로도 고객에게 신뢰를 주고, 홈페이지로 쉽게 유입시킬 수 있다. 또한 네이버 통합검색에서 중요한 키워드를 검색했을 때 홈페이지가 사이트 영역에 노출된다면 역시 고객 유입이 쉽다. 즉 네이버 사이트 영역이 홈페이지의 새로운 유입 통로가 될 수 있다. 현재 네이버에 사이트 등록을 하기 위해서는 홈페이지가 필수이다. 블로그, 카페, 페이스북, 카카오스토리 등은 네이버의 정책 변화로 등록할 수 없다.

▲ '대전 산후 도우미' 검색 시 사이트 영역(좌)과 일일 사이트 유입 키워드 및 방문자 수(우)

네이버 사이트 영역이 검색 유입에 얼마나 효과가 있는지 알아보자. 실제 대전에 있는 한 산후 도우미 업체는 네이버 통합검색에서 사이트가 '대전 산후 도우미' 검색 시 노출되어 하루 113명이 홈페이지로 유입되고, 다른 키워드까지 포함하면 사이트 유입만 187명이다. 사이트 등록 하나만 잘해도 내 고객을 홈페이지에 직접 유입시키기에 매우 매력적이라고 할 수 있다.

이제 웹문서 영역을 살펴보자. 과거에는 웹문서 영역이 크게 주목받지 못했다. 네이버에서 자체 콘텐츠 영역인 블로그와 카페 등을 상위에 노출시켰기 때문이다. 그러나 모바일 검색이 중요해지면서 자체 콘텐츠 영역 외의 콘텐츠를 노출시키기 위해 '타우린 프로젝트'를 시행하고 있다.

> 네이버는 22일 "'ㅈ식iN', '블로그', '카페' 등의 내부 문서가 아닌 '웹문서' 카테고리를 더 고도화하려 한다"며 "웹문서 영역에서 신뢰할 만한 출처의 외부 문서 노출 확대를 위한 '타우린' 프로젝트 1차 버전을 지난 6월부터 적용, 이를 위해 다양한 기술들을 고도화하고 있다"고 밝혔다.
>
> 〈네이버 검색기능 고도화 '타우린' 프로젝트〉, 《경향신문》, 2014. 08. 22.

여기서 신뢰할만한 외부 문서가 되기 위한 첫째 조건이 내 홈페이지에 콘텐츠가 있어야 하는 것이다. 구글의 경우 검색 결과에 노출되는 내용이 대부분 홈페이지의 콘텐츠이다. 네이버도 통합검색에서 웹문서 영역의 비중을 늘리고자 알고리즘을 적용하고 있어 지금 당장 표면적인 변화는 없을지라도 2~3년 후엔 큰 변화로 다가올 것이다. 결과적으로 홈페이지에 좋은 콘텐츠를 담아 검색엔진을 통해 노출시키는 것이 블로그나 카페를 통하지 않고 고객을 목적지(홈페이지)로 데리고 오는 가장 빠른 지름길이다.

```
웹문서

서초전당포 추천 디오아시스 전당포 영업시간 및 연락처 소개! | TOS의 디오마시
서초전당포 추천 디오아시스 전당포 영업시간 및 연락처 소개! 안녕하세요! 디오아시스 서초점 TOS입니다^^
서초전당포 디오아시스는 고객님의 소중한 물건을 - 정확한 가치로 감정 - 신속한 현장즉시 대출 등의 서비스를
http://pawn.or.kr/tos002    사이트 내 검색    저장된 페이지

서초전당포  2015.02.10.
서초전당포 서초전당포 추천하는곳 바꿔드림론추가대출 디카전당포 모하비 가격표 미국교환학생 머니사이언스 레버리지펀드 로또당첨번호525 로보스타 연봉 불법채권추심 생애최초전세자금대출 조건...
http://happy.dream1985.or.kr/issue/hot_news/num5640    사이트 내 검색    저장된 페이지
```

▲ '서초전당포' 검색 시 웹문서 노출 현황

네이버 검색에서 '서초전당포'를 검색했을 때 통합검색에 나오는 웹문서 영역을 보면 블로그나 카페와 달리 고객은 바로 전당포 홈페이지로 바로 방

문할 수 있다. 이처럼 네이버에서는 홈페이지를 검색 결과에 잘 노출시켜주니 꼭 홈페이지를 만들고, 좋은 콘텐츠를 홈페이지에 담도록 하자.

홈페이지의 유무는 네이버에서 고객에게 노출될 수 있는 기회를 얻느냐 마느냐의 문제이다. 홈페이지가 있는 것만으로도 고객에게 노출될 수 있는 기회를 무료로 제공받을 수 있다. 그렇기 때문에 네이버 마케팅에 홈페이지는 반드시 필요하다.

3. SNS에서 홈페이지가 차지하는 비중

SNS 노마드족이라는 말이 있다. 유목민처럼 SNS를 이곳저곳 옮겨다니면서 활동하는 유저를 말한다. 이렇게 되는 이유는 SNS 수명이 만 5년을 넘는 것이 쉽지 않기 때문이다. 싸이월드에서 트위터, 페이스북, 카카오스토리, 인스타그램까지 수많은 SNS가 생기고 또 사라지고 있다. 유저들도 유행에 따라서 계정을 만들고 활동하다 언제 그랬냐는듯이 새로운 서비스로 이동한다.

마케팅하는 입장에서 SNS는 골칫덩어리이다. 2~4년 정성스럽게 운영하고 있는데 어느덧 이 SNS 유행이 지나가버린 것이다. 다시 유행을 좇아 새로운 SNS 계정을 개설하고 마케팅해야 한다. 출발선상에서 다시 서게 되는 것이다. 실제 필자가 근무했던 쇼핑몰에서는 입사 당시 트위터를 주력으로 마케팅했지만, 2년이 지난 후에는 카카오스토리가 주력이 되었다. 매체가 바뀌니 그동안 올렸던 콘텐츠가 모두 사장될 위기에 처해졌고, 새롭게 시작해야 할 카카오스토리에는 다시 콘텐츠를 채워넣어야 하는 난관에 봉착했다.

그런데 만약 모든 콘텐츠를 홈페이지에 넣고 마케팅했다면 어땠을까? 고객이 트위터, 페이스북, 카카오스토리 등 어떤 SNS를 통해서든 홈페이지에서 콘텐츠를 접한다면 SNS 유행에 능동적으로 대처할 수 있게 된다. 콘텐츠는 홈페이지에 있으니 SNS에서 발행한 글을 통해 고객을 홈페이지로 유도하면 되는 것이다. 또한 새롭게 추가되는 SNS 채널을 기존 홈페이지에 담긴 매력적인 콘텐츠를 활용해 운영하면 보다 쉽게 채널을 정착시킬 수도 있다.

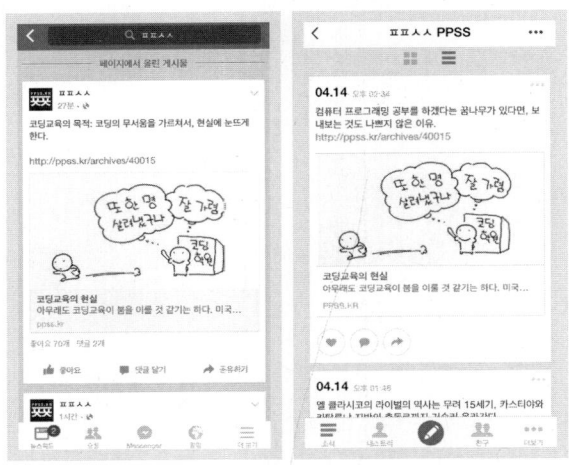

▲ 'ㅍㅍㅅㅅ'에서 하나의 콘텐츠를 페이스북(좌)과 카카오스토리(우)에 발행했을 때

그림과 같이 홈페이지의 링크를 SNS 채널을 통해 공유하면 고객은 콘텐츠를 확인하기 위해서 홈페이지에 와야 한다. 고객의 입장에서는 링크를 클릭해야 하는 수고가 있지만 운영 면에서 주는 이득이 더욱 크기 때문에 적극적으로 추천하는 방법이다.

SNS는 홈페이지를 통하기 위한 게이트웨이다. 고객은 다양한 플랫폼에서 동일하게 콘텐츠를 볼 수 있다. 그렇기 때문에 여러 SNS 채널을 운영해야 하는 마케터 입장에서 콘텐츠를 담은 홈페이지는 절대적으로 필요한 존재이다.

02 홈페이지 제작 훈수 두기

전자 제품을 잘 모르는 사람이 구매할 때 아는 사람과 함께 구매하면 좋듯이 홈페이지도 처음 제작을 한다면 이미 홈페이지를 만들어 운영하는 사람의 조언을 들어보는 것이 필수이다. 그래서 이번 절에서는 홈페이지 제작 노하우를 공유하고자 한다.

1. 홈페이지 빌더의 종류

홈페이지 빌더란 홈페이지를 만들 수 있는 툴이다. 툴은 생각보다 다양하다. 예전에는 홈페이지를 만든다고 하면 굉장히 전문적인 분야라고 생각했다. 그리고 가격 역시도 상당했다. 그러나 최근에는 다양한 홈페이지 빌더가 나오고, 과거에 비해 저렴한 가격으로 홈페이지를 제작할 수 있게 되었다. 그렇기 때문에 간단한 홈페이지의 경우는 홈페이지 업체에 의뢰하기보다는 직접 제작하는 경우도 많다.

최근에 유행하는 홈페이지 빌더를 간단히 알아보자.

1 쇼핑몰 호스팅 업체에서 제공해주는 빌더

쇼핑몰을 운영할 계획이 있지만 운영 경험이 없다면 쇼핑몰 호스팅 업체에서 제공해주는 빌더를 사용하길 추천한다. 쇼핑몰을 운영하는 데 최적화되어 있어 쉽고 간단하다.

▲ 메이크샵 홈페이지

　쇼핑몰 호스팅 업체는 메이크샵[www.makeshop.co.kr], 카페24[www.cafe24.com], 후이즈[www.whois.co.kr], 고도몰[www.godo.co.kr] 등이 있다. 제작 방법은 간단하다. 기본적으로 호스팅 업체에서 홈페이지의 틀, 템플릿을 제공해주며, 자신에게 맞는 요소를 넣으면 된다. 특히 주문, 결제, 배송 시스템이 기본적으로 제공돼 초보자라면 강력하게 추천한다. 또한 무료와 유료 모두 제작이 가능하다. 다만 업체에서 제공해주는 템플릿을 사용하기 때문에 홈페이지 수정이 제한적이며, 검색엔진 최적화[SEO]가 미흡한 편이다.

2 전 세계 홈페이지의 35%를 차지하는 워드프레스

　워드프레스[wordpress.org]는 세계 최대의 오픈소스 저작물 관리시스템[CMS]이다. 템플릿 시스템을 사용하고 있어 PHP, HTML 등의 코드 수정 없이도 쉽게 콘텐츠를 생산할 수 있으며, 다양한 테마를 설정하고 수정할 수 있다. 특히 검색엔진에 최적화되어 있으며, 반응형 웹으로 PC와 모바일에 쉽게 최적화시킬 수 있다. 또한 우커머스(쇼핑몰 플러그인)를 활용해서 쇼핑몰을 제작 및 운영할 수 있지만, 쇼핑몰 호스팅 업체의 빌더에 비해서는 복잡한 편이다. 최근 스타트업의 홈페이지에 자주 사용되는 것이 워드프레스이다.

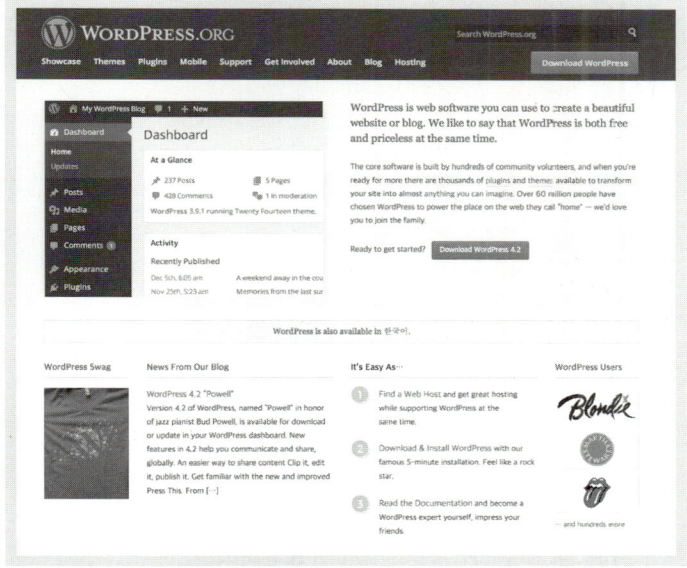

▲ 워드프레스 홈페이지

대표적인 홈페이지는 서울시청 www.seoul.go.kr, 블로터닷넷 www.bloter.net, 삼성투모로우 samsungtomorrow.com 등이다. 워드프레스로 간단한 홈페이지부터 다양한 기능의 고급 홈페이지까지 모두 만들 수 있다. 다만 워드프레스의 스킨에 해당하는 테마에 따라서 인터넷 익스플로러7 이하에서는 잘 보이지 않거나 호스팅 상태에 따라서 로딩 시간이 길어질 수 있다.

3 한국인에 의한 한국인을 위한 XE와 그누보드

XE www.xpressengine.com 와 그누보드 sir.co.kr 는 한국에서 만들었으며 워드프레스와 달리 인터넷 익스플로러 환경에도 크게 구애받지 않고 홈페이지를 만들 수 있다. 워드프레스처럼 PHP, HTML 등의 코드 수정 없이 콘텐츠를 생산할 수 있고, 특히 한국형 게시판 기능이 잘 발달되어 있다. 당연히 모바일, PC 모두 최적화가 가능하며, 간단한 홈페이지부터 쇼핑몰을 포함한 고급 기능의 홈페이지까지 모두 제작할 수 있다. 최근에는 검색엔진 최적화도 가능하게 되었다.

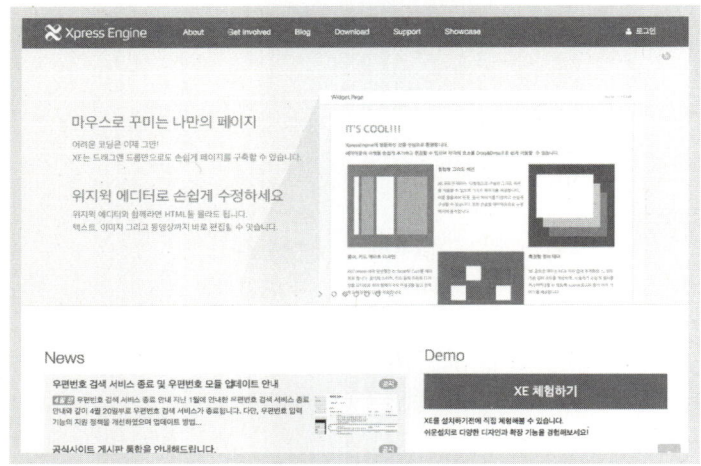

▲ XE 홈페이지

제작된 홈페이지 샘플은 아이보스 www.i-boss.co.kr, 온에어스타일 onairstyle.co.kr/xe, 뮤직웍스 themusicworks.co.kr 등이 있다.

4 PPT 만들 듯 홈페이지를 뚝딱 만들 수 있는 윅스

앞에서 언급한 쇼핑몰 빌더나 워드프레스, XE, 그누보드 등은 호스팅, 도메인, 간단한 HTML 등의 지식이 있어야 만들 수 있다. 또한 난이도가 있는 편이라 일반인이 하루 이틀 배워서 만들기란 쉽지 않다. 그래서 보통 업체에 의뢰하는 경우가 다반사다.

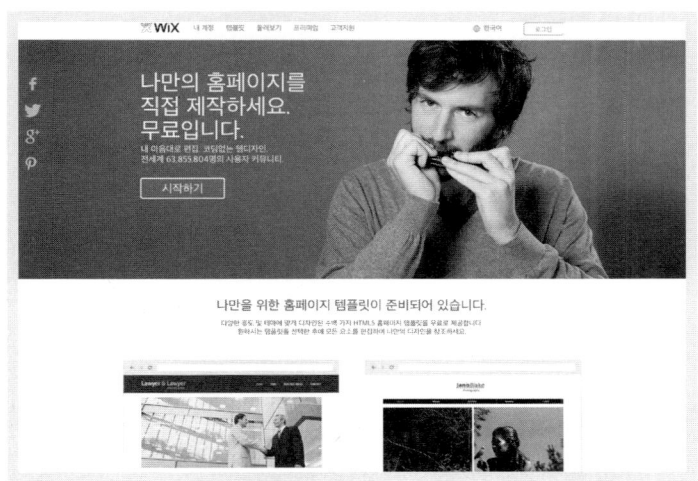

▲ 윅스 홈페이지

그러나 윅스ko.wix.com는 HTML 코드를 몰라도 쉽게 제작 가능하다. 마치 PPT 만들 듯이 쉽게 홈페이지를 만들 수 있다.

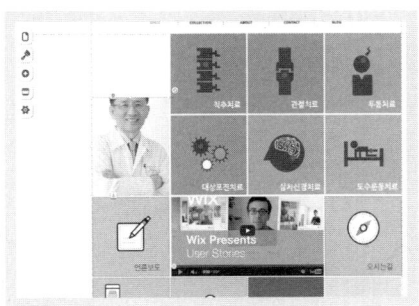 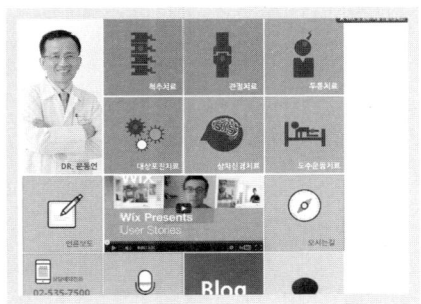

▲ 윅스 편집 화면(좌)과 실제 홈페이지(우)

실제 필자가 제작하고 있는 병원의 홈페이지 화면을 보면 편집 화면과 실제 홈페이지가 거의 동일하다는 것을 알 수 있을 것이다. 기본적인 편집 툴은 PPT와 동일하며, 보이는대로 만들면 보이는대로 홈페이지에 반영된다. 그렇기 때문에 아주 쉽다. PC와 모바일 모두 최적화되며, 구글 검색엔진 또한 최적화된다.

그러나 제작이 쉬운 만큼 단점 또한 존재한다. 윅스는 기본적으로 무료이나 홈페이지 상하단에 광고가 노출된다. 그리고 도메인은 윅스에서 주는 것만을 사용해야 한다. 광고 등을 해결하기 위해서는 연간 최소 99달러, 프리미엄 149달러를 내면 광고를 없앨 수 있으며, 도메인부터 호스팅까지 무제한으로 사용할 수 있다.

또 다른 단점은 윅스는 로딩 속도가 느리고 인터넷 익스플러8 이하에서는 정상적으로 보이지 않을 수도 있다는 점이다. 또한 쇼핑몰 기능이 제공되기는 하나 페이팔Paypal 외에는 결제 시스템을 제공하지 않아 한국에서 쇼핑몰로 이용하는 것에는 한계가 있다.

제작에 관심이 있다면 윅스 홈페이지 제작교육원www.wixkorea.org에서 무료로 동영상 강의를 들을 수 있다.

5 핵심만 전달하고 싶다면 네이버 모두!

홈페이지에 투자할 돈도 없고, '전화연결기능'과 '오시는길' 정도 나오는 홈페이지를 공짜로 만들고 싶다면 네이버 '모두www.modoo.at'를 추천한다. 네이버에서 중소상인을 위해 만든 홈페이지 빌더이며, 모바일형 홈페이지이다. 그러나 PC에서도 무리 없이 볼 수 있다.

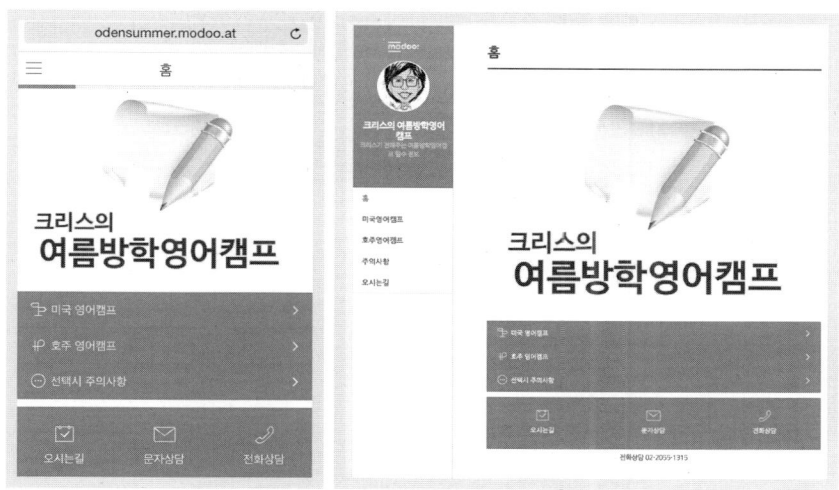

▲ 네이버 모두 홈페이지 모바일 버전(좌)과 PC 버전(우)

　　기존 몇몇 업체에는 무료 홈페이지를 제공하는 대신 하단에 광고가 붙거나 홈페이지를 수정할 수 있는 자유도가 많이 떨어졌다. 그러나 네이버 모두는 별도의 광고가 붙지 않으며 UI를 수정할 수 있는 자유도가 굉장히 뛰어나다. 특히 매력적인 점은 평생 무료라는 것이다. 물론 쇼핑몰 홈페이지에 사용하기엔 무리가 있으나 오프라인 매장의 홈페이지나 간단한 홈페이지는 네이버 모두만으로도 충분하다. 네이버 모두를 만들기 위한 동영상 강의는 필자의 'modoo 모두 무료홈페이지 만들기modooo.modoo.at'를 참고하자.

　　제작에 대한 모든 것을 알 수는 없으나 이 정도만 알아도 홈페이지 제작 업체와 이야기하면서 기본적인 부분은 쉽게 이해할 수 있을 것이다. 홈페이지를 직접 만들고자 한다면 윅스를 활용해 만들 것을 추천한다. 다른 홈페이지 빌더에 비해 시행착오가 적어 쉽게 홈페이지를 만들 수 있을 것이다.

2. 요즘의 홈페이지가 반드시 갖춰야 할 조건

홈페이지 제작에서 가장 중요한 것은 무엇인지 물어본다면 '모바일 최적화'라고 대답할 것이다. 고객은 대부분의 아이템과 서비스를 PC보다 모바일에서 더 많이 검색하고 찾는다. 검색 외에서도 마찬가지다. SNS와 SNS 광고는 PC보다 모바일에서 더 많은 트래픽을 유발하고 있다. 그래서 모바일에서 내 홈페이지가 얼마나 보기 쉬우며 아름다운지 중요하다. 2015년 4월 구글은 모바일에 최적화된 홈페이지를 상위에 노출시켜주겠다고 밝히기도 했다. 이러한 트렌드는 네이버도 곧 따라갈 것으로 보인다. 모바일에서는 모바일에 잘 보이는 홈페이지가 검색엔진을 통해 상위에 노출될 것이며, 검색엔진에서의 효과적인 노출을 위한 최소한의 조건은 모바일 홈페이지를 갖추는 것이 될 것이다.

모바일 최적화가 첫 번째 조건이었다면 두 번째는 '웹마스터 도구 세팅'이다. 웹마스터 도구란 내 홈페이지의 웹문서가 검색엔진에 잘 수집되어 잘 노출되는지 관리할 수 있는 툴을 이야기한다. 현재 네이버, 구글 모두 웹마스터 도구를 제공해준다. 네이버는 네이버 웹마스터 도구webmastertool.naver.com에서, 구글은 구글 웹마스터 도구www.google.co.kr/webmasters/tools에서 내 홈페이지를 등록해야 한다. 등록 방법은 웹마스터 도구 사이트에서 내 사이트를 등록시키고 인증 파일을 FTP 서버에 업로드시키는 것인데, 보통 홈페이지 제작 업체에 요청하면 별도의 비용 없이 해준다. 그래서 홈페이지를 제작 의뢰하는 경우는 꼭 네이버와 구글의 웹마스터 도구를 세팅해달라고 요청해야 한다.

세 번째 조건은 '통계 분석 툴'이다. 네이버와 구글을 통한 검색 유입부터 트위터, 페이스북, 카카오스토리 등의 SNS를 통한 유입까지 고객이 내 홈페이지에 방문했을 때의 유의미한 활동을 추적해야 한다. 만약 내 홈페이지에 방문한 고객들이 하루에 몇 명이고, 몇 페이지를 봤으며, 평균 몇 분을 머물렀고, 인기 있는 혹은 인기 없는 페이지는 무엇인지 정확히 알 수 없다면 이는 눈뜬장님이나 다름없다. 그렇기 때문에 홈페이지에 통계 분석 툴을 설치해 다양한 마케팅 전략의 효과를 측정해야만 한다. 구글 애널리틱스, 네이버 애널리틱스는 무료로 이용할 수 있으며, 에이스카운터, 로거 등의 통계 분석 툴은 유료로 이용할 수 있다. 구글과 네이버 애널리틱스만으로도 충분히 원하는 통계 분석을 할 수 있으니, 초보자라면 네이버 애널리틱스를 추천한다. 설치 방법은 약간의 HTML 지식이 있어야 하나, 홈페이지 제작을 의뢰했다면 웹마스터 도구 설치를 요청할 때 함께 업체에 요청하면 된다.

최근 홈페이지와 관련해 다양한 홈페이지 빌더 서비스와 다양한 목적의 홈페이지가 등장하고 있지만, 아주 기본적인 이 세 가지는 꼭 체크하도록 하자. 그래야 검색엔진이 좋아하는 홈페이지와 고객을 분석하는 홈페이지라는 두 마리 토끼를 모두 잡을 수 있다.

3. 홈페이지 제작 비용의 구성

컨설팅하고 있는 업체의 홈페이지를 새로 만든 적이 있다. 홈페이지 제작 비용은 300만 원이었다. 하지만 정작 업체의 사장님은 300만 원이 어디에 어떻게 쓰였는지 정확하게 이해하지 못하고 있었다. 기본적으로 홈페이지를 제작할 때 어디에 어떤 비용이 드는지 간단하게 알고 있어야 한다. 제작 비용에 대해 알아보자.

먼저 '홈페이지 빌더의 운영 비용'이다. 홈페이지 빌더를 사용해서 만드는 것은 보통 무료가 많다. 워드프레스, XE, 그누보드 등을 사용해서 0원으로 홈페이지를 만들고, 결제 모듈이나 특수 효과를 위한 유료 플러그인 등의 기능을 추가하는 것에서 비용이 발생한다. 그리고 메이크샵, 카페24, 후

이즈, 고도몰 등 쇼핑몰 호스팅 업체를 이용한다면 템플릿을 활용해 홈페이지를 만들게 되며 무료와 유료 상품이 있다. 그중 마음에 드는 방법을 선택하면 된다.

둘째, '도메인과 호스팅 비용'이다. 도메인은 'www.abc.com'의 형식이며, 이를 최소 1년 단위로 구매한다. 보통 1년에 약 2만 원 정도 한다. 가급적 도메인은 영문으로 구매하는 것이 좋으며, 몇몇 광고 상품은 한글 주소를 지원하지 않는다. 대표적으로 한글 주소를 지원하지 않는 광고 상품이 카카오 모바일 광고이다. 호스팅은 내 홈페이지 관련된 정보와 파일이 저장되어 있는, 즉 365일 운영될 수 있는 컴퓨터라고 보면 된다. 개인적으로 운영하기에는 무리가 있다. 그래서 호스팅 업체를 통해 서버를 임대한다. 보통 호스팅 업체와 최소 1개월, 길게는 몇 년 단위로 계약한다. 이때 중요한 것은 트래픽이다. 트래픽은 내 홈페이지가 소모하는 데이터의 양을 말한다. 방문자가 많거나 홈페이지의 이미지나 동영상 등의 자료가 많으면 트래픽이 증가하고, 당연히 호스팅 비용이 올라가게 된다.

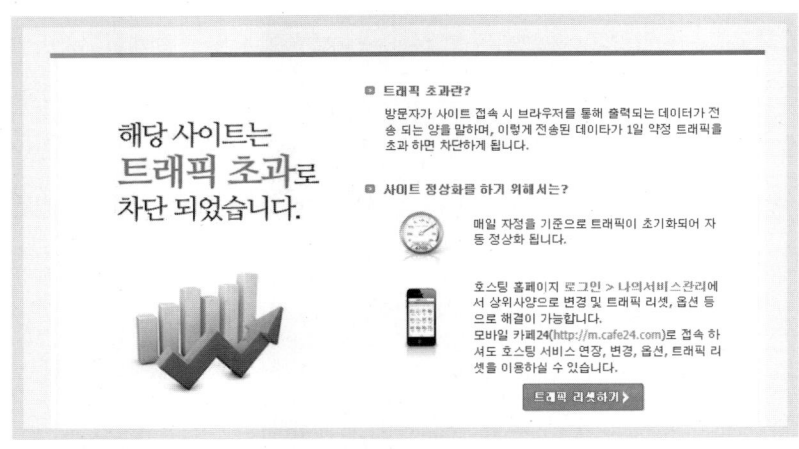

▲ 트래픽 초과 시 나타나는 화면

가끔 특정 홈페이지가 네이버 실시간검색 1위가 되면 트래픽이 초과되었다는 문구와 함께 홈페이지 접속이 안 되는 경우가 있다. 이는 갑작스럽게 늘어난 접속으로 인해 처리할 수 있는 데이터 양, 즉 트래픽 양이 초과했기 때문이다. 보통 일반 홈페이지와 쇼핑몰 홈페이지의 경우 처리해야 할 데이터 양에 차이가 있기 때문에 일반적으로 쇼핑몰은 훨씬 더 많은 데이터를 소비할 수 있는 트래픽이 큰 호스팅 서비스를 사용한다. 따라서 내가 계약하는 있는 호스팅은 얼마의 데이터를 처리할 수 있는지 꼭 알아야 하며, 만약 계약한 트래픽 양을 초과했을 경우 어떻게 되는지 알아야 한다.

셋째, '인건비'이다. 보통 홈페이지 업체에서는 상급 작업자와 중급 작업자가 있다. 상급은 다양한 경력이 있는 백전노장과 같은 담당자이며, 중급 작업자는 상급에 비해서 경력이나 실력에서 조금 모자란다. 그렇기 때문에 당연히 상급이 비싸고, 중급은 비교적 저렴하다. 그러나 상급과 중급의 차이는 상대적이며 업체에 따라 다르다. 자금이 충분하다면 상급을 좋겠지만, 그렇지 않다면 중급 작업자도 괜찮다. 중급 작업자와 일하기 전에는 중급 작업자의 포트폴리오를 우선 검토하고, 괜찮다는 판단이 든다면 상대적으로 저렴한 중급 작업자와 진행하는 것도 좋은 방법이다.

넷째, '작업 기간 및 유지 보수 기간에 따른 비용'이다. 작업 기간 및 비용은 제작해야 할 페이지 수에 비례한다. 홈페이지 내에 콘텐츠가 많고, 구성하는 페이지가 많을수록 시간과 비용은 올라간다. 그러나 개인사업자나 작은 규모에서 운영한다면 홈페이지 내부 구조가 복잡하지 않기 때문에 최대 3개월 이내에 모든 작업을 마칠 수 있도록 계약하는 것이 좋다. 또 홈페이지 업체가 디자이너를 보유하고 있는지 외주를 주는지 파악하는 것도 중요하다. 보통 업체 내에 디자이너가 상주한다면 디자인 작업 시간이 비교적 빠르다. 또한 홈페이지 외부 디자인 미팅에는 디자이너와 동반해서 하자.

그래야 시행착오를 줄이면서 원하는 디자인을 쉽게 뽑을 수 있다.

이 과정을 통해 홈페이지가 완성되었다면 보통 1년 정도는 계약 시 낸 비용 외에 별도의 비용이 들어가지 않는다. 그리고 정해진 기간이 지나면 매년 유지 보수를 위해 소정의 비용을 낸다. 이 비용은 도메인, 호스팅, 그리고 홈페이지 유지 관리에 필요한 비용이다. 예를 들면 홈페이지의 배너를 바꿔야한다거나 페이지의 내용을 바꿔야 하는 경우이다. 이는 가급적 저렴하게 계약을 하면 할수록 좋다.

정리하면 홈페이지 제작에 들어가는 비용은 홈페이지 제작 시에는 '홈페이지 빌더+도메인+호스팅+인건비'이다. 완성 후 기본적으로 보장해주는 유지 보수 기간이 지나가면 '도메인+호스팅+유지 보수' 비용이 필요하다. 한 가지 알아둬야 할 점은 홈페이지는 2~3년 안에 최근 트렌드에 맞게끔 리뉴얼하는 경우가 보통이라는 것이다. 지금 만드는 홈페이지는 2~3년용이라고 생각하고 초기에 너무 많은 에너지와 비용을 쏟지 않는 것이 좋다.

4단계

사이트 및 지도를
전략적으로 등록하기

01 네이버에 출생신고를 하자

브랜딩된 콘텐츠가 듬뿍 담긴 홈페이지를 만들었다면 이제 네이버에 출생신고를 해야 한다. 출생신고란 사이트 및 지도 등록을 뜻한다. 온라인 마케팅을 하지 않아도 꼭 해야 하는 것이 사이트와 지도 등록이다. 브랜드 마케팅에서 고객에게 내 브랜드를 가장 쉽고 빠르게 전달할 수 있는 매우 중요한 과정이다. 사이트와 지도 등록만으로도 고객에게 매력적으로 노출될 수 있다.

그렇다면 어떻게 사이트와 지도를 등록해야 할까? 지금부터 네이버에 출생신고를 하는 방법에 대해서 하나씩 알아보자.

1. 사이트 및 지도 등록의 조건과 혜택

사이트 등록은 일반인, 사업자 모두 할 수 있다. 그리고 네이버 아이디 하나에 사이트와 지도를 포함해 30개까지 등록할 수 있으며, 만약 30개가 넘는 경우 다른 사람의 아이디를 통해 등록하면 된다. 즉 사업자 혹은 일반인에 관계 없이 사이트에 특별한 주제만 있다면 몇 개의 사이트를 만들어도 모두 등록 가능하다.

다만 동일한 웹 주소는 한 번만 등록시킬 수 있다. 예를 들어 www.abc.com이라는 사이트를 '오씨아줌마'로 네이버에 사이트 등록시킨 후 다시 '박씨아줌마'로 등록시키는 것은 불가능하다.

▲ '함소아한의원'이라는 동일한 명칭으로 사이트를 등록한 예시

　　또 상표권에 문제만 없다면 남이 사용하고 있는 사이트명을 그대로 사용할 수도 있다. 다만 앞서 언급한 '희소성'의 원칙으로 보면 그리 좋은 사이트명은 아니다. 고객이 내 사이트를 바로 찾기에 어려움이 있기 때문이다.

　　사이트 설명 문구는 최초 등록 후 최근 30일 기준으로 최대 3회까지 수정할 수 있다. 사이트 등록 조건 중 가장 중요한 것은 바로 홈페이지만 사이트 등록이 가능하다는 것이다. 과거에는 블로그, 카페, 페이스북, 카카오스토리 등 다양한 형태의 웹서비스들이 모두 사이트로 등록할 수 있었지만, 사이트 영역이 어뷰징 등에 이용되면서 현재는 홈페이지만 사이트로 등록할 수 있다. 그렇기 때문에 홈페이지를 블로그로 대체해서 사용할 예정인 업체는 타격이 크다. 참고로 현재 사이트 등록이 되어 있는 블로그, 카페, SNS 채널들은 정책이 바뀌기 전 이미 등록된 경우이다. 정책이 바뀌기 전에 등록한 업체는 여전히 사이트 영역에 노출하지만, 정책이 바뀐 후에는 등록해주지 않는다.

　　지도 등록은 대부분 사이트 등록 조건과 비슷하지만 한 가지 차이점이 있다. 사이트는 www.abc.com 형태의 주소를 기준으로 등록하지만, 지도 등

록은 02-0000-0000 형태의 전화번호를 기준으로 등록한다는 것이다. 물론 010 형태의 휴대전화 번호, 070 행태의 인터넷 전화 모두 등록 가능하다. 즉 전화번호 하나에 지도 하나라는 의미이다. 필요에 의해서 두 곳을 등록해야 하는 경우는 필히 새로운 전화번호가 있어야 가능하다.

▲ 사이트와 지도가 노출되는 네이버 서비스

사이트와 지도 등록을 하면 좋은 점은 네이버 서비스에 다양하게 노출될 기회가 생긴다. 통합검색에서 노출되며, 네이버 블로그와 카페, 지식iN, 포스트 등의 지도 삽입 기능과 연동되고, 네이버 지도 애플리케이션과도 연동된다. 즉 네이버에 사이트 등록과 지도 등록을 하면 네이버에서 운영하는 대부분의 서비스에 별도 등록 없이 노출될 수 있다.

네이버는 싫으나 좋으나 우리나라에서 가장 큰 포털 사이트이며, 다양한 서비스를 운영하고 있다. 그렇기 때문에 마케팅에서 네이버가 제공해주는 서비스를 적극적으로 이용할 수밖에 없다. 사이트 등록과 지도 등록을 하는 것은 내 브랜드를 적극적으로 노출시키기 위한 최소한의 장치이다.

Q&A 사이트 등록에 관하여

Q. 사이트 등록은 사업자등록증이 없어도 가능한가요?
A. 사이트 등록은 도메인 주소를 기반으로 등록되기 때문에 일반적으로는 사업자등록증 없이도 등록이 가능하다. 다만 병원, 대부업 등 몇몇 업체의 경우는 사이트 등록 시 사업자등록증이 필요하다.

Q. 한 명이 몇 개까지 사이트를 등록할 수 있나요?
A. 한 명이 몇 개의 개념이 아니라 네이버 ID당 30개를 등록시킬 수 있다. 이때 30개는 사이트 등록 및 지도 등록의 숫자를 모두 포함한 숫자이다. 만약 30개 이상 등록하고 싶다면 주민번호가 다른 네이버 ID로 등록하면 된다.

Q. 사이트 영역의 노출 순위는 어떻게 정해지는 건가요?
A. 네이버는 사이트 영역을 포함해서 노출 순위에 대해 이야기할 때는 '정확도순'으로 노출된다고만 언급한다. 자세한 알고리즘은 언급하지 않는다. 그래서 정확하게 알 수는 없으나 몇몇 테스트를 거쳐서 나온 결과, 네이버 검색창을 통해서 키워드를 검색한 후 사이트 영역에 노출되는 다수의 사이트 중 어떤 사이트를 많이 클릭했는지가 중요하다. 특히 다양한 고객들이 다양한 IP를 통해서 검색하고 클릭하면 그만큼 상위 노출에 유리하다. 물론 알고리즘은 바뀌고 다양한 요소가 추가되기 때문에 참고 정도만 하면 될 듯하다.

2. 사이트 등록 방법

사이트 등록 방법을 알아보자. 사이트 등록이라고 하니 거창하게 느껴져 어렵게 보일 수도 있지만 의외로 네이버에서의 사이트 등록 방법은 간단하다.

▲ 네이버 검색등록 첫 화면

우선 네이버 아이디로 로그인 후, 네이버 검색등록submit.naver.com 사이트에 접속한다. 가급적 하나의 네이버 아이디에 사이트 등록과 지도 등록을 해놓는 것이 관리하기 편하다.

'URL' 영역에 등록시키고자 하는 홈페이지 주소를 넣고 [등록 확인]을 클릭하면 검색 결과 페이지로 넘어간다.

▲ URL 중복 확인 화면

'입력하신 URL은 등록되어 있지 않습니다.'라는 메시지가 뜬다면 [신규 등록 신청]을 클릭한다. 만약 이미 등록되어 있는 사이트라면 검색 결과에 '입력하신 URL/대표 전화번호는 이미 등록되어 있어 추가 등록이 되지 않습니다.'라는 메시지가 뜬다. 그리고 하단에 해당 사이트 주소를 등록한 업체의 정보가 나온다.

▲ 사이트 신규 등록 신청 화면

    홈페이지 이름을 '사이트명'에 입력하고, '분류(URL)'를 적절하게 선택한다. 이때 병원이나 대부업, 산후 도우미 등 몇몇 업체는 네이버에 별도의 서류를 제출해야 한다. '소개문구'의 경우는 메인 키워드와 지역 키워드 중심으로 입력한다. 이때 입력 방법은 '키워드1, 키워드2, 키워드3 …'의 형식으로 입력하며, 빈칸을 포함해 총 60자까지 입력 가능하다.

- **해외 영어 캠프** 겨울방학영어캠프, 여름방학영어캠프 신청 비용 상담, 초등영어캠프, 미국관리형유학, 원어민홈스테이, 미국스쿨링
- **지역 산모 도우미 업체** 대전, 세종 지역, 산후, 산모도우미, 산후조리, 모유수유, 젖몸살마시지 등 모바일 안내
- **질환 중심의 소아 한의원** 어린이 소아과, 비염, 축농증, 아토피, 식욕부진, 성장, 감기, 야제, 면역력, 보약, 치료, 상담 안내
- **무료 마케팅 동영상을 공유하는 필자의 홈페이지** 온라인마케팅 무료동영상강의, 네이버 마케팅, 카카오마케팅, 블로그, 카카오톡 옐로아이디, 카카오스토리 채널
- **유산균을 판매하는 건강 기능 식품 업체** 유산균, 프로바이오틱스, 장누수 증후군, 변비, 설사, 유산균, 장 건강 등 정보 수록

예시처럼 중요한 키워드일수록 소개문구의 시작(좌측)에 넣어야 한다. 좌측에 중요한 키워드가 들어갈수록 사이트 영역의 상위에 노출되는 경향이 있다. 따라서 중요한 키워드일수록 소개문구의 시작에 넣어주자. 그리고 구매에 결정적인 단어인 '신청', '비용', '상담' 등의 키워드도 함께 넣어주면 구매에 관심이 있는 고객들에게 쉽게 노출될 수 있다. 이때 주의할 점은 소개문구에 넣는 키워드의 콘텐츠가 홈페이지에 있어야 한다는 것이다. 예를 들어 필자가 홈페이지를 등록할 때 '페이스북 마케팅'이라는 문구를 썼는데, 홈페이지에는 정작 페이스북 관련 콘텐츠가 없다면 등록 시 보류되거나 네이버 직원이 임의로 문구를 바꾸게 된다. 그래서 최소한 소개문구에 있는 키워드 관련 콘텐츠는 홈페이지에 다 있어야 한다.

오씨아줌마의 마케팅센터 www.ocworld.kr 신청자 작성
요리하는 아내, **마케팅**하는 남편의 재미있는 블로그 이야기.

◀ 잘못된 소개문구

필자가 초창기에 사이트 등록을 할 때 구어체로 소개문구를 등록했다. 이

경우 고객이 '오씨아줌마'를 검색하지 않는 이상 검색으로 고객이 이 홈페이지를 사이트 영역에서 보는 것은 거의 불가능하다. 왜냐하면 소개문구에 전혀 키워드 세팅이 되어 있지 않기 때문이다. 고객이 네이버 검색창에서 '요리하는 아내' 혹은 '마케팅하는 남편'을 검색할 가능성은 거의 없다고 봐야 한다. 따라서 사이트 등록 시 소개문구에는 고객이 검색할만한 중요한 키워드를 꼭 넣도록 하자.

소개문구까지 모두 완료되었다면 하단의 [확인]을 클릭하자. 사이트 등록이 완료된다.

3. 지도 등록 방법

이제 지도 등록에 대해서 알아보자. 지도 등록 서비스가 2015년 4월 9일 변경되었다. 기존의 소개문구가 없어지고, 대표 키워드가 들어가는 것이 큰 특징이다. 사이트 등록과 마찬가지로 로그인 후 네이버 검색등록에 들어간다.

▲ 네이버 검색등록 첫 화면

'대표 전화번호'에 전화번호를 입력 후 [등록 확인]을 클릭한다.

▲ 전화번호 중복 확인 화면

'입력하신 대표 전화번호가 등록되어 있지 않습니다.'라는 메시지가 뜨면 [신규 등록 신청]을 클릭한다.

▲ 전화번호가 등록되어 있는 경우

만약 등록된 번호라면 URL 때와 마찬가지로 그림과 같은 메시지와 함께 업체 정보가 뜬다.

▲ 지도 등록 신청 화면

'필수 정보 입력'은 무조건 입력해야 하지만, '상세 정보 입력'은 선택 사항이다. 다만 '상세 정보 입력'까지 한다면 고객이 지도 영역에서 보다 많은 콘텐츠를 볼 수 있다. 특히 업체 사진의 경우는 꼭 넣어주는 것이 좋다. 실제 매장 및 제품의 사진 등은 고객에게 신뢰를 줄 수 있기 때문이다.

이제 하나씩 입력해보자. '업체명', '전화번호', '업종'을 입력해준다. '이용시간'은 필요하다면 넣어주고, 필요 없을 경우는 '이용시간을 입력할 수 없습니다.'를 선택한다. 평일, 주말, 공휴일 등 이용 시간이 다를 경우 [+이용시간 추가]를 통해서 시간을 입력해준다. '가격정보'의 경우는 고객에게 공개하지 않아도 무방하다. 공개를 하는 경우는 '변동가격', '추천메뉴' 등의 옵션을 선택하면 되고, 공개하지 않는 경우 '가격정보를 입력할 수 없습니다.'를 선택해준다. 사실 가격의 공개 여부는 매장을 운영하는 대표의 마인드에 따라 다르다. 서비스의 가격이 경쟁력이 있어 고객들에게 적극으로 어필하고자 하면 가격을 노출시키는 것이 중요한 반면 가격은 다소 비싸지만 다른 업체와 차별화된 콘텐츠가 있다면 가격을 비공개로 돌려서 고객들과 상담 시 이 장점을 어필하는 것이 좋다. 가격을 오픈했는데 고객이 매력을 못 느끼고 창을 닫아버릴 수 있기 때문이다. 따라서 가격 공개 여부는 전적으로 대표의 마인드와 전략에 달려 있다.

중요한 것은 '대표키워드'이다. 메뉴(짜장면, 짬뽕, 해물찜 등)나 서비스(임플란트, 핸드드립 등), 상품명(에어컨, TV, 냉장고 등) 등을 입력하면 된다. 대표 키워드를 적절하게 넣어야 네이버 지도검색은 물론 다양한 네이버 서비스를 통해서 효과적으로 노출될 수 있다. 다섯 개까지 입력할 수 있기 때문에 내 업체의 대표 키워드 다섯 개를 정하자. 주의할 점은 지역 특산품을 제외하고는 지역명을 입력할 수 없는 것이다.

▲ 신청 완료 화면

입력을 끝내고 등록이 완료되면 그림과 같이 검색에 노출된다.

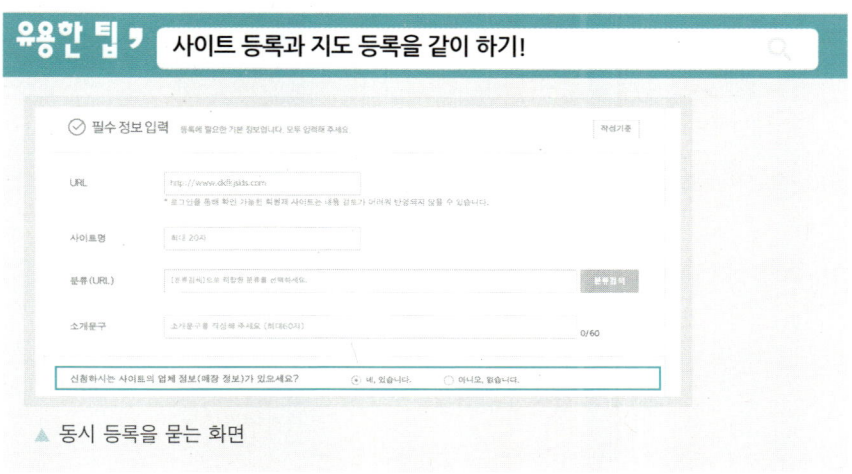

▲ 동시 등록을 묻는 화면

사이트 등록 시 '신청하시는 사이트의 업체 정보(매장 정보)가 있으세요?'라는 질문에 '네, 있습니다.'를 선택하면 사이트 등록과 지도 등록을 동시에 할 수 있다. 또한 지도 등록 시 '해당 업체의 홈페이지(URL)가 있으세요?'를 선택하면 지도 등록과 사이트 등록을 동시에 할 수 있다.

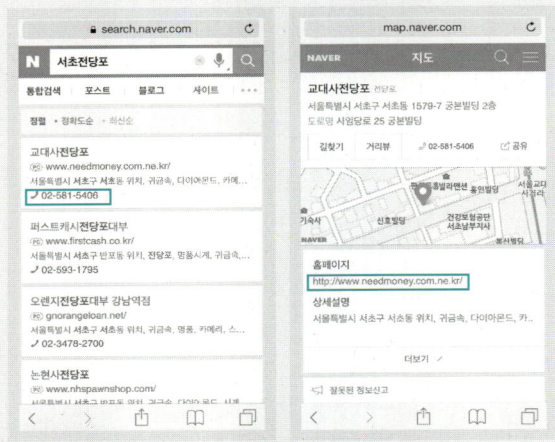

▲ 사이트 등록과 검색 등록을 함께 진행한 경우

함께 등록하면 좌측의 그림처럼 사이트 영역에 전화번호가 함께 노출되며, 지도의 경우는 우측의 그림처럼 홈페이지 주소가 별도의 설정 없이도 노출된다. 따로 진행했을 때보다 동시에 했을 때 사이트 영역과 지도 영역에 유기적으로 결합되어 노출되기 때문에 한결 편하다.

단 홈페이지 하나에는 지도 하나만 등록할 수 있다. 그래서 사업자가 운영하는 홈페이지가 하나 더 있다고 해도 이미 다른 사이트와 함께 등록한 지도와는 연결이 불가능하다. 즉 마케팅적으로 가장 비중이 높은 홈페이지(=메인 홈페이지)를 사이트를 등록할 때 지도도 함께 등록하는 것이 마케팅적으로 유리하다.

02 | 사이트와 지도를 등록할 때 이것만은 알아두자

다수의 사이트를 등록시키면서 많은 시행착오를 겪었다. 그 경험 속에서 많은 팁을 얻을 수 있었는데, 필자가 알려주는 몇 가지 팁과 정책만 알면 보다 쉽고 효과적으로 사이트 등록과 지도 등록을 진행할 수 있을 것이다. 그리고 최근 네이버 정책이 수시로 변경되기 때문에 일주일에 한 번씩 네이버 공지를 확인하는 것도 습관화해야 한다. 지금부터 어떤 시행착오를 겪었고, 어떤 방식으로 해결했는지 알아보자.

1. 네이버 사이트 및 지도 등록의 특징

보통 사이트 등록 기간은 영업일 기준으로 7일이다. 이보다 빨리 되는 경우도 있지만, 대부분 7일에 맞춰 등록된다. 그리고 한 번 등록이 완료된 사이트는 네이버 직원이 다시 방문해서 점검하는 일이 거의 없다. 즉 사이트 등록을 한 후 사이트의 내용을 네이버 정책에 맞지 않게 다시 바꾸더라도 문제가 되는 경우가 거의 없다. 단 네이버는 사이트의 소소한 변경에 대해서 알 수 없으나, 누군가가 네이버에 신고하면 바로 점검에 들어간다. 지도 등록도 마찬가지이다. 실제 업체가 없는 주소를 넣더라도 등록에는 큰 문제가 없다. 안타깝게 이런 빈틈이 도배 및 어뷰징에 사용되기도 한다. 만약 사이트 등록을 꼼수로 여러 개 등록시킬 경우 네이버에 신고되면 사이트 등록이 취소된다. 특히 사이트 영역의 도배를 위한 사이트는 퇴출 1순위다. 단 신고를 하지 않으면 네이버가 그 사실을 알 수 없다.

이제 중요한 소개문구 및 대표 키워드에 대한 이야기해보자. 사이트 등록을 하면서 가장 힘든 부분은 보류이다. 보류되지 않으면서 내가 원하는 내용으로 네이버에 사이트 및 지도 등록을 시키는 것이 관건이다. 일반적으로 등록이 보류되는 경우는 세 가지를 알아보자.

1 동일 또는 유사한 사이트를 반복적으로 대량 등록하는 경우

첫째, 의도적으로 비슷한 사이트에 비슷한 사이트명을 부여해서 검색 결과를 도배하는 것이다. 다음과 같이 하나의 사이트에서 다루고 있는 주제를 사이트 영역의 노출을 위해 또 다른 사이트에 비슷한 내용을 넣어 다시 등록하면 안 된다.

- 오씨아줌마의 블로그 www.blog.com
- 오씨아줌마의 블로그 마케팅 www.blogblog.com
- 오씨아줌마의 블로그 마케팅 강의 www.blogblogblog.com

단 각각 다른 주제를 다루고 있다면 사이트 등록이 가능하다. 예를 들어 하나의 사이트에서 '블로그'를 다루고 또 다른 사이트에서 '카페'를 다룬다면 당연히 사이트 등록을 할 수 있다. 다음과 같이 각 사이트가 독립된 콘텐츠를 다뤄 각각의 사이트를 만드는 것은 무리 없이 사이트 등록을 진행할 수 있다.

- 오씨아줌마의 블로그마케팅 컨설팅 www.blog.com
- 오씨아줌마의 카페마케팅정보공유 www.blogblog.com
- 오씨아줌마의 카카오마케팅컨설팅 www.blogblogblog.com

2 인기 검색어, 특정 제품, 과도한 이슈 검색어로 소개문구를 나열한 경우

둘째, 사이트명 혹은 소개문구에 '예쁜원피스', '사회복지사2급자격증', '돌답례품' 등의 인기 키워드나 특정 제품명을 넣어서 의도적인 노출을 노리는 경우이다.

- 오씨아줌마의 예쁜 원피스 www.abc.com
- 오씨아줌마의 나이키 런닝화 www.def.com
- 오씨아줌마의 돌 답례품 www.fgi.com

이 부분은 2015년 4월 9일 이후로 강화된 부분이다. 현재는 이런 방식으로 등록할 수 없으며, 소개문구 부분에 현재 이슈가 되고 있는 키워드를 삽입하고 다른 이슈가 발생하면 그 키워드를 삽입하는 방법 역시 사이트 등록이 보류된다. 예를 들어 '송혜교 백팩'이 인기 있다고 사이트 소개문구에 '송혜교 백팩'을 넣었다가 '김태희 백팩'이 인기가 있다고 소개문구를 '김태희 백팩'으로 바꾸는 경우를 가리킨다. 소개문구를 계속 사용하는 것이 사이트 순위를 올리는 데 유리하다.

3 정보성 없는 스크랩성 콘텐츠로 단순 정보 노출이 목적인 경우

만약 기존에 작성했던 블로그나 카페의 글을 그대로 복사해서 홈페이지에 사용하거나 혹은 제품 홍보 사진만 첨부해 홈페이지를 만드는 경우는 정보 부족으로 사이트 등록이 보류된다. 가급적 홈페이지에 있는 내용은 다른 곳에서 스크랩하지 말고 직접 생산해내는 것이 좋다.

조금 당황스러운 경우도 종종 발생한다. 내가 등록했던 사이트명과 소개문구가 네이버에 등록되면서 인위적으로 편집된 경우인데, 이는 네이버 담당자가 내부 규정에 맞게 사이트명과 문구를 바꾼 것이다. 예를 들면 다음과 같다.

등록 시	분당 치아 교정, 치아 미백, 충치 치료, 사랑니 발치, 서울대출신 원장
네이버 수정	경기도 성남시 분당구 정자동 위치, 의원 소개, 교정, 사진, 후기 등 안내

중요한 키워드 중심으로 입력했는데 평범하게 바뀌었거나 사이트명이나 소개문구가 네이버 정책을 어기지 않았음에도 심사 담당자가 소개문구를 임의로 바꾸는 경우도 있다. 이럴 경우는 다시 소개문구를 수정해서 등록하면 된다.

▲ '검색등록 > MY 검색등록 > 등록 내역 관리' 화면

네이버 검색등록 페이지에 수정을 원하는 사이트를 선택한 후 [수정] 버튼을 클릭한다.

▲ 소개문구를 수정할 수 있는 화면

소개문구를 수정한 후 하단의 [확인]을 클릭하면 완료된다. 심사는 보통 2~3일 정도 소요된다.

필자가 컨설팅한 한 업체는 홈페이지를 등록할 때 자신이 원하는 소개문구로 변경하기 위해 다섯 번이나 수정을 신청했고, 결국 원하는 문구를 가질 수 있었다. 그러니 네이버에서 임의로 사이트 문구를 바꾸었다고 너무 걱정하지 말고 다시 수정 신청을 해 내가 원하는 문구에 가깝도록 등록시키도록 하자.

불행인지 다행인지 모르겠지만 네이버에서의 사이트 등록은 사람이 심사하기에 주관적인 부분이 꽤 많다. 그래서 주관적인 부분을 공략해 최대한 내가 원하는 결과를 도출해야 한다. 내가 원하는 사이트와 지도 등록되기 위해서 네이버 심사팀의 문을 두드리자. 두드리면 열릴 것이다.

2. 등록을 다른 사람이 했을 때

사이트와 지도가 이미 등록되었는데 누가 등록했는지 알 수 없는 경우가 있다. 보통은 개인사업자가 직접 하거나 회사 담당자 혹은 홈페이지를 제작해준 에이전시, 광고대행사에서 해준다. 사이트와 지도를 등록할 당시에는 누가 등록을 해도 상관이 없는 듯하지만, 시간이 지나 내용을 바꿔야 할 때 비로소 곤란해진다. 왜냐하면 등록을 한 네이버 ID에서만 수정할 수 있기 때문이다. 담당 직원의 네이버 ID로 사이트를 등록했는데 퇴사했다거나 외부 업체가 대신 등록해줬는데 외부 업체와의 관계가 끊어졌다면 사이트와 지도의 내용이나 사진, 상세 설명 등을 수정하기 어렵다. 따라서 회사를 대표하는 네이버 ID로 회사와 관련된 모든 사이트와 지도를 등록해두는 것이 좋다.

만약 내 사이트와 지도를 이미 다른 사람의 네이버 ID로 등록했다면 관리 권한 교체를 통해서 사이트와 지도 등록 내역을 내 아이디로 가지고 오면 된다. 일단 내가 가진 네이버 ID에 어떤 사이트와 지도가 등록되어 있는지 확인해보자. 먼저 네이버 검색등록 페이지에 접속한다.

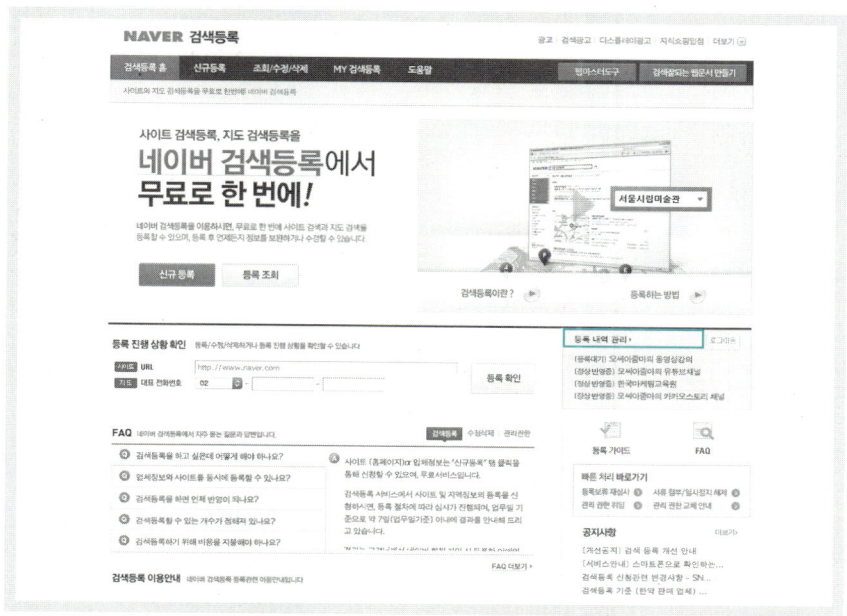

▲ '등록 내역 관리'에서 해당 네이버 ID로 등록한 사이트와 지도 확인 가능

우측의 '등록 내역 관리'를 보면 현재 로그인된 네이버 ID로 등록한 사이트와 지도의 목록이 나타난다. 최대 네 개까지 나오며 더 등록된 페이지를 보기 위해서는 '등록 내역 관리'를 클릭하면 된다. 만약 여기에 수정해야 할 사이트 및 지도가 없다면 다른 사람의 네이버 ID로 등록된 것이다.

앞서 언급했듯이 본인이 아닌 다른 사람의 네이버 ID로 사이트와 지도가 등록된 경우는 당장 수정할 수는 없지만 '관리 권한 교체'를 통해 관리 권한을 받아 수정할 수 있다. 권한 교체 시에는 이 사이트 혹은 지도의 주체인지를 확인할 수 있는 서류(사업자등록증)만 있으면, 신청 후 2~3일 안에 교체가 완료된다. 그 후 내 네이버 ID로 네이버 검색등록 페이지에 접속하면 관리 권한이 교체된 사이트와 지도를 확인할 수 있다.

관리 권한을 교체하는 방법을 알아보자.

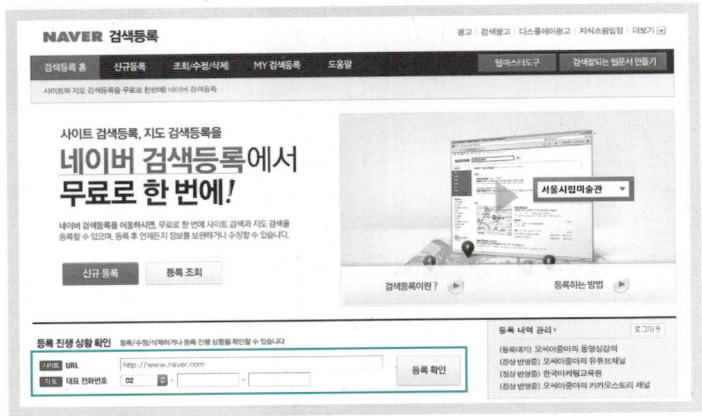

▲ 네이버 검색등록 첫 화면

'등록 진행 사항 확인'에서 사이트 주소 혹은 지도 전화번호를 입력하고 [등록 확인]을 클릭한다.

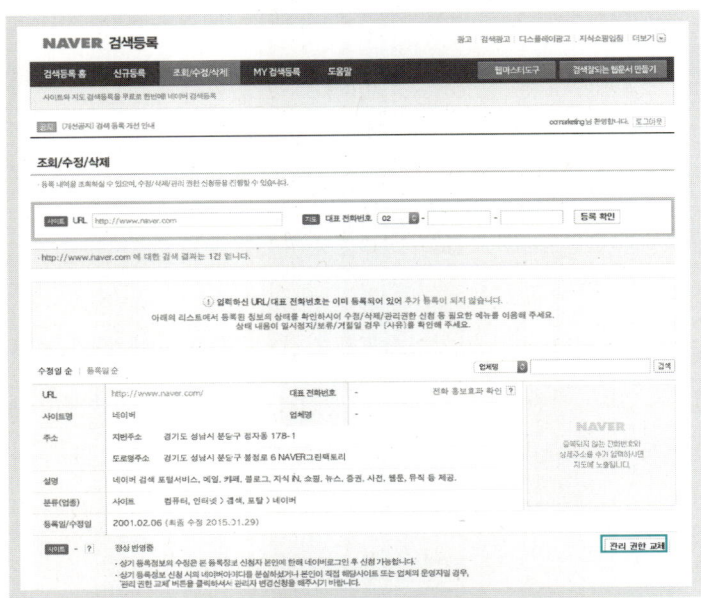

▲ 현재 등록되어 있는 현황

현재 사이트 혹은 지도로 등록되어 있는 목록이 나올 것이다. 우측 하단의 [관리 권한 교체]를 클릭하면 사이트 혹은 지도에 대한 수정 권한을 가져올 수 있다.

▲ 관리 권한 교체 화면

확인 서류를 첨부하고 신청 사유를 적은 후 [확인]을 클릭하면 완료된다. 이때 확인 서류는 일반적으로 사업자등록증만 있으면 된다. 신청 사유는 '담당자 변경', '네이버 ID 변경' 등 간략히 적어주면 된다.

지금 내 네이버 아이디에 어떤 사이트와 지도가 등록되어 있는지 확인하고, 내 사이트에 대한 관리 권한이 없다면 꼭 관리 권한 교체를 통해 권한을 찾아오자.

유용한 팁 › 사이트 등록 노하우

네이버는 기본적으로 콘텐츠의 질이 높은 사이트가 등록되길 원한다. 콘텐츠의 질이 보장되지 않는 다수의 사이트가 등록되는 것은 원하지 않는다. 이는 사이트 등록 시의 프로세스와도 연결되어 있다. 사이트를 등록하고 또 다른 사이트를 등록하기 위해서 '5분'이라는 대기 시간이 필요하다. 질 낮은 콘텐츠의 홈페이지가 네이버 사이트 영역을 도배하는 것을 막기 위한 장치이다.

그리고 심사 시 이미지로만 구성된 페이지보다는 글이나 동영상 등으로 제품의 콘텐츠가 충분한 사이트가 쉽게 등록되며, 외부 링크로 콘텐츠를 가지고 오는 사이트는 등록이 거부되는 경우가 많다. 예를 들어 '마케팅 정보 보기 (링크)'라는 배너가 있는데, 이 배너를 클릭하면 또 다른 홈페이지가 뜨면서 콘텐츠를 제공하는 것은 네이버에서 등록을 거절할 가능성이 높다.

만약 여러 개의 사이트를 등록시켜야 하는 경우 일단 하나의 사이트가 등록이 완료되면 다른 사이트를 등록시키길 추천한다. 네이버에게 대량의 사이트를 등록하는 어뷰징으로 오해받지 않기 위해서이다. 하나의 사이트 등록에 걸리는 시간이 최대 7일이니 일주일에 하나씩 사이트를 등록시킨다고 생각하면 된다.

사이트나 지도 등록에 대한 내용을 적다 보면 '~ 가능성이 높다'라는 표현을 많이 쓴다. 말 그대로 경우에 따라서 되는 경우도 있고 안 되는 경우도 있기 때문이다. 네이버에서 사이트와 지도를 등록하는 것은 심사 담당자의 주관이 들어간다. 사람(담당자)이 사이트 명이나 소개문구 등의 중요한 내용을 결정하기 때문에 사람에 따라서 기준이 약간씩 다르다. 야구에서 심판에 따라 스트라이크존이 약간씩 달라지듯이 네이버도 담당자에 따라서 기준이 약간씩 달라진다. 같은 소개문구를 사용해서 등록을 시도하더라도 어떤 경우는 등록이 되고, 어떤 경우는 등록이 되지 않는다. 즉 정책을 위반하지 않는 한 내가 원하는 정보를 꼭 넣을 수 있도록 최대한 수정과 재등록을 시도해야 한다.

네이버 정책은 지속적으로 바뀌고 있다. 통합검색에 노출되는 영역은 시시각각 정책이 바뀐다. 특히 사이트의 경우 그 변화가 심하다. 과거는 블로그, 카페, 페이스북, 트위터, 카카오스토리 등 대부분의 웹 서비스가 등록 가능했지만, 2013년에는 블로그와 카페의 사이트 등록이 안 되었고, 2014년에는 페이스북, 트위터, 카카오스토리 등 SNS 서비스의 사이트 등록이 안 되게 되었다. 그리고 2015년 지도 영역은 대표 키워드라는 새로운 방식이 도입되어 지속적으로 공지사항을 체크해 정책 변화를 알아두어야 한다. 특히 과거에는 되었지만 현재는 안 되는 것, 반대로 과거에는 안 되었지만 지금은 가능한 것 중심으로 봐야 한다.

고객의 신뢰를 얻기 위해서 사이트와 지도 등록 정책에 민감해야 한다.

03 서브 홈페이지를 통한 노출 전략

브랜드를 고객에게 보다 매력적으로 각인시키기 위해서는 메인 홈페이지 하나만 활용하는 것이 아니라 별도의 사이트를 만들어 노출시키는 것이 효과적일 때가 있다. 특히 중요한 것은 각각의 사이트에 각각의 최적화된 소개문구를 넣는 것이다. 이렇게 되면 다양한 키워드 검색으로 다양한 고객이 내 홈페이지로 유입될 수 있다. 핵심은 주제에 맞는 홈페이지 그리고 사이트 등록 시의 키워드이다.

1. 서브 홈페이지란?

건강 기능 식품 업체의 마케팅을 진행한 적이 있다. 이 업체의 메인 제품은 '파낙스통', '에이자임', '청락토' 세 가지였다. 파낙스라는 브랜드 홈페이지가 있었지만 제품의 정보가 방대해 사이트 등록에 사용된 60자 소개문구로는 제품의 특징을 알리는 데 한계가 있었다. 그래서 각각의 사이트를 만들어 각 제품에 맞는 콘텐츠를 구성하면 고객에게 보다 쉽게 제품을 어필할 수 있겠다고 판단했다. 바로 브랜드 홈페이지 외의 제품 전용 홈페이지를 제작하고 사이트 등록을 진행했다. 네 개의 사이트를 등록해 각 홈페이지에 맞는 정보를 다양한 키워드로 표현했고 사이트마다 50자의 소개문구도 넣었다.

현재 네이버에 등록되어 있는 현황은 다음과 같다.

	사이트명	사이트 주소	소개문구
브랜드 홈페이지	파낙스	www.panax.co.kr	생생건강 김남주 박사, 천연물 제재, 효모, 효소 등 건강 기능 식품 제조 및 판매, 상담, 질병 정보 안내
제품 홈페이지 1	파낙스통	www.panaxtong.com	혈액순환 개선 제품, 정맥, 동맥, 심혈관 건강정보, 은행잎, 건강 기능 식품, 나이아신, 효모, 혈관 청소
제품 홈페이지 2	에디자임	www.a-zyme.com	혈액, 눈, 간 건강 개선 제품, 피로, 효소, 효모, 밀크시슬, 비타민, 미네랄, 건강 기능 식품
제품 홈페이지 3	청락토	www.chunglacto.com	유산균, 프로바이오틱스, 장누수 증후군, 변비, 설사, 유산균, 장 건강 등 정보 수록

다양한 키워드를 넣을 수 있다는 것은 다양한 고객이 검색으로 내 홈페이지에 방문할 가능성이 높다는 것을 의미한다. 더 많은 고객의 홈페이지 유입이 가능한 이유는 네이버 통합검색에서 사이트 영역이 꽤 비중 있게 노출되고 있기 때문이다.

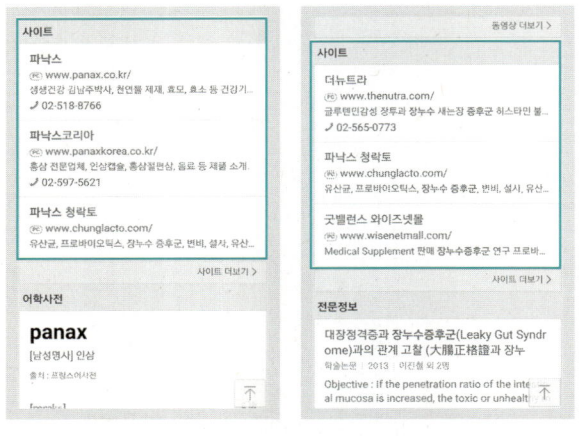

▲ 사이트 영역에 노출되고 있는 브랜드 및 제품 홈페이지

PC의 네이버 통합검색에서 사이트 영역은 독립적으로 노출되고 있다. 모바일에서도 블로그, 카페, 지식iN, 웹문서가 섞여서 나오는 통합 웹과 달리 사이트 영역은 독립적으로 노출되고 있다. 그리고 매일 글을 생성해내는 블로그와 달리 사이트 영역에 등록되는 사이트는 지 않으며, 그림과 같이 메인뿐만 아니라 서브 홈페이지가 사이트 영역의 상위 3위 안에 노출된다면 안정적으로 고객을 유입할 수 있다. 즉 적절한 키워드를 사용해서 서브 홈페이지를 사이트 영역에 등록시켜 노출시킨다면 고객은 다양한 키워드를 통해 사이트 영역에 노출된 서브 홈페이지에 방문할 가능성이 높다. 한 번 만든 홈페이지가 사이트 영역에 등록되어 안정적으로 노출되기 때문에 별도의 비용과 노출에 필요한 에너지는 거의 들지 않는다. 그래서 노출시키고자 하는 키워드를 중심으로 서브 홈페이지 만들그 사이트로 등록시켜서 고객에게 노출시키는 전략을 적극적으로 활용하자.

2. 주제에 따른 홈페이지 구성 방법

서브 홈페이지를 만들 때 명심해야 할 것은 홈페이지의 주제에 맞게끔 만들어야 한다는 것이다. 다양한 콘텐츠를 담으면 안 된다. 예를 들어 '오씨아줌마농장'이라는 메인 홈페이지가 있고 '오씨사과', '쌀쌀한 쌀', '통통고구마'라는 각각의 브랜드를 담은 서브 홈페이지를 만들었다고 가정하자.

서브 홈페이지가 꼭 메인 홈페이지의 브랜드인 '오씨아줌마'를 따라갈 필요는 없다. 사이트명 또한 독립적으로 정하고 등록하는 것이 가능하다. 또한 다루는 콘텐츠가 사이트마다 독립적이어야 한다. '오씨사과'에 대해서는 오로지 '사과'에 대한 이야기만 다루고, '쌀'이나 '고구마' 콘텐츠를 다루면 안 된다. 그런데 마케팅 전략으로 '오씨사과' 사이트에 쌀과 고구마의 콘텐츠를 다루고 싶다면 네이버 사이트 등록의 속성을 활용한다. 앞서 언급했듯이 네이버는 한 번 등록이 완료된 사이트를 다시 보지 않는다. 일단 '오씨사과'를 주제로 사과에 대한 독립적인 콘텐츠를 담고 난 뒤, 사이트 등록이 완료되면 홈페이지 내용을 고구마와 쌀 내용을 넣어 바꾸는 것도 좋은 방법이다. 다만 신고로 인해 네이버가 검수를 하는 경우는 사이트 등록이 취소될 수 있으니 주의하자.

또 서브 홈페이지를 만들 때 제작에 너무 많은 에너지를 쏟지 말고 깔끔하게 만드는 것이 핵심이 되어야 한다. 구성은 비슷하더라도 각 제품에 대해 구체적인 콘텐츠를 제공하고, 제품의 장점, 구매 방법 그리고 브랜드 소개까지 서브 홈페이지로서 고객에게 알려줘야 하는 정보를 모두 주어야 한다.

이처럼 서브 홈페이지를 제작하고 사이트 등록을 진행하면 다양한 고객이 내 서브 홈페이지로 쉽게 유입될 수 있다. 사이트 등록 시 소개문구에 다양한 키워드를 노출시켰기 때문이다. 내 서브홈페이지에 들어온 고객은 내 브랜드를 인지하는 것과 동시에 매출을 올릴 잠재 고객이 될 것이다. 즉 서브 홈페이지의 궁극적인 목표는 네이버 통합검색에서 많은 고객에게 다양한 키워드로 노출되어 내 브랜드의 노출량을 늘리는 것이다. 다시 강조하지만 서브 홈페이지는 화려하고 비싼 홈페이지가 아니다. 주제에 맞는 콘텐츠를 충분히 전달하는 것이다.

3. 노출에 유리한 키워드 세팅

각 주제에 맞는 콘텐츠를 구성해 서브 홈페이지를 만들었다면 이제 네이버에 출생신고, 즉 사이트 등록을 진행해야 한다. 앞서 언급했듯이 하나의 네이버 ID에 메인 홈페이지와 서브 홈페이지를 함께 등록하는 것이 차후 관리에도 편하다.

'오씨아줌마농장'이라는 브랜드에 '오씨사과', '쌀쌀한 쌀', '통통고구마'

로 서브 홈페이지를 만들었다고 가정하자. 그렇다면 이 세 가지 서브 홈페이지를 사이트 등록해야 하는데, 이때는 다음과 같이 등록하면 된다.

사이트명	사이트 주소	소개문구
오씨사과	www.abc.com	청송꿀사과, 유기농사과, 흠집사과, 제초제 안 친 건강한 사과, 산지직배송, 카카오톡 주문
쌀쌀한 쌀	www.def.com	청정 청송지역 쌀, 다슬기 오리로 키운 유기농쌀, 햅쌀, 현미 카카오톡 주문, 산지직배송
통통고구마	www.ghi.com	무공해 청송지역 유기농 그구마, 호박고구마, 밤고구마 판매, 아이 간식 말린 고구마, 산지직배송

각 서브 홈페이지의 특징을 살려서 키워드를 추출했다. '오씨사과'는 '청송꿀사과', '유기농사과', '흠집사과' 등 고객이 검색할만한 키워드를 삽입했다. 여기서 중요한 것은 오로지 사과에 대한 이야기만 해야 한다는 것이다. '오씨사과'에 쌀이나 고구마를 홍보할 내용을 넣으면 안 된다. 그리고 소개문구에 넣었던 '유기농', '흠집', '제초제를 사용하지 않는', '산지직배송'에 대한 내용은 반드시 홈페이지 내부에 있어야 한다.

5단계

콘텐츠를 생산하고 노출시키기

01 | 좋은 콘텐츠의 조건

콘텐츠가 중요하다는 이야기는 많이 들어봤을 것이다. 많은 마케터는 '질 좋은 콘텐츠'를 작성해야 한다고 말하곤 하는데, '질이 좋은 콘텐츠'와 '질이 나쁜 콘텐츠'를 정확히 구분하지는 않는다. 다양한 의견이 있겠지만, 확실한 것은 고객이 쉽게 읽을 수 있고, 고객의 의도를 파악해 궁극적으로 나에게 매출을 올려주는 콘텐츠, 즉 브랜드를 가장 잘 표현한 콘텐츠가 '질 좋은 콘텐츠'라는 것이다.

그렇다면 질 좋은 콘텐츠는 어떻게 작성해야 할까? 지금부터 알아보는 내용을 홈페이지와 블로그, 네이버 포스트 등을 작성할 때 적극적으로 활용해 보자.

1. 모바일에 최적화된 콘텐츠

단식원을 마케팅했을 때 홈페이지와 블로그 유입의 88%가 모바일이었다. 열 명 중 아홉 명은 스마트폰에서 단식원 홈페이지와 단식원에서 쓴 블로그 글을 읽는다는 것이다. 그렇다면 당연히 아홉 명에게 보기 좋은 콘텐츠를 만들어야 하는데, 이때 글의 구성과 이미지 삽입에 주의해야 한다.

글을 작성할 때 주의 사항부터 알아보자.

보통 홈페이지나 블로그에 글을 쓰는 경우 중간에 글을 끊지 않고 쓰는 것이 다양한 스마트폰의 화면에 맞출 수 있다. 그리고 문장을 길지 않게 쓰는 것이 좋다.

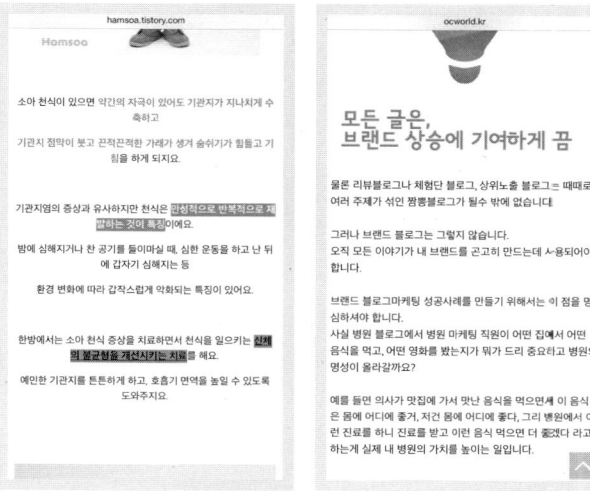

▲ 문장을 인위적으로 끊은 경우(좌)와 문장을 끊지 않고 작성한 경우(우)

블로그 글을 쓸 때 문장을 중간에 끊어버리면 스마트폰 화면 크기에 따라서 좌측의 그림과 같이 문장이 부자연스럽게 보여 읽기 힘든 경우가 있다. 그러나 우측처럼 문장을 끊지 않고 글을 쓴다면 스마트폰 화면 크기에 상관없이 깔끔하게 보인다. 가급적 다양한 스마트폰에서 깔끔하게 보이기 위해서는 글을 쓸 때 문장을 끊지 않고 쓰길 추천한다. 또한 문장의 길이가 너무 길면 보기에 좋지 않으니 PC에서 글을 쓸 때보다 짧게 문장을 구성하도록 한다.

다음은 이미지 삽입 시 주의 사항이다. 이미지는 콘텐츠를 가장 직관적으로 알릴 수 있는 매우 중요한 요소이다. 하지만 모바일에서 고객이 이미지의 내용을 정확하게 볼 수 없거나 이미지가 오히려 이야기의 흐름을 방해하고 있다면 좋은 콘텐츠라고 할 수 없다. 특히 최근 모바일에서는 간단하고 명료하게 고객이 쉽게 인지할 수 있도록 구성하는 것이 매우 중요하다.

▲ 모바일에서 인식하기 힘든 이미지(좌)와 모바일에서 보기 좋은 이미지(우)

　좌측의 이미지를 PC에서 봤다면 큰 문제는 없다. 그러나 모바일에서 보면 제목 외에는 전혀 내용을 읽을 수 없는 게 문제이다. 이미지의 보이지 않는 글을 읽기 위해서 뚫어져라 쳐다보고 있는 고객은 없다. 반면 우측의 이미지는 모바일에서 쉽게 볼 수 있으며, 재미난 이미지를 사용해 글을 보다 흥미롭게 만든다. 고객이 흥미 있게 글을 읽는다는 것은 내가 노출시키고자 하는 콘텐츠를 고객이 인지했다는 뜻과 동일하다. 그래서 모바일에서는 이미지나 글을 잘 읽히게끔 만들어야 한다. 만약 이미지의 가로 길이가 600px(픽셀)이라면 최소한 이미지 위의 텍스트 크기는 24pt(포인트) 이상은 되어야 식별할 수 있다.

　마지막으로 링크 삽입 시 주의 사항이다. PC에서는 마우스 포인트를 가지고 넓은 화면을 이리저리 옮겨다니며 클릭할 수 있지만 모바일에서는 좁은 화면과 손가락으로 터치를 해야 한다. 즉 좁은 화면으로 보는 고객에게 클릭하라는 강력한 메시지를 줘야 한다.

▲ 직관적으로 '클릭'이라는 문구를 넣은 배너(좌)와 링크에 밑줄을 넣고 색깔로 구분한 링크(우)

 이미지에 링크를 단 배너의 경우 고객이 작은 모바일 화면에서 보게 될 때 클릭률이 떨어질 수밖에 없다. 이것을 보완하기 위해서 꼭 '클릭'이라는 문구를 삽입하도록 하자. 또한 본문에 링크를 삽입할 경우에는 색깔을 달리하거나 밑줄을 삽입해서 고객에게 링크임을 인지시켜야 한다.

 모바일에서 고객이 쉽게 볼 수 있도록 구성하는 것은 고객에게 내 콘텐츠를 효과적으로 전달했다는 것이다. 아무리 콘텐츠가 좋아도 고객이 스마트폰으로 볼 수 없다면 고객의 입장에서는 아무것도 못 본 것이나 마찬가지이다. 특히 모바일은 PC에 비해서 좁은 화면이기 때문에 고객에게 단순하면서도 강력하게 어필해야 한다. 그래서 모바일에 맞는 글의 구성, 이미지, 링크 등이 필요하다. 콘텐츠를 생산할 때 이 부분을 꼭 명심하자.

2. 30초 내로 핵심을 말하는 콘텐츠

필자의 홈페이지와 블로그, 컨설팅한 곳의 홈페이지에 방문하는 고객의 체류 시간은 20~40초 사이였다. 사이트와 콘텐츠에 따라서 다를 수 있지만 체류 시간이 1분을 넘어가는 경우는 많지 않다. 즉 고객은 내 홈페이지나 블로그에 1분 이상 머무르지 않는다. 따라서 고객이 최소한 30초 안에 콘텐츠를 확인할 수 있게 해야 내 콘텐츠를 효과적으로 전달할 수 있다. 만약 글의 주제가 '바다장어 직거래 방법'이라면 글의 앞부분(30초 이내에 고객이 볼 수 있는 곳)에 바다장어 직거래 방법에 대한 언급해야 한다.

다음의 두 가지 예를 비교해보자.

- 예시 1 … 지금 맛있는 바다장어를 산지에서 직거래하세요. 일반 수산 시장보다 20%나 저렴합니다. 직거래 방법은 먼저 전화로 문의해주셔서 제품을 선택하고, 입금이 확인되면 바로 발송됩니다. …

- 예시 2 … 바다장어 어떻게 먹어야 맛있을까요? 많은 분들이 즐겨 먹는 방법은 양념을 해서 구이로 먹는 방법입니다. 그러나 별미를 원하는 분들이라면 장어지리도 강력 추천합니다. 장어지리는 …

예시 1의 경우 '바다장어 직거래 방법'을 검색해서 들어온 고객을 위해서 30초 이내에 바다장어 직거래에 대한 내용을 읽을 수 있도록 기술했다. 반면 예시 2의 경우는 바다장어의 요리법만 늘어놓고 있다. 고객은 지금 '바다장어 직거래 방법'에 대해서 알고 싶은데, 요리법만 늘어놓는다면 고객의 만족도는 떨어질 것이 분명하다. 고객이 원하는 글을 쓴다는 것은 키워드를 통해 고객이 알고 싶어 하는 핵심을 파악하고 그 내용을 홈페이지나 블로그에 글을 쓸 때 반드시 30초 안에 읽을 수 있도록 구성하는 것이다. 그래야만 고객은 쉽게 자신이 원하는 콘텐츠를 발견할 수 있을 것이다.

고객은 노출된 내 콘텐츠를 보고 잠재 구매 고객이 된다. 요즘과 같이 바쁜 시대에 고객에게 내가 쓴 콘텐츠 전체를 읽어주고 반응해달라고 기대하는 것은 무리이다. 그렇기 때문에 가급적 고객의 눈에 띄고 빨리 읽게 하는 것이 핵심이다. 그래서 키워드에 관련된 핵심 콘텐츠는 글의 앞부분에 배치해서 고객이 30초 안에 꼭 읽도록 만들어야 한다.

3. 포스팅 하나에 한 주제만 써야 하는 이유

모바일은 콘텐츠의 길이가 짧고 임팩트 있게 전하는 것이 중요하다. 그런데 이런 흐름을 역행하는 사람들이 많다. 하나의 글에 다양한 주제를 담는 경우이다. 특히 전문 분야에서 이런 경우가 많다. 예를 들어 '바다장어란 무엇인가', '바다장어와 민물장어의 차이는 무엇인가', '바다장어의 맛있는 요리법' 등 많은 정보를 한 개의 글에 모두 넣으려고 하는 것이다. 만약 고객이라면 그 콘텐츠를 스마트폰에서 느긋하게 보고 있을까? 실제 체류 시간이 평균 30~60초임을 고려해볼 때 하나의 포스팅에 많은 주제를 다루는 것은 옳지 않다. 그렇다면 하나의 포스팅에 콘텐츠를 어떻게 담아야 할까? 다음의 블로그 제목 예시를 통해 살펴보자.

❶ 블로그 마케팅을 어떻게 해야 상위 노출되고, 어떻게 해야 방문자가 늘어날까요?
❷-1 블로그 마케팅을 어떻게 해야 상위에 노출이 될까요?
❷-2 블로그 마케팅을 통해 방문자 늘어나기 위해선 어떻게 해야 할까요?

❶, ❷ 모두 블로그의 상위 노출에 대한 내용과 방문자가 어떻게 하면 늘어날지에 대한 이야기를 다룰 예정이다. 그런데 콘텐츠를 구성하는 방식에 차이가 있다. ❶의 경우는 하나의 블로그 글에 상위 노출 방법과 방문자 늘

리기라는 두 개의 주제를 다룰 예정이다. 그러나 ❷의 경우는 두 개의 글로 나누어 하나의 글에는 하나의 주제만 다룰 예정이다. ❷-1에서는 블로그 상위 노출 방법을, ❷-2에서는 블로그 방문자를 늘리는 콘텐츠에 대해 다룬다.

❶의 경우는 두 개의 주제를 본문에서 모두 다루니 고객은 하나의 블로그 글을 통해서 두 개의 정보를 얻게 된다. 따라서 글의 길이가 자연스럽게 길어지게 되는데, 문제는 앞서 언급한 고객의 체류 시간을 고려했을 때 두 개의 주제 중 한 개는 보지 못하고 갈 가능성이 크다는 것이다. 글의 길이가 길어지면 질수록 고객이 콘텐츠를 명확하게 인지하지 못하는 상황은 불 보듯 뻔하다. 반면 ❷의 경우는 각 콘텐츠를 만들어야 하는 수고는 있지만, 고객들에게 더 임팩트 있게 다가갈 수 있다. 또한 하나의 글에 하나의 주제만 다루었기 때문에 체류 시간을 고려해도 콘텐츠를 비교적 잘 인지할 가능성이 높다. 이는 내가 만든 콘텐츠가 고객에게 노출이 되어서 고객에게 브랜드를 알려야 할 몫을 다 했다고 할 수 있다.

가급적 하나의 글이나 동영상에는 하나의 주제를 효과적으로 꾸미는 것이 중요하다. '바다장어와 민물장어의 차이'에 대한 내용을 적고 있다면, '바다장어 요리법', '바다장어 잡는 방법' 등의 내용은 같은 글에서 함께 언급하지 않는 것이 좋다. 이야기를 함께 다루면 그만큼 임팩트가 떨어지고 고객에게 인지되기 어렵다. 욕심을 버리고 하나의 글에는 오직 하나의 주제를 어떻게 매력적으로 꾸밀 것인가에만 집중하자. 그래야 고객이 충분히 읽는 콘텐츠를 만들 수 있다.

4. 동영상과 이미지, 지도 활용 방법

보기도 좋은 떡이 먹기도 좋다고 했다. 내 콘텐츠를 얼마나 매력적이게 꾸미는가는 내 고객들이 내 콘텐츠를 얼마나 흥미 있게 읽을 것인가로 이어지게 된다. 내 콘텐츠를 어떻게 하면 매력적으로 꾸밀 수 있을까?

네이버의 블로그, 카페, 지식iN, 포스트에는 텍스트 외 콘텐츠를 꾸밀 수 있는 요소가 몇 가지 있다. 그중 '이미지', '동영상', '지도'가 대표적이다. 이미지와 동영상은 고객의 눈을 자극하고, 텍스트로 전달할 수 없는 생생한 현장감을 주고 신뢰도를 높혀준다. 그리고 지도는 고객이 찾아가고자 하는 니즈를 적극적으로 해결해준다. 즉 텍스트와 함께 콘텐츠를 꾸밀 수 있는 이 세 가지 요소를 얼마나 잘 쓰는가는 고객들이 콘텐츠를 보다 맛있게 읽을 수 있게 하는 요리하는 과정이라고 보면 된다.

▲ 콘텐츠 내부에 이미지(좌), 동영상(중간), 지도(우)를 첨부한 블로그 글

블로그, 홈페이지, 포스트 등을 꾸밀 때 텍스트로만 구성하는 것보다 이미지, 동영상, 지도가 들어갔을 때 보다 임팩트 있게 전할 수 있다. 다만 이미지와 동영상을 사용할 때는 몇 가지 주의사항이 있다. 단순히 이미지와 동영상을 넣는 것이 아니라 콘텐츠를 매력적으로 보이게 하는 이미지와 동영상을 넣어야 한다는 점이다. 이미지와 동영상을 넣었는데 오히려 콘텐츠

에 대한 신뢰도가 떨어진다면 이는 넣지 않느니만 못한 일이다.

　실제 매장 사진과 제품 사진이 있다면 고객의 신뢰도를 높여준다. 특히 블로그의 경우는 더욱 그렇다. 고객이 내 블로그나 포스트에 방문했는데 실제 매장과 제품 사진이 나오면 보다 현장감 있고 임팩트 있게 콘텐츠를 볼 수 있다. 반면 고객이 블로그나 포스트에 방문했는데 이미지가 구글에서 검색해서 나온 외국인 사진 혹은 홈페이지 일부를 캡쳐해서 올린 사진, 과도하게 상업적인 이미지라면 고객이 오래 머무르지 않을 것은 자명하다.

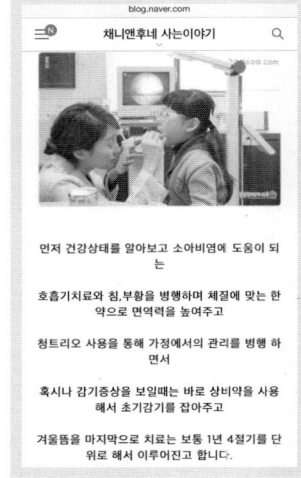 

▲ 실제 현장 사진을 넣은 경우(좌)와 브랜드와 큰 관련 없는 외국 사진을 넣은 경우(우)

　블로그를 통해 고객을 간접 경험시키는 것이 중요하다. 블로그를 읽으며 실제 매장에 간 것처럼 느끼고, 내가 서비스를 받는 것처럼 느껴야 한다. 그런데 포토샵으로 한껏 꾸민 홈페이지 사진이나 감정 이입이 불가능한 외국인 모델의 사진은 컨텐츠의 신뢰도를 떨어트릴 수밖에 없다.

　실제로 많은 사람이 구글 등에서 나오는 사진을 사용하는데 여기에는 두 가지 문제가 있다. 첫 번째는 저작권이고, 두 번째는 검색한 이미지가 내 콘텐츠를 임팩트 있게 포장해주지 못한다는 것이다. 홈페이지의 경우는 홈페이지 콘셉트에 따라 전략적으로 이미지를 구매하거나 이미 제작된 이미지나 동영상을 사용할 수 있지만, 블로그나 포스트의 경우는 가급적 직접 찍은 사진과 동영상을 사용하고 잘 찍은 사진보다는 매장 혹은 제품의 특징을 잘 드러내는 것을 선택하는 것이 좋다.

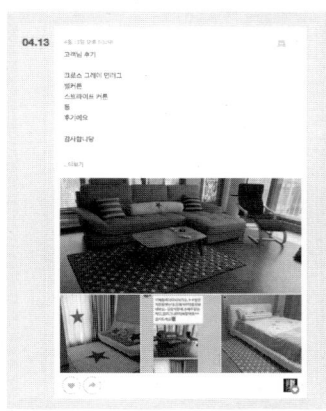 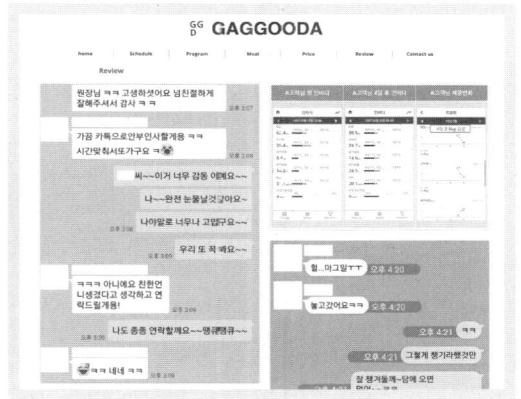

▲ 고객의 후기를 활용해 만든 콘텐츠

좌측 이미지는 고객이 직접 찍은 이미지를 사용해서 콘텐츠를 구성했다. 비록 조명과 포토샵을 이용한 근사한 느낌은 없지만, 제품을 구매한 고객이 자신의 방에 제품을 세팅하고 직접 찍고 만족한다는 글과 함께 후기를 올린다면, 제품에 대한 신뢰도는 한층 더 올라갈 것이다. 다른 고객이 이 고객의 사진과 글을 봤을 때는 업체에서 제작한 화려한 광고보다 훨씬 더 효과적으로 보일 것이다. 우측 이미지는 단식을 하고 난 뒤 실제 고객의 체중과 근육량의 수치가 얼마나 변했는지를 알려주는 인바디 정보와 단식원에 대해서 긍정적으로 평가한 카카오톡의 대화 내용을 넣은 단식원 홈페이지이다. 이 역시도 단식원의 장점이 무엇인지 멋진 사진을 넣어서 구구절절 설명하는 것보다 훨씬 더 고객에게 신뢰를 줄 수 있다.

　결국 고객에게 신뢰를 주는 이미지와 동영상은 화려함이 아닌 제품에 대한 긍정적인 생각을 가지게끔 하는 것이다. 콘텐츠를 구성할 때 이미지와 동영상, 지도를 적극적으로 활용하자.

5. 태그를 활용하라

네이버에서 전사적인 지원을 받고 있는 기능이 있는데, 바로 '#(해시) 태그'이다. 네이버가 # 태그를 전면에 내세워 밀고 있는 서비스가 세 가지 있다. 관심사형 SNS인 폴라www.pholar.co.kr, 네이버 포스트, 마지막으로 블로그이다. 특히 블로그의 경우 단순 태그를 # 태그로 바꿨다. 블로그 글을 읽다가 글 하단의 # 태그를 누르면 블로그 하단에 동일한 # 태그의 글이 최신순으로 노출된다. 이는 모바일에서의 # 태그는 검색창에 직접 검색을 하기보다는 # 태그를 통해 보다 쉽게 고객을 관심사의 글로 인도하려는 의도이다.

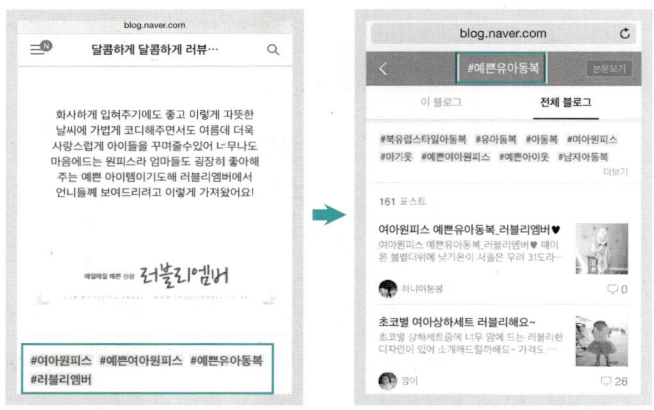

▲ 네이버 블로그 본문 하단의 # 태그(좌)를 누르면 관심사 글들(우)을 바로 볼 수 있다

블로그 글 하단의 # 태그 중에서 '#예쁜유아동복'을 클릭하면 우측 이미지와 같이 '예쁜유아동복'에 대한 블로그 글이 추천되어 나온다. 아직 고객이 # 태그를 사용해 얼마나 연관성 있는 블로그 글을 찾아보는지에 대한 통계는 없으나 블로그, 네이버 포스트, 폴라 등 네이버의 대표 서비스에서 # 태그를 사용한다는 것만으로도 충분히 시도하고 활용할 가치가 있다. 이제 네이버에서 블로그나 포스트에 글을 적고 난 뒤엔 꼭 # 태그를 이용하자.

6. 똑같은 내용을 다양하게 표현하는 방법

한 영어 캠프 업체가 콘텐츠 작성에 대해서 고민을 털어놓았다.

> 2013년부터 블로그를 운영 중인데요. 저희 회사가 '미국여름방학영어캠프'가 핵심 키워드예요. 2014년 5월에 여름방학 영어 캠프 글을 썼고, 2015년 5월에도 여름방학 영어 캠프 글을 썼어요. 계속 관련된 글을 써야 하는데 문제는 글의 내용 비슷하거든요. 2014년의 영어 캠프 내용이 2014년이 되었다고 확 바뀌지 않는데, 매년 어떻게 글을 써야 할까요?

네이버 마케팅을 하면서 이런 고민은 누구나 한 번쯤 해봤을 것이다. 특히 최신글이 상위에 노출되는 경향이 강한 네이버에서 마케터들은 부득불하게 비슷한 내용의 글을 지속적으로 올려야만 최소한 고객들에게 노출되는 기회를 가질 수 있다.

네이버에는 유사문서라는 시스템이 있다. 블로그, 카페, 뉴스 영역을 통틀어 원본 하나만 노출되고 원본을 복사하거나 유사하게 만든 글은 검색에 노출되지 않는 것이다. 즉 2014년에 쓴 여름방학 영어 캠프 글을 그대로 블로그에 붙여넣거나 약간 수정을 해도 통합검색에는 노출되지 않는다. 네이버의 유사문서 판독 시스템에서 다른 글로 인지할 정도로 대폭 수정해야 한다. 하지만 비슷한 내용이기 때문에 큰 폭의 수정은 쉽지 않을 것이다. 따라서 다양한 형식으로 글을 쓰는 것이다. 형식이 바뀌면 콘텐츠를 표현하는 방식이 달라져 콘텐츠를 만드는 마케터 입장에서도 편리하며 같은 콘텐츠라도 다른 글로 인식해 네이버 통합검색에 노출된다.

여기서 소개할 형식은 크게 '칼럼', '질문 답변', '후기'이다.

칼럼		
	제목	미국 영어 캠프 중 아카데믹 프로그램 선택 시 고려해야 할 세 가지 핵심
	내용	안녕하세요, 오씨아줌마 영어 캠프입니다. 최근에 방학 기간을 이용해 영어에 집중 노출되는 프로그램이 인기입니다. 현지 정규 수업, 일명 스쿨링 프로그램이라고 부릅니다. 겨울방학과 여름방학 영어 캠프는 시기적으로 프로그램에 차이가 있습니다. 겨울방학 프로그램은 한국 학교는 1, 2월이 겨울방학 기간이지만 미국 캐나다는 학기 중이기 때문에 스쿨링 프로그램 참여가 가능합니다. 반면 여름방학 프로그램은 미국과 캐나다도 방학이기 때문에 영어 노출 환경을 최대화하는 것에 중점을 둡니다. 그래서 여름방학에 미국 영어 캠프를 보내는 분이라면, 특히 아카데믹 프로그램이라면 체크 포인트 세 가지를 점검하세요! …

질문 답변			
	제목		미국 영어 캠프를 보내려고 하는데 선택 시 어떤 것에 관심을 가져야 할까요?
	내용	질문	안녕하세요, 초등학교 3학년을 가진 엄마입니다. 초등학교 3학년부터 영어 회화를 본격적으로 익히는 게 좋다고 해서 이번에 큰 마음 먹고 미국 영어 캠프를 보내려고 하는데요. 저처럼 처음 보내는 아이의 경우 어떤 미국 영어 캠프 프로그램을 선택해야 할까요?
		답변	안녕하세요, 오씨아줌마 영어 캠프입니다. 말씀하셨듯이 최근에 방학 기간을 이용해 영어에 집중적으로 노출되는 영어 캠프 프로그램이 인기입니다. 특히 현지 정규 수업에 참여해서 영어를 배우는 스쿨링이 인기입니다. 겨울방학 영어 캠프는 1, 2월의 한국은 방학이지만, 미국과 캐나다는 방학이 아니라서 쉽게 스쿨링을 할 수 있습니다. 하지만 여름방학의 경우 한국의 여름방학 기간이 미국과 캐나다와 기간이 동일하기 때문에 어떻게든 많이 노출되는 프로그램을 찾는 것이 매우 중요합니다. 그래서 총 세 가지를 점검하시길 추천합니다. …

제목		미국 영어 캠프에 보낸 엄마의 솔직 담백한 후기	후기
내용	서두	안녕하세요, 오씨아줌마 영어 캠프입니다. 오늘은 오씨아줌마를 통해서 영어 캠프를 보낸 어머니의 솔직 담백한 이야기를 나누고자 합니다. 지금부터 확인해봅시다.	
	후기	안녕하세요, 저는 초등학교3학년 아이가 있는 엄마입니다. 다들 초등학교 3학년 때 영어에 집중적으로 노출되는 게 중요하다고 하더라고요. 그래서 이번에 여름방학 영어 캠프를 미국으로 보냈습니다. 사실 처음 보내는 거라서 프로그램이 많아 어떤 좋은 프로그램을 고르느냐가 중요했는데요. 저는 영어에 집중적으로 노출되는 환경을 중요하게 여겼습니다. 그래서 오씨아줌마의 영어 캠프인 스쿨링 프로그램을 선택했습니다. 특히 한국의 여름방학이 미국의 여름방학이기 같기 때문에 스쿨링 프로그램이 아니면 영어에 노출되기가 쉽지 않았거든요. …	

동일한 미국 영어 캠프 콘텐츠를 고객에게 전달하지만 칼럼, 질문 답변, 후기 형식을 통해서 다양하게 전달할 수 있다. 네이버에서 효과적으로 콘텐츠를 포장해서 노출시키는 데 매우 유용한 방법이다. 물론 필자가 소개한 세 가지 방법 외에도 더 다양한 방법이 존재할 것이다. 그러한 방법을 얼마나 많이 찾아내서 같은 콘텐츠를 다양하게 표현하고 구성하는가는 고객에게 매력적인 콘텐츠를 얼마나 많이 노출시킬 수 있는가와 동일한 뜻임을 잊지 말자.

7. 효과적인 콜 투 액션 세팅

많은 사람이 어떻게 하면 매력적으로 네이버 검색에 노출시킬지만 고민한다. 그러나 중요한 것은 노출 이후에 어떻게 할 것인가이다. 물론 고객이 내 콘텐츠를 보는 것만으로도 장기적인 브랜드 인지에 도움이 되나, 고객이 내 콘텐츠를 보고 적극적으로 행동한다면 고객에게 보다 강력하게 내 브랜드를 인지시킬 수 있다. 특히 구매 유도 페이지나 온라인 상담 등의 직접 행동을 유도하는 페이지의 경우는 적극적인 고객 행위를 끌어내는 것이 중요하다. 그래서 콘텐츠 내부에 고객이 반응할 수 있도록 하는 장치, 즉 '콜 투 액션Call to Action'을 세팅하는 것이 중요한 것이다.

그렇다면 콜 투 액션이란 무엇을 말하는 것인가? 예를 들어 병원은 홈페이지나 블로그를 보고 문의나 온라인 상담을 해야 하고, 쇼핑몰은 콘텐츠를 보고 내 홈페이지에 방문해서 물건을 사야 하며, 헤어숍은 시술 예약이 많이 들어와야 한다. 즉 노출된 콘텐츠를 통해 어떻게 구매와 관련된 행동을 유도하느냐가 바로 콜 투 액션이다.

우리는 네이버에 좋은 정보를 주는 자원봉사자가 아니다. 어떻게든 내 콘텐츠를 보고 고객의 구매를 유도해 매출을 일으키는 것이 중요하다. 그렇다면 콘텐츠에 콜 투 액션을 어떻게 세팅해야 할까? 우선 세팅 전 내가 고객에게 원하는 행위가 무엇인지 정하는 것이 중요하다. 특히 명확하게 행위를 요구할수록 고객에게 전달하는 메시지는 강력하다.

▲ 콘텐츠 내부에 세팅한 지도(좌), 링크(중간), 전화(우)를 통한 다양한 콜 투 액션 예시

예를 들어 병원은 전화와 위치, 온라인 상담이, 쇼핑몰은 홈페이지 유도 및 구매가, 헤어숍은 전화 예약이 대표적인 콜 투 액션이다. 어떻게든 하나만 걸리라는 심정으로 전화번호, 이메일, 팩스 번호, 홈페이지 주소 등 연락이 가능한 모든 것을 노출시키는 경우도 있으나, 고객의 입장에서 너무 많은 선택권을 주는 것은 오히려 선택을 더욱 어렵게 한다. 그래서 두 개 이상의 선택지는 주지 않는 것이 중요하다.

이제 고객에게 원하는 행위를 정했다면 콘텐츠 내부에 세팅을 한다. 만약 네이버 블로그, 카페, 포스트 내부에 콜 투 액션을 세팅한다면 전화번호와 링크는 출처가 필수이다. 전화번호로 전화를 걸면 어디로 연결이 되는지, 링크를 누르면 어디로 이동하는지에 대한 반드시 언급이 있어야 한다.

다음의 예를 통해 살펴보자.

- 예시 1 지금 바로 클릭하면 50% 파격 할인 [클릭!]
- 예시 2 지금 바로 클릭하면 50% 파격 할인: 오씨아줌마·홈페이지 바로가기! [클릭!]

예시 1의 경우는 출처가 존재하지 않는다. 고객이 [클릭!]을 누르더라도 어디로 이동하는지 알 수 없다. 그래서 피싱 등에 악용되기도 해 고객의 클릭을 유도하기 힘들다. 반면 예시 2의 경우는 링크를 클릭했을 때 어디로 가는지 명확하게 표시되어 있어 고객이 안심하고 클릭할 수 있다.

네이버에서는 정책적으로 전화번호와 링크에 대해 출처를 꼭 넣게 하고 있다. 콘텐츠를 만든 마케터는 당연히 링크와 전화번호에 대한 출처를 알지만 고객은 링크와 전화번호의 출처에 대해서 전혀 알지 못한다. 고객을 위해서 그리고 네이버 정책을 지키기 위해서라도 출처는 꼭 삽입하도록 한다.

다음으로 고려해야 하는 것은 고객의 행위를 유도하는 멘트이다. 시트콤을 보다 보면 재미있는 장면에서 음향 효과로 웃음 소리가 나온다. 이는 시청자가 이때쯤 웃으면 된다는 것을 미리 알려주는 것이다. 온라인상의 콘텐츠 역시 마찬가지이다. 고객이 '내가 지금 이 글을 읽고 뭘 해야 하지?'라고 고민하기 전에 메시지를 던지는 것이 중요하다.

다음의 예를 보자.

- 예시 1 지금 바로 오씨아줌마 학원에 전화 문의 주세요! 02-1111-2222
- 예시 2 이 제품을 구매하려면 오씨아줌마 홈페이지에 방문하세요! [클릭!]
- 예시 3 오씨아줌마 강의를 들으시려면 지금 바로 신청서를 작성하세요! [신청서 바로가기!]

전화번호나 링크를 갑자기 던지는 것이 아니라 예시와 같이 메시지를 먼저 주고 전화번호나 링크를 노출하면 고객의 행동을 쉽게 이끌어낼 수 있다. 특히 [클릭!], [신청서 바로가기!] 등의 텍스트는 실제 링크의 클릭률이 높은데, 이는 고객에게 보다 명확하게 메시지를 주고 있기 때문이다.

마지막으로 콘텐츠 본문에 넣은 링크를 넣는다면 PC와 모바일에 최적화된 페이지인가를 고민해야 한다. 고객은 콘텐츠를 PC에서도 볼 수도 있고, 모바일에서도 볼 수도 있다. 만약 고객이 모바일에서 링크를 클릭했는데, 링크가 PC 홈페이지에만 연결되어 있다면 고객은 스마트폰에 최적화되지 않은 PC 홈페이지에서 콘텐츠를 보게 되고 구매로 유도하지 못한다. 불편함으로 인한 콘텐츠 노출 효과가 떨어지면서 고객의 입장에서는 아무리 사고 싶어도 사지 못하는 그림의 떡에 불과하다. 특히 쇼핑몰은 PC에서도 결제가 가능하지만 모바일에서도 결제가 가능한 링크를 연결시켜야 고객이 실제 돈을 쓸 수 있도록 유도할 수 있다.

- 예시 1 지금 바로 오씨아줌마 홈페이지에서 구매하기 (링크)
- 예시 2 지금 바로 오씨아줌마 홈페이지에서 구매하기 (PC로 접속하셨다면 클릭!) (모바일로 접속하셨다면 클릭!)

예시 1은 링크 하나로 모바일과 PC에 최적화된 경우이며, 예시 2는 PC용과 모바일용 링크가 따로 있는 경우이다. 이렇게 링크의 특성에 따라서 구분해야 고객의 헛걸음을 최소화할 수 있으며 명확한 메시지로 고객의 행동을 유도할 수 있다. 최근 네이버에서 모바일 검색량이 늘어나고, SNS에서 다양한 콘텐츠가 유통되면서 모바일에 최적화된 링크가 매우 중요해졌다. 가급적 모바일 홈페이지나 이벤트 페이지는 꼭 만드는 것이 좋다.

결과적으로 좋은 콘텐츠란 고객들에게 명확한 행동을 요구하는 것이다. 그리고 고객의 행동을 세련되면서도 편리하게 할 수 있도록 유도하는 방법을 찾아야 한다. 이때 핵심은 출처와 메시지 그리고 사용자 기기에 최적화된 링크라는 것을 꼭 기억하자.

8. 콘텐츠 생산의 필수 조건 세 가지

광고대행사에서 직원은 마케팅이 주된 업무이다. 대기업이나 중견 기업의 마케터에게 주된 업무 역시 마케팅이다. 특히 각 마케팅 채널에 대한 전문적인 지식이 있어야 하며 전략적인 운영이 중요하다. 하지만 개인사업자 혹은 작은 기업은 마케팅을 담당하는 직원이나 사장님이 만능엔터테이너여야 한다.

필자가 프랜차이즈 병원에서 마케팅을 담당했을 때, 네이버와 다음의 키워드광고, 구글 배너 광고, 병원 공식 블로그 및 페이스북, 카카오스토리 채널 운영 등 관리해야 할 채널이 너무나 많았다. 전문적인 지식으로 전략적인 접근을 한다는 것 자체가 거의 불가능했다. 게다가 병원 지점의 직원 교육 및 서류 업무까지 함께 처리해야 했다. 다른 업체의 상황도 비슷할 것이다. 다뤄야 할 마케팅 채널은 많고, 마케팅 외적인 업무도 함께 봐야 하기에 더욱 쉽지 않다.

상황이 이렇다 보니 전략적으로 각각의 마케팅 채널에 대해서 전적으로 집중할 시간이 없다는 것이 가장 큰 문제였다. 마케팅에 집중하지 못한다는 것은 콘텐츠를 생산할 시간이 없다는 것과 동일하다. 콘텐츠를 생산할 시간이 없다는 것은 마케팅에서 치명적이다. 콘텐츠가 없으면 노출이 어렵고, 노출이 안 되면 고객에게 내 브랜드를 알리지 못해 신규 방문자의 유입이 지속적으로 줄어들 수밖에 없다. 유입이 줄어드니 매출 하락 역시 자연스럽게 이뤄진다.

그래서 단기간 신규 방문자의 유입을 늘리는 방법을 찾게 되는데, 1순위로 고려하는 것이 돈만 주면 쉽게 노출될 수 있는 네이버 검색광고이다. 그러나 키워드 광고 하나만으로는 마케팅이 효과적으로 이뤄지지 못한다. 결국 작은 기업은 일단 마케팅 채널을 늘리는 것에 욕심을 버리고 집중된 시간에 매력적인 콘텐츠를 많이 생산해내는가가 관건이다. 그렇다면 이렇게 바쁜 와주에 어떻게 콘텐츠를 생산해야 할까? 지금부터 콘텐츠 생산 노하우 세 가지를 알려주겠다.

1 일주일에 최소 세 개의 콘텐츠를 생산하라

다른 마케팅 채널에 비해 블로그는 소위 말하는 '키우는 작업', '최적화 작업'이 필요하다. 블로그를 키우는 방법 중 가장 기초적인 것이 바로 지속적인 포스팅이다. 지속적으로 콘텐츠를 생산해내야 장기적으로 블로그의 글이 네이버 상위에 노출될 수 있다. 블로그 글을 지속적으로 생산하지 않는다면 상위 노출은 거의 불가능하다. 앞서 언급했듯이 하나의 키워드를 중심으로 하나의 블로그 콘텐츠를 생산해야 한다. 즉 일주일에 최소한 세 개의 키워드를 블로그에서 노출시키는 것을 목적으로 블로그를 운영해야 한다. 이렇게 블로그에 지속적으로 콘텐츠를 올린다는 것은 상위 노출을 위한 기본적인 작업을 하고 있는 것이며, 다양한 영역에 노출시킬 수 있는 콘텐츠가 블로그라는 보물상자에 차곡차곡 쌓이는 것이다.

블로그 글은 지식iN 집필, 네이버 포스트 등에 활용할 수 있다. 이때 유의사항이 대충 대충 만들어야 한다는 것이다. 100% 완벽한 작품을 만든다고 많은 에너지를 쏟지 말아야 한다. 20% 부족한 콘텐츠를 만들어야겠다는 마음가짐으로 임하면 보다 쉽게 콘텐츠를 생산할 수 있다. 그러나 100% 만족한 콘텐츠를 생산하려다 보면 콘텐츠 생산을 시도하기도 전에 지치고 만다. 완벽한 작품보다는 갯수가 중요한 것이 네이버 마케팅의 현실이다. 어떻게든 일주일에 최소 세 개의 블로그 콘텐츠 생산해야 한다는 것을 절대 잊지 말자.

2 작은 기록이 매력적인 콘텐츠 생산의 시작

많은 사람이 키보드에 손만 대면 글이 줄줄 써진다고 착각한다. 필자는 꽤 오랜 시간 마케팅을 했지만 글이 줄줄 써지지 않는다. 소규모 기업은 마케팅에 투자할 시간은 금쪽같기 때문에 이 귀한 시간을 키보드에 손만 올려놓고 '오늘은 뭐 쓸까?'로 고민만 하면서 낭비할 수는 없다. 그래서 틈틈이 기록을 남겨야 한다.

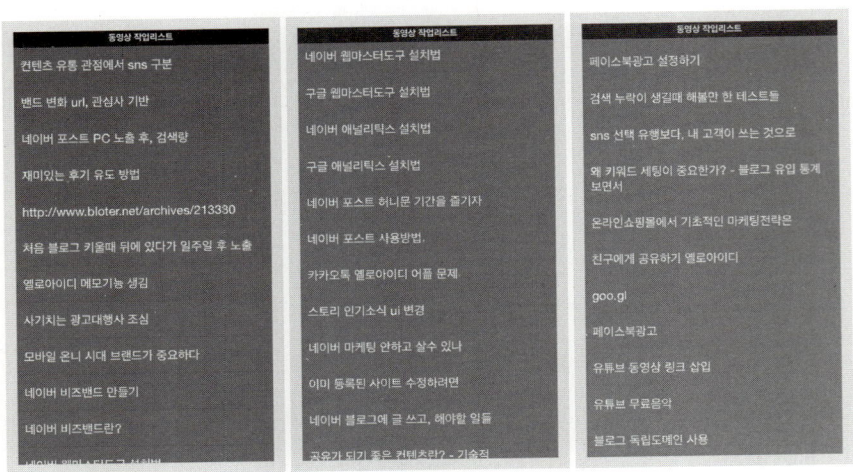

▲ 필자가 콘텐츠를 생산할 글감

필자는 일상생활, 이동 중, 강의 쉬는 시간 등 콘텐츠가 생각이 날 때마다 기록했다. 간단히 단어만 적을 때도 있고, 구체적인 제목까지 도출할 때도 있다. 생각이 날 때마다 브랜드에 맞는 글감들을 기록해 마케팅에 집중할 금쪽같은 시간을 키보드에 손만 올려놓은 채 고민하지 말고 글감에서 글을 골라서 바로 쓸 수 있도록 준비하자. 이 과정 없이는 짧은 시간에 매력적인 콘텐츠를 생산하는 것은 불가능하다. 기록은 가장 빠른 수단이며, 매력적인 콘텐츠 생산의 첫걸음이다.

3 경쟁 업체의 콘텐츠를 지속적으로 관찰하라

우물 안 개구리라는 말이 있다. 내 블로그, 내 홈페이지, 내 포스트만 보고 있으면 생산되는 콘텐츠는 뻔하다. 하지만 경쟁 업체가 다양한 영역에서 생산한 콘텐츠를 보면 자극이 되고 내 콘텐츠가 풍성해지는 효과가 있다. 경쟁 업체 역시도 나만큼 돈을 벌기 위해서 콘텐츠 생산에 고민하고 또 고민한다. 따라서 콘텐츠의 질은 높을 수밖에 없다.

단순히 경쟁 업체의 글을 베끼라는 것이 아니다. 나와 비슷한 규모의 경쟁 업체에서 어떤 방식으로 어떻게 매력적인 콘텐츠를 생산해내는가를 지속적으로 모니터링하면 내 콘텐츠와 마케팅 시스템이 한 단계 업그레이드 될 수 있다. 모니터링은 콘텐츠 생산의 어머니임을 절대 잊지 말자.

9. 콘텐츠 작성 시 주의해야 할 세 가지

온라인의 콘텐츠가 대부분 그렇듯이 정해진 틀은 없다. 고객이 가장 좋아하는 트렌드에 맞게 콘텐츠를 구성하고, 이렇게 작성된 콘텐츠를 통해 매출이 올라가는 것이 가장 이상적이다. 다만 네이버에서 마케팅을 하기 위해서는 세 가지 사항을 조심해야 한다.

1 미풍양속을 해치는 키워드 사용 금지

첫째, 미풍양속을 해치는 키워드이다. 절대 사용하면 안 된다. 예전 '마약김밥'이 인기를 얻기 전 '마약김밥'에 대한 글을 블로그에 썼는데 검색이 안되는 경우가 있었다. 바로 '마약'이라는 다소 반사회적인 단어 때문이었다. '무료 영화 다운로드', '노출 동영상', '바카라 사이트' 등 풍기문란에 해당하는 단어가 콘텐츠 본문에 들어간다면 네이버에서 검색을 제한할 가능성이 높다. 그래서 가급적 미풍양속을 해치는 키워드나 콘텐츠는 사용하지 말아야 한다.

그리고 정치적인 글은 절대 쓰지 말자. 정치적인 글을 잘못 썼다가 저품질에 빠진 블로그가 적지 않다. 어떻게 정치 글을 모니터링하고, 제재를 가했는지 그 기준은 알 수 없지만 확실히 정치적인 글을 자주 쓰는 블로그는 저품질 등의 문제가 생긴다. 아무리 답답하더라도 정치적인 글은 절대 쓰지 말자.

2 관련 법 준수

둘째, 법이 정한 테두리를 지켜야 한다. 업체에서 제품을 공급받거나 서비스를 공급받는 경우 꼭 하단에 '업체로부터 제품을 제공받아 작성한 후기'라는 안내가 들어가야 한다. 2014년 10월에 리뷰 블로거 중에서도 많은 이웃과 팬을 거르리고 있는 몇몇 파워 블로거가 검색 제재를 받았다. 공정거래위원회로부터 신고를 받아 네이버가 검색을 제재한 것으로, 문제가 된 것은 마케팅의 효과를 높이기 위해서 '업체로부터 제품을 제공받아 작성한 후기'라는 문구를 일부러 적지 않는 것이었다. 그래서 리뷰 블로거를 통해서 체험단을 운영할 때는 하단에 '업체로부터 제품을 제공받아 작성한 후기'라는 문구를 꼭 넣어야 한다.

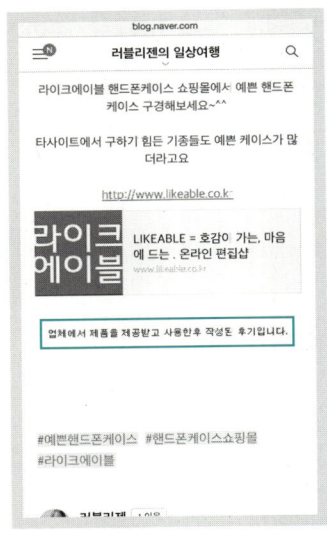 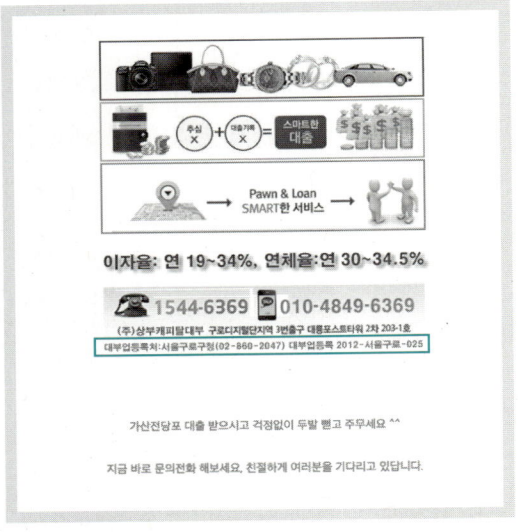

▲ 후기 관련 문구 삽입(우)과 대부업 관련 필수 입력 사항 삽입(우)의 예시

경우에 따라서 체험단 자체를 운영할 수 없는 곳도 있다. 대표적인 곳이 병원이다. 병원의 경우 체험단을 운영하는 것은 금지이며, 이를 어길 경우

에는 의료법 위반이다. 병원은 이제 광고대행사에서 블로그나 SNS 채널을 운영하는 것이 어려워졌다. 의료법으로 병원이 아닌 기관에서 병원 블로그나 SNS 채널을 운영하는 것이 금지되었기 때문에 가급적 병원 자체적으로 브랜드 블로그와 공식 SNS 채널 중심으로 마케팅을 진행해야 한다. 대부업의 경우는 대부업등록번호를 콘텐츠 내부에 넣어야 한다. 만약 넣지 않는다면 대부법을 어긴 것이 되고 검색 제재를 당할 수도 있다.

내가 속한 업종에서 지켜야 하는 정책이나 법이 있다면 꼭 지키도록 하자. 그렇지 않으면 언제 어떻게 검색에서 누락되고 블로그 계정이 정지될지 모른다.

3 폭발을 앞둔 휴화산, 저작권 및 초상권

마지막으로 저작권 및 초상권을 조심해야 한다. 2010년 이전에는 저작권에 대한 개념이 없었다. 인터넷에 돌아다니는 사진을 임의로 다운받아 편집해서 내 홈페이지와 블로그 등에 사용했다. 하지만 최근에는 인터넷에 돌아다니는 사진이나 동영상을 함부로 사용했다가 저작권 위반으로 곤란한 상황에 빠지는 경우가 적지 않다. 남의 이미지는 가급적 사용하지 않는 것이 좋다. 필요하다면 이미지 전문업체에 라이선스를 구매해서 사용하거나 픽사베이(pixabay.com)와 같은 무료 이미지 사이트에서 다운받는 것도 방법이다. 이미지는 아무 곳에서나 다운받으면 절대 안 된다.

동영상도 이미지와 같다. 〈무한도전〉이 재미있다고 〈무한도전〉 동영상을 사용하는 것 역시 저작권에 문제가 된다. 일반적으로 동영상의 경우는 네이버에서 문제의 동영상을 삭제하는 경우가 많다. 초상권도 마찬가지이다. '송혜교 백팩'이라는 키워드를 사용하기 위해서 언론사나 인터넷에서 '송혜교' 이미지를 마음껏 가지고 와서 사용한다면 이는 초상권 침해일 수 있다. 과거 모 연예인의 성형 전과 후 사진을 블로그에 올렸더니 소속사에서 연예인에 대한 초상권 침해 및 명예훼손의 소지가 있다고 게시글을 없애 달라는 요청을 받은 적이 있다. 당연히 바로 삭제했다.

이런 필자의 자세에 너무 보수적으로 마케팅하는 것은 아닌가 할 수 있지만, 저작권과 초상권에서 대해서는 굉장히 엄격하게 지켜야 시간이 지난 후에도 문제 발생 소지가 없을 수 있다. 특히 한미 FTA 협정 후 지적재산권에 대한 내용이 강화되고 있기에 앞으로 저작권과 초상권은 폭발을 앞둔 휴화산일 가능성이 높다. 저작권과 초상권 등 타인의 콘텐츠를 무단으로 가지고 오는 행위는 절대로 하지 말자.

02 효과적인 검색 노출 방법

우리나라의 최고의 검색엔진은 네이버이다. 물론 검색 결과의 질과 검색 노출의 공정성에 관한 이슈가 있지만 이런 이슈를 떠나서 온라인 마케팅의 가장 큰 시장은 네이버임을 부인할 수 없다. 그런데 브랜드 마케팅에서 왜 네이버의 검색 노출이 중요한 것일까? 그리고 고객이 키워드로 검색했을 때 어떻게 하면 효과적으로 노출될 수 있을까? 노출이 되려면 어떤 마케팅 채널을 이용해야 할까? 지금부터 이에 대한 내용을 알아보자.

1. 검색 노출을 해야 하는 이유

온라인 마케팅 전략에서 가장 중요한 것을 물어본다면 네이버에서 적절한 키워드로 검색했을 때 콘텐츠가 매력적으로 노출되는 것이라고 말할 수 있다. 왜냐하면 고객의 의도를 강력하게 담은 행동이 검색이기 때문이다. 특히 신규 고객을 모으는 마케팅으로는 검색엔진 마케팅보다 뛰어난 마케팅 채널은 없다.

네이버, 배너 및 SNS 마케팅을 12개월 진행했던 H 쇼핑몰 예를 보자. 초기 광고 예산은 키워드 광고와 블로그 체험단 중심의 네이버 40%, 언론사 중심의 배너 광고 40%, 페이스북의 네이티브 광고 20%로 배정했다. 동일한 유입 비용을 유지하기 위해서 각 마케팅 채널의 평균 클릭당 단가CPC는 비슷하게 유지했다. 각 채널의 평균 CPC가 비슷하니 유입 비용도 비슷하다. 중요한 것은 유입 고객의 회원가입이나 매출로 이어지는 전환conversion이 얼마나 되는가였다. 초기 세팅을 한 첫 달 전환을 살펴보니 회원가입과 첫 구매를 한 신규 고객 중 67%는 네이버에서 검색을 통해 들어왔다. 물론 어떤 마케팅 채널에 얼마의 예산으로 어떻게 운영했느냐에 따라서 결과는 다르겠지만, H 쇼핑몰에 한정해서 이야기하자면 12개월 동안 각 채널의 광고 예산 조정과 광고 소재를 바꾸는 등의 다양한 시드를 했음에도 신규 고객이 네이버를 통해 오는 비중은 크게 변하지 않았다.

또 다른 예를 보자. 분당에 있는 G 한의원에서 6개월 동안 네이버 및 페이스북 마케팅, 언론사 배너 광고(언론사 자체 상품)를 진행한 적이 있다. 유입 고객을 분석해보니 온라인을 통해서 내원한 신규 고객 중 90%는 네이버 검색을 통해서였다. 블로그를 봤거나 키워드 검색광고를 보고 혹은 통합검색에 노출되는 다른 영역을 보고 왔다는 차이는 있었지만 중요한 것은 고객이 네이버 검색을 통해서 왔다는 것이다.

왜 마케팅 채널마다 이런 차이가 발생을 할까? 그 이유는 고객의 관심도 차이 때문이다. 배너 광고나 네이티브 광고 등은 광고 시스템이 광고주가 설정한 타깃에 의해 가장 관심이 있을 법한 고객에게 광고를 노출시킨다. SNS의 경우는 내 팬들에게 내 콘텐츠가 노출이 된다. 고객은 배너 광고이든 SNS 콘텐츠이든 수동적으로 볼 수밖에 없고 관심이 없다면 클릭률은 현저히 떨어질 수밖에 없다.

더블클릭의 통계에 따르면 배너 광고의 평균 클릭률은 0.1%라고 한다. 반면 네이버 통합검색에서 발생되는 클릭은 고객이 직접 검색했기 때문에 고객의 의도를 충분히 담고 있으며 이는 비교적 높은 클릭률이 증명한다. 한 논문에서 네이버의 1만 9817개 키워드의 파워링크 클릭률을 분석했더니 6.87%라는 클릭률이 나왔다(이홍주, 〈온라인 키워드 광고 시장에서 광고 단가에 영향을 미치는 요인 분석〉,《韓國IT서비스學會誌》, 2012년 9월). 즉 검색 노출이 된다는 것이 가장 구매 욕구가 충만한 고객들에게 노출되는 것이다.

2. 구글의 최근 검색 트렌드를 먼저 파악하자

세계 최대의 검색엔진이 구글임은 부인할 수 없다. 또한 검색엔진 기술력에 있어서도 구글이 가장 앞서고 있음을 역시 부인할 수 없다. 그래서 구글의 최근 검색 트렌드를 먼저 파악하면 지금 네이버의 검색 기술력이 어느 정도이며 앞으로 어떻게 바뀔 것인지 예상할 수 있다. 특히 개인화된 검색 결과는 머지않아 네이버에서도 적용될 것이라고 예상한다.

1 검색 결과의 개인화

우선 검색 결과의 개인화이다. 로그인을 했을 때와 아닐 때의 검색 결과는 다르다. 로그인한 검색 결과의 경우 검색자가 자주 방문하거나 관심 있게 본 콘텐츠가 상위에 노출된다. 만약 A라는 사람과 B라는 사람이 각각 다른 구글 아이디로 로그인을 해서 검색한다면 검색 결과 역시 달라질 것이다.

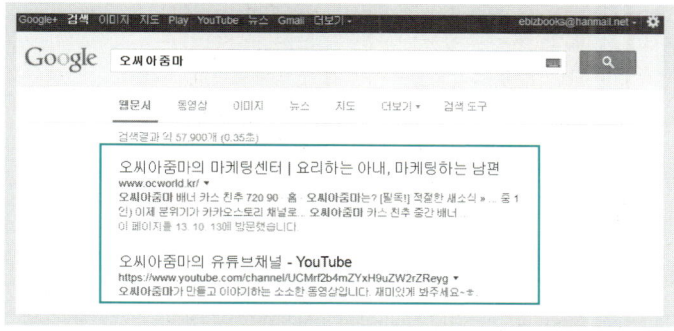

▲ 로그인했을 때(위)와 안 했을 때(아래)의 '오씨아줌마' 검색 결과

이것이 의미하는 바는 무엇일까? 바로 고객이 만족할만한 콘텐츠를 지속적으로 생산해야 상위 노출이 된다는 것이다. 천편일률적인 상위 노출보다는 내 제품을 구매해줄 고객에게 선택받아야 큰 에너지를 들이지 않고 개인화된 검색 결과의 상위에 노출될 수 있다.

2 모바일 최적화 사이트

둘째, 모바일에 최적화된 사이트가 모바일 상위에 노출될 수 있다. 구글은 웹사이트의 모바일 친화성 평가를 하고 이를 검색 순위에 반영한다(〈모바일 최적화 안 하면 구글 검색 순위서 ↓〉,《블로터닷넷》, 2015년 3월). 만약 홈페이지가 모바일 친화성이 없다면 아무리 좋은 콘텐츠라도 모바일 검색 상위에 노출되기가 힘들다. 이런 정책은 글로벌 검색 결과에 반영되며, 2015년 4월 21일부터 순차적으로 적용하고 있다.

구글이 말하는 모바일 친화성은 어떻게 평가할까? 바로 '휴대기기 친화성 테스트 www.google.com/webmasters/tools/mobile-friendly'를 통해서 측정 가능하다.

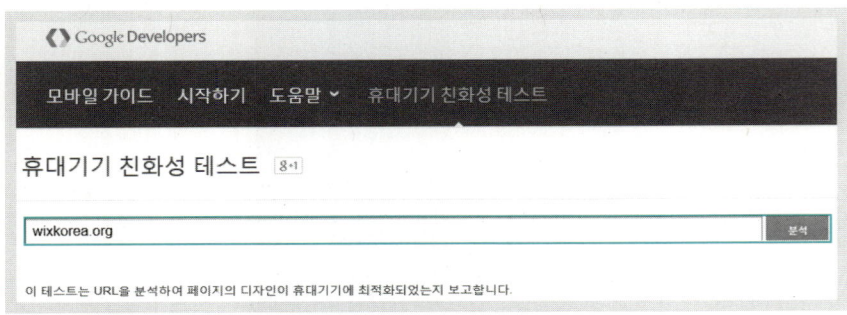

▲ 휴대기기 친환성 테스트 중 분석 과정

휴대기기 친화성 테스트 사이트에 접속하고 내 홈페이지 주소를 붙여넣고, [분석]을 클릭한다. 약 1분 정도의 분석 시간이 소요되며, 분석 완료 후에는 모바일 친화성이 좋은지 나쁜지에 결과가 나온다.

▲ 친화성이 높을 경우

휴대기기 친화적이라는 결과라면 '좋습니다. 페이지가 휴대기기 친화적입니다.'라는 메시지가 나온다.

▲ 친화성이 낮을 경우

휴대기기 친화적이지 않다면 '휴대기기 친화적이지 않음'이라는 메시지가 나오고, 친화적이지 않은 이유에 대해서 나온다.

▲ 같은 주소를 사용한 PC(좌)와 모바일(우) 모두 최적화된 반응형 웹

참고로 구글에서는 반응형 웹이 검색엔진에 최적화되기 쉽다고 이야기한다. 만약 홈페이지를 리뉴얼 중이라면 반응형 웹으로 구성하는 전략도 적극적으로 고려해보자.

3 도메인 신뢰도

마지막으로 도메인의 신뢰도가 상위 노출에 큰 영향을 미친다. 트위터를 시작으로 SNS가 등장하면서 검색엔진에도 많은 영향을 미쳤다. SNS에서는 수많은 소식이 발행되는데 게시글 하나 하나가 독립된 주소를 가지며, 구글 검색엔진이 이 독립된 주소를 읽는다.

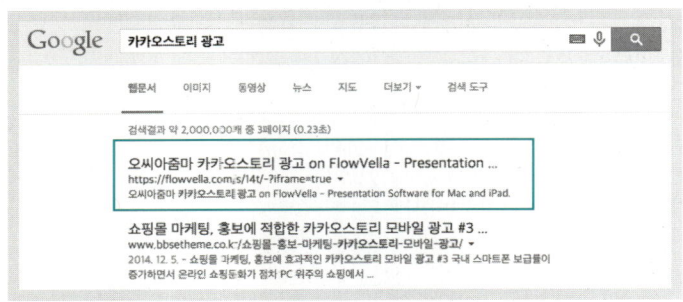

▲ 플로우벨리아의 콘텐츠가 노출되는 구글 검색

SNS뿐만 아니라 인기 있는 콘텐츠 생산 플랫폼도 노출된다. 대표적으로 프리젠테이션 자료를 공유하는 슬라이드쉐어www.slideshare.net, 동영상 플랫폼인 유튜브www.youtube.com, 비메오vimeo.com, 웹 프리젠테이션 저작 도구인 프레지prezi.com, 플로우벨리아flowvella.com 등이다. 즉 홈페이지와 블로그 등을 통해서 생산하는 콘텐츠를 SNS와 동영상, 프리젠테이션 형태로 다시 수정해 배포한다면 구글 검색에서 다양하게 노출될 수 있으며 이는 내 홈페이지로 고객을 유도하는 새로운 유입 경로가 될 것이다.

유용한 팁 - 구글에서 상위에 노출되는 유튜브 동영상 만들기

구글이 가지고 있는 자회사 중 유튜브가 있다. 그래서 구글 검색에 유튜브 동영상이 생각보다 비중 있게 노출된다.

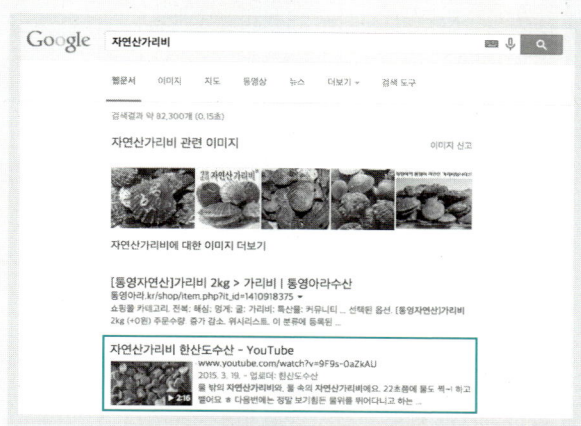

▲ 구글에서 '자연산가리비' 검색 시 유튜브 동영상이 노출되는 화면

그림은 구글에서 '자연산가리비'를 검색했을 때 노출되는 화면인데, 상위에 유튜브 동영상이 노출되는것을 확인할 수 있다. 이렇게 구글 검색에서 상위에 노출되기 위해서는 유튜브 동영상을 전략적으로 활용해야 한다.

전략 포인트는 두 가지 있다.

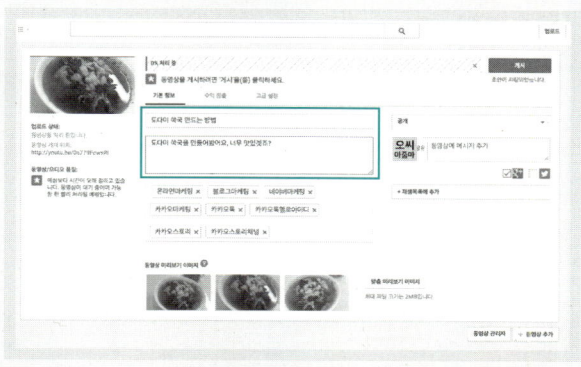

▲ 동영상 업로드 시 제목과 설명에 키워드를 삽입

첫째, 동영상을 올릴 때 꼭 키워드를 삽입해야 한다. 동영상이 검색에 노출되기 위해서는 제목과 설명 문구에 키워드를 삽입해야 한다. 블로그나 홈페이지와 달리 키워드를 많이 삽입한다고 상위에 노출되는 것이 아니기 때문에 한 번만 삽입해도 충분하다.

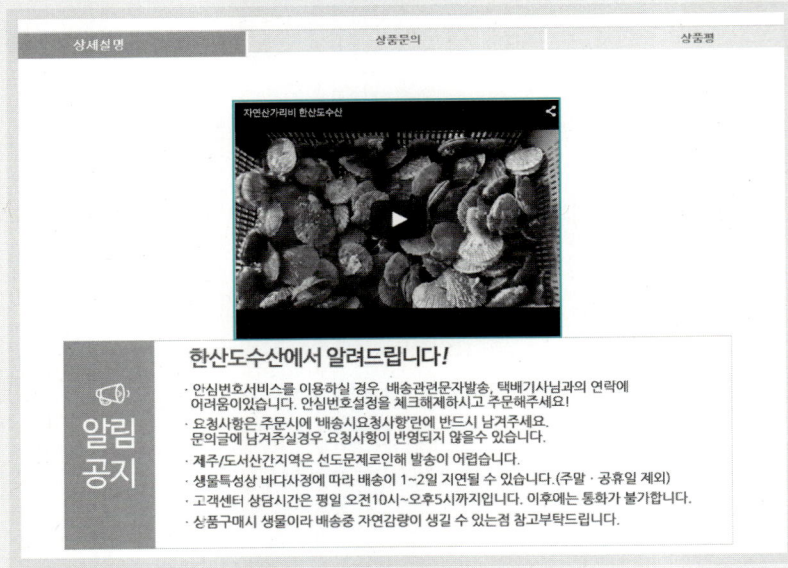
▲ 홈페이지에 유튜브 동영상을 삽입한 화면

둘째, 유튜브에 올린 동영상을 배포하는 것이다. 유튜브에서 동영상이 상위에 노출되는 중요한 요소는 조회 수와 재생 시간이다. 많은 사람이 동영상을 보고, 그 동영상을 오랫동안 봤다면 좋은 동영상이라고 인식해서 상위에 노출시켜준다. 여기서 중요한 것은 유튜브 외 사이트에서 재생된 경우도 조회 수와 재생 시간이 올라간다는 점이다. 그래서 홈페이지에 유튜브 동영상을 삽입하거나 페이스북, 카카오스토리 등을 통해서 동영상을 배포하면 좀 더 많은 고객이 유튜브 동영상을 보게 되어 조회 수와 재생 시간이 저절로 늘어나게 된다. 이렇게 되면 결과적으로 구글과 유튜브의 검색 결과에서 상위에 노출될 수 있다.
유튜브는 구글에서 가장 손쉽게 내 콘텐츠를 노출시킬 수 있는 방법이다. 이 두 가지 방법을 꼭 활용하도록 하자!

3. 네이버 통합검색의 특징

검색엔진에서 검색 결과가 나오는 스타일은 두 가지가 있다. 바로 구글 스타일과 네이버 스타일이다. 구글 스타일은 검색 결과에 나오는 내용들이 웹문서이다. 웹에서 콘텐츠를 가지고 오기 때문에 블로그, 홈페이지, 뉴스 등 어디에서 가지고 오든 검색 결과에 섞여서 나온다. 구글에서 블로그, 홈페이지, 뉴스 등은 모두 웹문서이다.

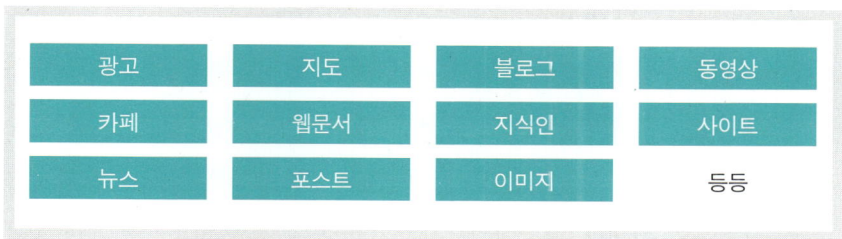

▲ 네이버 통합검색(PC)에서 노출되는 영역

그러나 네이버는 다르다. 먼저 PC 버전부터 알아보자. 네이버는 광고를 포함해 블로그, 카페, 지식iN 등의 영역으로 구분되어 있다. 그리고 광고를 제외한 각 영역은 최대 다섯 개의 콘텐츠가 노출될 수 있으며, 검색량에 따라 세 개가 노출될 경우도 있다. 따라서 블로그나 카페에 글을 쓸 때 검색 시 각 영역에서 최소한 상위 5위 안에는 들어야 통합검색에 노출될 조건을 갖추게 되는 것이다. 그리고 네이버의 서비스 정책에 따라서 영역이 추가되거나 없어지는 경우도 종종 발생한다. 대표적인 사례가 바로 네이버 포스트이다. 네이버 포스트의 경우 과거 모바일 검색에서만 노출되었지만, 2015년 4월 9일부터 모바일과 PC 모두 노출되기 시작했다. 하지만 2015년 5월 초부터 일부 키워드에서만 네이버 포스트가 검색에 노출되는 변화를 겪었다. 짧으면 짧은 1개월이라는 시간 동안 통합검색 노출 상황이 여러 번 바뀐 것이다. 반면 통합검색에서 영역이 사라지는 경우도 있다. 대표적인 것이 2014년 2월 21일로 종료된 '네이버 소셜네트워크 검색기능'이다.

PC에서의 네이버 통합검색 영역은 사라졌다 생겼다 반복된다. 최근 PC와 모바일의 검색쿼리 감소로 고민하고 있는 네이버가 다양한 시도를 하고 있기 때문에 이런 변화는 보다 심화될 것이다. 그래서 네이버 공지사항을 일주일에 한 번씩은 확인하면서 통합검색 결과의 변화를 빨리 파악해야 한다.

또 하나 특징은 '콜렉션랭킹'이라는 시스템이다. 어떤 영역부터 노출시켜줄 것인가를 정하는 알고리즘이다. 기본적으로 고객이 많이 클릭하는 영역이 상위에 노출된다. 물론 상업적 가치가 있는 키워드는 어김없이 광고가 최상단에 노출된다. 또한 비슷한 주제의 키워드라도 키워드에 따라서 전혀 다른 순위의 통합검색 결과가 나온다. 그래서 기본적으로 네이버 통합검색에서 매력적인 마케팅을 하기 위해서는 다양한 영역에서 어떻게 하면 효과적으로 그리고 많이 노출되어 고객의 선택을 받는가에 중점을 둬야 한다. 즉 어떻게 각 마케팅 채널을 운영하는가가 핵심이다.

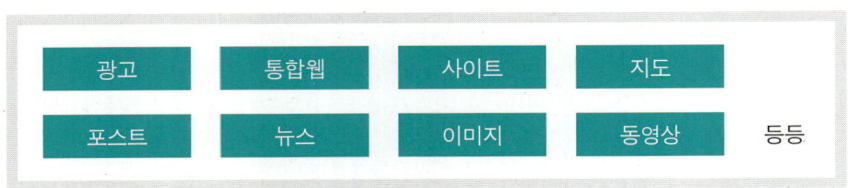

▲ 네이버 통합검색(모바일)에서 노출되는 영역

이제 모바일에서의 네이버 통합검색을 살펴보자. 모바일은 PC보다 화면이 작기 때문에 통합검색 결과가 작은 화면에서 어떻게 하면 많은 정보를 주는가에 맞춰져 있다. 그래서 통합웹이라는 영역이 있다. 통합웹은 블로그, 카페, 지식iN, 웹문서 영역이 섞여서 나오는 부분이다.

▲ '오씨아줌마' 검색 시 통합웹

'오씨아줌마'를 네이버 모바일에서 검색하면 통합웹 영역에서 블로그, 카페, 지식iN, 웹문서 등 다양한 곳의 콘텐츠가 노출된다.

모바일 검색에서 가장 큰 영역을 차지하는 곳은 바로 통합웹이다. 통합웹 이외에 사이트, 지도, 이미지, 동영상 등 독립된 영역들이 존재하며 PC와 동일하게 특정 영역이 사라졌다 생겼다 반복한다. 그리고 PC와 마찬가지로 콜렉션랭킹 역시 적용되어 있기 때문에 고객이 클릭을 많이 하는 영역이 모바일 통합검색에서 상위에 노출된다.

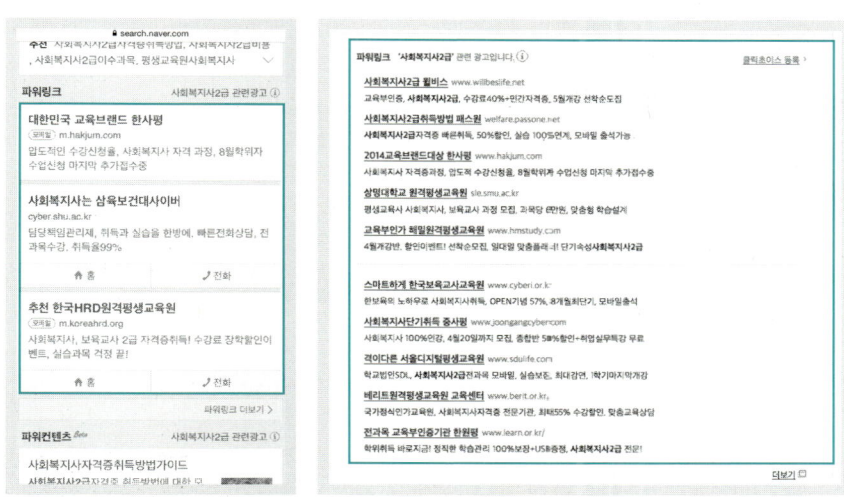

▲ '사회복지사2급'을 모바일(좌)과 PC(우)에서 검색했을 노출되는 검색광고

모바일 통합검색의 또 다른 특징은 광고 영역이 차지하는 비중이 적다는 것이다. 모바일에서는 많아도 다섯 개의 검색광고만 노출된다. PC에서는

최대 열다섯 개의 키워드 광고가 노출되는 것을 봤을 때 모바일은 광고 외에도 다양한 영역이 노출된다는 것을 알 수 있다. 즉 내 고객이 모바일에서 내 콘텐츠를 많이 보는가 아니면 PC에서 내 콘텐츠를 많이 보는가에 따라 전략은 완전히 달라진다.

결국 네이버 통합검색은 각 영역에서의 노출이 중요하다. 그래서 블로그 하나에만 콘텐츠를 생산하고 노출시킨다는 것은 다른 영역을 포기한다는 것이나 마찬가지이다. 이 넓고 넓은 네이버 통합검색에서 블로그 외의 영역을 포기한다는 것은 너무 비효율적이지 않은가?

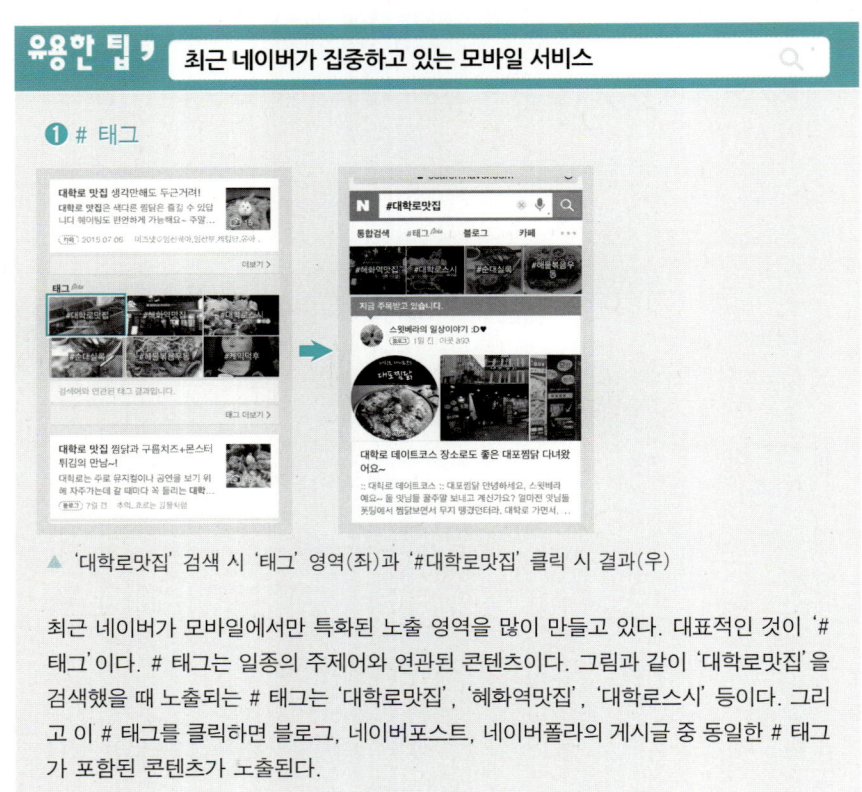

▲ '대학로맛집' 검색 시 '태그' 영역(좌)과 '#대학로맛집' 클릭 시 결과(우)

최근 네이버가 모바일에서만 특화된 노출 영역을 많이 만들고 있다. 대표적인 것이 '# 태그'이다. # 태그는 일종의 주제어와 연관된 콘텐츠이다. 그림과 같이 '대학로맛집'을 검색했을 때 노출되는 # 태그는 '대학로맛집', '혜화역맛집', '대학로스시' 등이다. 그리고 이 # 태그를 클릭하면 블로그, 네이버포스트, 네이버폴라의 게시글 중 동일한 # 태그가 포함된 콘텐츠가 노출된다.

예를 들어 '#대학로맛집'을 클릭했다면 네이버포스트, 네이버폴라의 게시글 중 '#대학로맛집'가 포함된 글만 노출된다. 순위는 최근에 쓴 글에 가중치가 가장 많고, 이외에도 '좋아요', '공감', '이웃수', '구독자수' 등의 요소도 영향을 미친다. 그래서 블로그, 네이버포스트, 네이버폴라를 운영한다면 꼭 # 태그를 삽입해 태그 영역의 노출을 노리자.

❷ 새로운 모바일 최적화 광고

▲ '예쁜 원피스(좌)'와 '정장(우)' 검색 시 모바일 최상단에 노출되는 패션스퀘어

모바일에서는 텍스트보다는 이미지나 동영상이 고객의 주목을 끈다. 과거 네이버 광고나 네이버 서비스를 봤을 때 텍스트 위주의 광고와 검색 결과가 많았다. 특히 모바일 검색광고의 경우 PC와 동일하게 텍스트로만 구성되어 있어 고객에게 임팩트 있는 노출이 쉽지 않았다. 그런데 최근 네이버에서 모바일에 최적화된 광고 상품을 출시하고 있어 주목받고 있다.

대표적인 것이 '패션스퀘어'이다. 물론 키워드에 따라서 노출 순위는 변하지만 '예쁜원피스'나 '정장'의 경우 최상단에 노출되고 있고, 검색광고에 비해서 비교적 상위에 노출된다. 특히 텍스트가 거의 없고 이미지와 가격으로만 구성되어 고객이 원하는 스타일을 쉽게 찾을 수 있다는 장점도 있다. 출시된지 얼마 되지 않았기 때문에 아직 패션스퀘어의 광고 효과에 대한 자세한 분석 자료는 없다. 다만 모바일에서 고객의 시선을 잡아둔다는 점에서는 큰 의미가 있다.

❸ O2O 서비스의 확대

▲ '대학로맛집(좌)'과 '홍대맛집(우)'의 모바일 검색 결과

온라인 쇼핑에서는 이미지가 강화된 광고 상품 출시가 중요했다면, 오프라인은 검색하고 바로 예약하거나 찾아가는 것이 중요하다. 온라인으로 검색하고, 오프라인으로 예약하거나 바로 찾아가 구매하거나 결제하는 것이 바로 O2O 마케팅의 기본 개념이다.

그렇다면 온라인에서 어떤 식으로 노출되어야 고객이 쉽게 예약하고 찾아갈 수 있을까? 아직 이에 대해서는 네이버에서도 다양한 시도를 하고 있다. '대학로맛집'과 '홍대맛집'을 네이버에서 검색해봤을 때 검색 결과 최상단에 노출되는 영역이 각각 '플레이스'와 '지역+'로 다르다. 같은 맛집 관련 키워드임에도 불구하고 다양한 형태로 노출해서 고객의 반응을 테스트하고 있다.

앞으로 준비해야 할 것은 네이버 지도 검색을 자세하고 예쁘게 꾸미는 것이다. '플레이스'와 '지역+'에 노출되는 업체들도 지도 검색에 입력된 정보를 바탕으로 노출되고 있다. 네이버가 다양한 시도를 통해서 최적의 결과를 찾는 동안 지도 검색을 예쁘게 꾸며서 고객에게 신뢰를 주도록 하자.

4. 네이버 검색에만 있는 유사문서

네이버 통합검색은 PC든 모바일이든 각 영역을 중심으로 노출된다. 그리고 영역 간 간섭은 기본적으로 할 수 없다. 내 블로그 글이 상위에 오래 머무르고 있다고 블로그 글이 카페 검색 결과에 영향을 주진 않는다. 그래서 각각의 영역을 독립적으로 마케팅해야 한다.

그런데 이렇게 통합검색에 노출되는 영역을 구분하다 보니 큰 문제가 생긴다. 동일한 콘텐츠를 악용한 도배이다. 하나의 콘텐츠를 블로그에 쓰고 다시 카페에 쓴다면 블로그와 카페에 동일한 콘텐츠가 노출되는 것이다. 또 뉴스 영역의 기사를 복사해서 내 블로그나 카페에 그대로 넣으면 각각의 독립적인 영역이기 때문에 뉴스를 포함해 블로그와 카페의 영역에 같은 콘텐츠가 노출된다. 이렇게 되면 검색 결과의 질이 떨어지기 때문에 네이버에서는 '유사문서판독시스템'이라는 것을 시행하고 있다. 블로그, 카페, 뉴스 영역에서 원본은 오직 하나만 존재한다. 도배를 막기 위한 네이버의 최소한의 보호막이다.

실제로 같은 콘텐츠를 블로그에 쓰고 카페에도 쓴다면 먼저 작성된 글을 원본으로 판단해 블로그 글은 노출되지만 카페 글은 노출되지 않는다. 또 뉴스의 재미난 기사를 복사해서 블로그와 카페에 붙여넣기한다면 뉴스가 원본이 되어 블로그와 카페 글은 노출되지 않는다.

여기서 중요한 것이 있다. 원본과 100% 똑같은 동일한 문서만 문제가 되는 것이 아니라는 점이다. 약간의 수정을 하더라도 유사문서로 판독될 수 있다. 블로그에 이미 쓴 하나의 콘텐츠를 수정해서 다른 블로그에 사용했다고 하자. 콘텐츠의 내용이 90%는 동일하고 10% 다르다면 이는 유사문서로 판독되어 네이버 검색에 노출되지 않을 가능성이 매우 높다.

그렇다면 어느 정도 달라야 유사문서로 판독되지 않을까? 유사문서는 네이버의 자체 기준에 의해서 판독하고 있다. 그리고 판독 기준은 지속적으로 업그레이드되어 계속 바뀌고 있다. 1년 전에 유사문서가 아닌 글도 지금은 유사문서로 판독될 가능성이 있다. 정확히 몇 %를 바꾸면 유사문서로 판독되지 않는다고 말할 수는 없다. 다만 필자의 경험에 따르면 새로운 글과 기존 글을 255자 기준으로 비교했을 때, 패턴이 다르고 문장의 약 40% 이상을 바꾼다면 유사문서로 판독되지 않았다. 유사문서를 궁극적으로 피하는 방법은 다양한 콘텐츠를 생산하는 것이며, 부득이 하게 비슷한 글을 써야 할 경우는 똑같은 내용을 다양하게 표현하는 방법이 유일하다.

실제 콘텐츠를 만드는 분이 많이 질문하는 것 중 하나가 '복사하기Ctrl+C'를 통해 붙여넣는 것이 아니라 직접 키보드로 텍스트를 치는 수작업으로 복사한다면 이는 유사문사로 분류되는지이다. 이에 대한 답변은 당연히 유사문서라는 것이다. 방법이 무엇이 되었든 콘텐츠 내용이 얼마나 유사한지가 유사문서 판독의 기준이다. 직접 똑같이 치는 시간과 정성을 들이는 행동은 하지 말길 바란다. 어차피 내용이 비슷하다면 유사문서로 판독되어 시간만 버릴 뿐이다.

5. 은밀한 통로로 들은 네이버에서 상위 노출 작업이 가능한 영역

네이버가 방패라면 고의적인 상위 노출 작업인 어뷰징을 하는 사람은 창이라고 할 수 있다. 창과 방패의 대결은 네이버가 오픈되면서부터 지금까지 이어지고 있다. 수많은 사람이 어뷰징을 시도하면서 뚫고, 네이버는 기술적인 알고리즘을 업그레이드해 뚫리는 부분을 막는다. 네이버에서 오랫동안 마케팅을 한 경험자로 아쉬운 부분은 아직도 어뷰징에 뚫리는 영역이 많다는 것이다. 그리고 검색에서 어뷰징에 뚫린 부분을 보완하는 네이버의 속도도 생각보다 늦다. 그러나 늦더라도 어뷰징으로 뚫린 부분은 언젠가는 막힌다. 그렇기 때문에 가급적 어뷰징보다는 정상적인 마케팅을 추천한다.

그러나 상위 노출 작업이 가능한 영역을 알고 필요에 의해 적절하게 사용하는 것도 중요하다. 사람이 매일 건강식만 먹을 수는 없지 않은가. 필요하다면 인스턴트식품도 먹을 수 있다. 그런 관점에서 보길 바란다(단 화면에 캡처된 업체는 어뷰징 작업과 무관하다).

1 자동완성과 연관검색어

▲ 특정 키워드의 자동완성과 연관검색어에 의한 노출 현황

자동완성과 연관검색어의 중요성은 키워드를 추출하는 부분을 다루면서 이미 강조했다. 고객이 검색창에 모든 키워드를 치지 않더라도 쉽게 검색할 수 있도록 도와주는 기능이다. 그런데 여기에 내 업체명 혹은 내 브랜드가 뜬다면 어떻겠는가? 고객의 검색을 더 쉽고 많이 하도록 유도할 수 있다.

2 블로그, 카페, 지식iN에서의 상위 노출

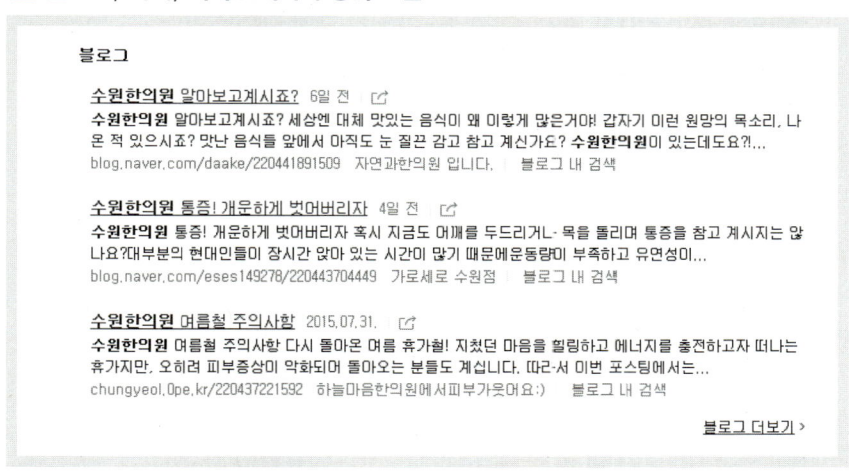

▲ 특정 키워드의 블로그 노출 현황

실제 많은 업체가 가장 관심을 보이는 부분이다. 사실 네이버가 어뷰징을 막으려고 알고리즘을 자주 바꾸는 영역이지만 언제나 새롭고 다양한 어뷰징 기술이 생성되는 곳이다. 현재는 PC 상위 노출, 모바일 상위 노출 모두 가능하다고 알려졌다.

3 뉴스 영역

뉴스 정확도 최신순

휴한의원 강남본점, 파킨슨센터와 함께 확장 이전 이투데이 6시간 전
강남에 본점을 두고 있는 뇌 질환 치료 한의원 휴한의원네트워크(www.hyoomedical.com)가 지난 4월, 강남본점을... 2005년 2월 1일 개설 이후 현재까지 전국에 15개 지점(강남, 수원, 잠실, 부산, 목동, 안양, 노원, 대구, 마포...
ㄴ 뇌 질환 치료 '휴한의원' 강남본점으로... 이버즈 5시간 전
ㄴ 한방 뇌질환 치료 휴한의원, 강남본점... 일간스포츠 4시간 전 네이버뉴스
관련뉴스 전체보기 >

건강한 다이어트 위한 한방다이어트… '자연과한의원' 일요신문 1시간 전
'산삼약침'의 실제 효과에 대해 자연과한의원 수원점 장승현 원장은 "화학물질이 아닌 한약재의 천연 성분으로 고민 부위의 사이즈를 줄일 수 있다는 점에서 환자들의 만족도가 큰 편"이라며 "산삼의 진세노이드...

교통사고 후 나타난 허리디스크, 한의원 치료가 효과적
헤럴드경제 1시간 전 네이버뉴스
<수원 청구경희한의원 김경호 원장> [헤럴드시티=김연아 기자]주부 정모씨는 얼마 전 퇴근 후 집 앞 골목길에서 집으로 가는데 갑자기 급커브로 나타난 승용차에 부딪혀 뒤로 넘어졌다. 당시에는 별 이상이 없어 건네받은...

규림 한의원 전국네트워크, '한방피부치료, 정안 한방성형 학술세미나' 개최
아시아뉴스통신 8시간 전
규림 한의원은 명동, 신촌, 노원, 잠실, 목동, 수원, 일산, 분당, 부천, 평촌, 평택, 광주, 천안, 부산, 대구 등 전국 15개 지점을 운영하고 있으며, 한방 피부과 치료와 함께 한방다이어트, 다이어트한약, 매선요법을 이용한...

뉴스 더보기 >

▲ 특정 키워드의 뉴스 노출 현황

뉴스 관련 광고대행사에 일정 비용을 지불하면 특정 키워드에 내 업체가 노출되어 홍보 효과를 누릴 수 있다. 과거에는 많이 성행했으나 최근에는 네이버가 광고성 글을 실은 언론사에 검색 노출을 제한하겠다고 엄포를 놓아

본문에 링크를 걸거나 구체적인 홍보를 하는 것은 많이 힘들어졌다. 그러나 콘텐츠형 광고를 표방하면서 여전히 광고주들이 이용하고 있으며 언론사도 광고지만 광고 같지 않은 형식의 네이티브 광고 기사를 연구하고 있다.

만약 공신력 있고 신뢰도 높은 상위 노출이 필요하다면 뉴스 영역의 어뷰징을 활용해보길 바란다. 일반적으로 오프라인어서는 메이저급 신문에 노출시키는 것이 신뢰도에 많은 영향을 미치지만, 보통 검색으로 기사를 보는 온라인의 경우는 중소 언론 기사를 통해서 노출해도 크게 상관없다. 중소 언론의 기사를 통해서 더 많은 기사를 생산해내는 것이 유리하다.

6. 효과적으로 제목을 구성하는 방법

네이버에 노출되는 마케팅 채널은 '제목'이 매우 중요하다. 블로그, 카페, 지식iN 등 다양한 영역에서 상위에 노출되기 위해서는 '제목'에 키워드가 꼭 삽입되어야 한다. 내용이 좋고 본문에 키워드가 있어도 제목에 키워드가 없으면 해당 키워드로 검색 시 상위에 노출되는 것은 현실적으로 불가능하다. 따라서 제목을 만들 때 어떤 키워드를 넣어서 자연스럽게 만드는가가 중요하다. 그리고 하나 더 고려해야 할 것은 제목을 통해서 가급적 내 타깃을 정확하게 필터링하는가이다. 키워드 추출 시 언급한 대상, 지역, 세부 키워드, 간접 키워드 등의 활용이 중요하다.

이제 '비타민 효과'라는 키워드로 매력적인 제목을 만드는 방법을 단계별로 알아보자.

1 자동완성 및 연관검색어를 다시 한 번 확인하기

만약 '비타민 효과'에 대한 글을 쓴다면 우선 '비타민 효과'가 비타민 검색 시 자동완성이나 연관검색에 나오는지 다시 확인해야 한다. 네이버에서 자동완성과 연관검색어는 변화가 있기 때문에 가능한 최신의 상태를 반영해서 쓰는 것이 중요하다. 만약 '비타민 효과'가 키워드를 추출할 때는 있었지만 시간이 지난 후 글을 쓰려고 했을 때 사라졌다면 '비타민 효과'를 대신할 수 있는 키워드를 찾아봐야 한다. 예를 들면 '비타민 효능'이 대체할 수 키워드일 것이다.

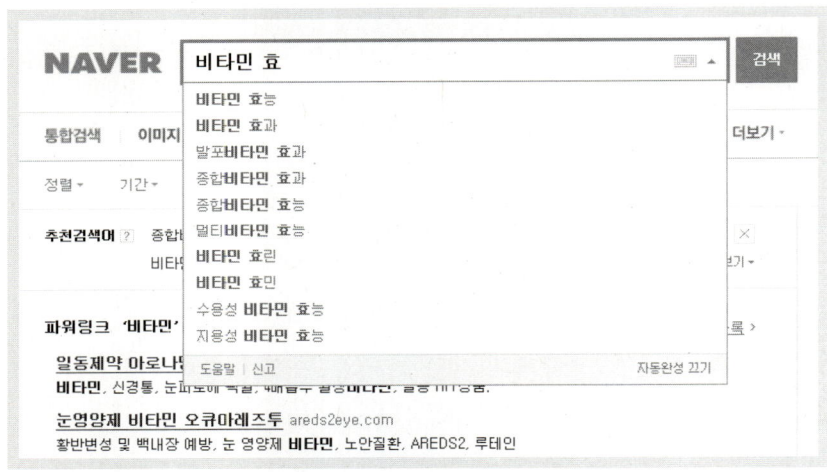

▲ '비타민 효'에 대한 자동완성

'비타민효과'와 '비타민 효과'의 띄어쓰기가 고민된다면 자동완성과 연관검색어에서 띄어쓰기를 했는지 안 했는지를 확인한다. 그림에서는 '비타민 효과'로 띄어쓰기를 했으니 이를 사용하는 것이 좋다.

2 타기팅하는 대상 줄이기

비타민을 먹는 고객층은 어린아이부터 어르신까지 범위가 굉장히 넓다. 이때 만인에게 노출되기보다는 제품에 관심이 있는 고객에게 노출될 수 있도록 타깃을 줄이는 것이 중요하다. 여성 비타민인지 어린이 비타민인지 환자용 비타민인지 혹은 피부에 좋은 비타민인지 등 제품을 구매할 타깃 대상에 대한 내용을 반드시 넣어야 한다. 어린이를 타깃으로 해 3단계로 넘어가보자.

3 타깃과 키워드를 넣어 제목 완성하기

제목은 1, 2단계 과정을 통해 문장 형식으로 만든다.

- 어린이 비타민 효과 추천 오씨아줌마 비타민C를 먹여야 하는 이유는?
- 어린이 비타민 효과 보기 위해선 최소한 3개월은 오씨아줌마 비타민C 먹어야
- 어린이 성장에 꼭 필요한 오씨아줌마 #비타민 효과 짱!

예시와 같이 다양한 방법으로 타깃 키워드를 넣어주고 노출시키고자 하는 대상을 명확하게 해서 제목을 만들어봤다. 제목을 구체화시키면 구매 욕구가 강한 고객층에게 내 브랜딩된 유산균을 알릴 수 있다. 이러한 방식은 블로그, 카페, 지식iN, 포스트 등 다양한 영역에서 사용될 수 있다.

참고로 제목 만들기는 하면 할수록 실력이 늘어난다. 처음에는 제목을 조합하기 위해서 많은 시간이 걸리겠지만 1~2개월만 해보면 어떤 식으로 제목을 작성해야 노출에 유리하고 고객에게도 강한 인상을 줄 수 있는지 파악하게 된다. 위의 내용을 기초로 최소 일주일에 세 번씩 블로그를 통해 제목 작성을 연습하도록 하자.

7. 콘텐츠 생산의 시작인 네이버 블로그

네이버 서비스를 보면 블로그와 긴밀하게 연결되어 있다. 블로그 글을 네이버 포스트로 보낼 수 있고, 다른 블로그와 카페에 스크랩해갈 수 있으며, 지

도 영역의 리뷰 부분에 블로그 글이 노출되기도 한다. 그리고 이미지 동영상 영역에도 적극적으로 노출시킬 수 있으며, 최근 트렌드에 맞게 밴드, 페이스북 등 SNS 등에 쉽게 공유할 수 있는 버튼을 네이버 블로그 자체에서 제공해주고 있다. 즉 블로그에 콘텐츠를 쌓는 것은 네이버에 노출되는 다양한 영역에 쉽게 노출시킬 수 있다는 것을 의미한다. 그래서 텍스트 기반의 콘텐츠를 생산한다면 무엇보다 내가 운영하고 있는 브랜드 블로그에 우선 업로드하는 것이 중요하다.

다만 네이버 블로그는 네이버와는 적극적으로 연동되어 있지만, 다음, 티스토리, 워드프레스 등 외부 블로그는 네이버 통합검색 노출에 제한 사항이 있다. 우선 블로그 영역 외의 다른 영역에 노출되는 것이 불가능하다. 대표적으로 통합검색에 노출되는 이미지와 동영상 영역에선 외부 블로그의 이미지와 동영상이 반영되지 않는다. 그리고 네이버 서비스와 연동이 어렵다. 네이버 블로그끼리 쉽게 맺는 이웃, 서로이웃을 외부 블로그는 할 수 없으며, 네이버 포스트로 보내기 기능, 스크랩 기능, 지도 영역의 리뷰 부분 노출도 안 된다. 또 외부 블로그는 네이버 검색 결과에 반영되는 것도 늦다. 네이버 블로그는 글을 작성하면 10~20분 이내에 바로 반영되지만 외부 블로그는 빨라도 30분 이상 걸린다. 물론 외부 블로그의 장점도 있다. 네이버보다 정확한 통계를 볼 수 있으며, 순위 변화에 덜 민감하고 저품질에 잘 빠지지 않는다.

외부 블로그를 주력 블로그로 사용할지 네이버 블로그를 주력으로 사용할지는 마케터의 몫이지만, 네이버에서 효과적인 노출을 위해서는 네이버 블로그를 메인 블로그로 사용하진 않더라도 네이버 블로그는 꼭 활용해야 한다.

8. 블로그 상위 노출 요소

네이버는 블로그에 어떻게 글을 쓰면 상위에 노출된다는 기준이 없다. 다만 2000년대부터 블로그가 마케팅 툴로 자리잡으면서 많은 전문가가 분석을 바탕으로 블로그를 운영하고 있다. 물론 다음의 방법이 100% 모범 답안은 아니다. 하지만 폭풍우가 치는 바다에 길을 안내하는 등대처럼 듬직한 기준이 될 수는 있을 것이다. 어떤 요소에 주안점을 두고 운영을 해야 하는지 지금부터 이야기해보자.

1 일관된 주제로 블로그를 운영하고 있는가

검색엔진은 일반적으로 제목과 본문을 분석해서 주제를 분류한다. 마케팅 글을 주로 쓰는 블로그인지 영어 캠프 관련 글을 많이 쓰는 블로그인지 바다장어에 대한 글을 쓰는 블로그인지 검색엔진이 나름대로 분류한다. 그리고 같은 주제의 콘텐츠가 많으면 많을수록 게시물에 가중치를 준다. 네이버도 이런 기초적인 검색 로직에서 많이 벗어나지 않을 것이다. 같은 주제로 다양한 글을 쓰는 것이 중요하다.

2 체류 시간이 긴 블로그인가

네이버에서 블로그 글이 좋은 글인가를 평가하는 요소는 크게 두 가지이다. 바로 검색엔진과 글을 읽는 고객이다. 특히 글을 읽는 고객이 이 글을 좋게 평가하고 있다는 것은 검색 노출 시 내 블로그 글을 클릭하는가와 고객이 블로그에 오래 머물렀는가인 체류 시간을 통해 알 수 있다. 블로그에 오랫동안 고객이 머물렀다면 이는 좋은 블로그로 평가될 가능성이 크다. 실제로 어뷰징 방법 중 상위로 글을 올리기 위해 다수의 아이피로 검색해 클릭해주고 3분 이상 머무는 방법이 있다. 네이버 정책에 따라서 기준은 변하겠지만 고객이 통합검색에서 내 블로그 글을 얼마나 얼마나 많이 클릭하는가, 그리고 내 블로그 글에 얼마나 오래 머물렀는가는 아주 중요한 요소이다.

3 오래된 글임에도 고객들이 검색해서 찾는가

일반적으로 오래된 게시글일수록 노출이 새로운 블로그 글에 밀릴 가능성이 높다. 하지만 콘텐츠가 좋다면 1위에서 4위로 순위가 변하더라도 고객들은 통합검색에서 4위를 지속적으로 클릭할 것이다. 즉 블로그 글이 발행된 후에도 고객들이 지속적으로 클릭한다면 그만큼 블로그 글의 질이 좋다는 것이고 상위에 오래 머물 수 있다.

4 블로그가 오래되었고, 지속적으로 업데이트가 되고 있는가

일반적으로 블로그는 최소 45일에서 60일 정도는 운영되어야 정상적인 노출이 가능하다. 그리고 오랫동안 블로그를 운영하면 할수록 상위에 노출되는 경향이 있다. 이때 중요한 것이 지속적으로 글이 발행되어야 한다는 것이다. 아무리 블로그 생성일이 오래되었어도 글을 쓰지 않는 블로그는 죽은 블로그이다. 그래서 최소한 일주일에 3일은 블로그 글이 발행되어야 검색엔진에 긍정적인 신호를 보낼 수 있다.

5 이웃과의 소통이 활발한가

네이버 블로그가 노출되는 방법은 검색으로 노출되는 것과 이웃을 맺은 고객에게 직접 노출되는 것이다. 만약 블로그가 검색을 통해서만 방문자가 올라가고 이웃을 통한 유입이 없다면 우선 이웃을 통한 유입을 늘려야 한다. 내가 먼저 이웃의 블로그에 찾아가서 댓글과 안부 인사를 달아주자. 이웃들이 내 블로그에 방문을 할 것이고, 이웃을 통한 유입량도 늘어날 것이다.

이외에도 네이버에게 찍힌 블랙리스트 아이디나 아이피의 존재, 상위 노출의 목적의 VPN 이용, 비정상적인 로그인과 르그아웃이 등 네이버 상위 노출을 위해 살펴봐야 할 요소는 다양하다. 그러나 초보자라면 위의 다섯 가지만 지켜도 만수무강한 블로그를 운영할 수 있을 것이다.

Q&A 인터넷에 떠도는 블로그 상위 노출 정보는 얼마나 믿을 수 있나요?

네이버에서 상위 노출과 관련된 정보를 찾으면 압도적으로 많은 양을 차지하는 것이 블로그 상위 노출에 대한 것이다. 그만큼 네이버에서 어뷰징이 심한 영역이고 네이버 입장에서는 필사적으로 이 영역을 지켜야만 하기에 빈번히 바뀔 수밖에 없는 구조이다.

많은 사람이 블로그 상위 노출 정보에 대해 검색으로 알아보는데 지금 네이버 검색에 노출되는 상위 노출 정보들은 유효기간이 지난 게 많다. 이미 네이버에서 막았기 때문에 더 이상 그 방법이 효과가 없는 경우가 많다. 실제로도 검색을 통해서 얻은 상위 노출 방법을 적용했다가 네이버로부터 패널티를 먹은 경우가 허다하다. 검색을 통해 얻은 상위 노출 정보를 내 블로그에 바로 적용하는 것은 매우 위험한 일이다.

한편 많은 블로그 강사가 컨설팅을 하면서 나름의 상위 노출 노하우를 알려주는 경우가 있다. 상위 노출 정보뿐만 아니라 저품질 블로그에 대한 내용도 언급하는 경우가 있는데, 필자를 포함해 마케터와 전문가의 이야기를 들을 때 항상 마음속에는 '50%만 믿자'는 마음가짐이어야 한다. 대부분 이런 정보들은 강사나 마케터의 경험을 통해서 발견한 경우가 많으며 이는 다양한 상황에서 테스트하지 못했다는 이야기이다. 따라서 내 아이템과 내 키워드에는 적용되지 않을 수 있으니 상위 노출 정보들은 가려서 들을 필요가 있다.

실제 한 업체에서 아이피를 바꾸는 VPN이라는 프로그램을 사용했다. 한 강사의 추천으로 네이버로부터 제재되지 않는 VPN이라고 듣고 고가에 구매해 블로그 마케팅에 사용하고 있었다. 정확히 3주 후 VPN에서 사용할 수 있는 IP 중 70%는 네이버에 접근할 수 없는 불량 아이피가 되었다. 3주만에 상황이 급격하게 바뀐 것이다. 그리고 이 VPN을 사용한 블로그는 저품질에 빠졌다.

개인적으로는 필살 상위 노출 기술과 같이 아이피와 아이디, 단순 작업을 통해 상위 노출시키는 기술은 가급적 사용하지 않길 바란다. 네이버의 꼼수 잡아내는 기술은 그리 만만치 않다. 그래서 정공법으로 세부 키워드 중심의 블로그를 운영하는 것이 오랜 시간 블로그 마케팅을 할 수 있는 첫걸음이다.

9. 블로그에 글을 쓴 후 반드시 확인해야 할 것

제목을 정하고 블로그에 글을 썼다면 꼭 확인해야 할 사항이 있다. 내 블로그 글이 검색에 잘 반영되고 있는지와 내가 타깃한 키워드가 몇 위에 노출되고 있는지 등이다. 네이버 검색 로직이 자주 바뀌어서 검색 반영과 순위 노출의 변동이 심하다. 그래서 블로그에 글을 쓴 후 다음 날 확인하면 된다.

1 제목 전체가 잘 검색되고 있는가

블로그 글의 제목을 복사해서 네이버 검색창에 넣었다면 당연히 블로그 영역에서 1위로 노출되어야 한다. 나와 동일한 제목을 쓴 블로거들을 거의 없기 때문에, 내가 쓴 글이 1위에 나오는 것은 당연하다.

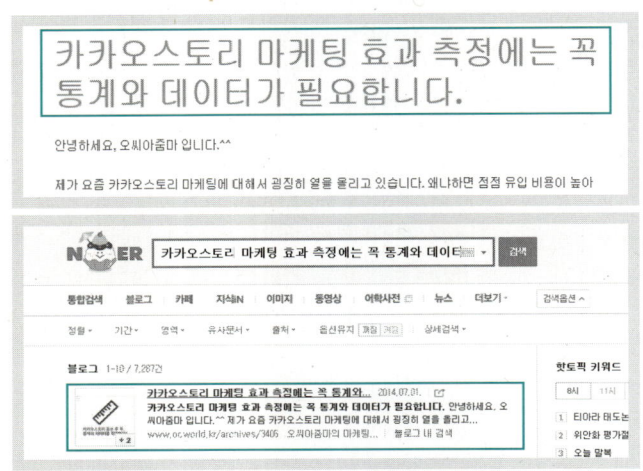

▲ 블로그 글(위)과 제목 전체 검색 결과(아래)

다만 글을 한 번도 쓴 적이 없는 블로그에 처음 글을 쓰면 약 45일 동안은 제목으로 검색해도 1위에 노출되지 않을 수도 있다. 약 45일 후에 검색해보면 정상적으로 검색에 반영되니 신생 블로그라면 45일 후에 확인하자.

2 타깃 키워드가 몇 위에 노출되고 있는가

블로그 글이 잘 반영되고 있다면 다음으로 확인할 것은 내가 노린 키워드, 즉 타깃 키워드가 몇 위에 노출되고 있는지를 알아봐야 한다.

▲ 블로그 글(위)과 타깃 키워드 검색 결과(아래)

그림의 블로그 글은 '카카오스토리 마케팅 효과'라는 비교적 검색량이 적은 세부 키워드를 노렸다. 그렇다면 네이버에 '카카오스토리 마케팅 효과'를 검색했을 때 블로그 영역의 몇 위에 노출되는지 확인해봐야 한다. 타깃 키워드로 검색했을 때 4위에 노출되고 있다. 최소 상위 5위 안에만 노출되면 통합검색에 노출될 수 있기 때문에 노출 목표는 달성한 셈이다.

3 메인 키워드는 몇 위에 노출되고 있는가

그림의 블로그 글은 메인 키워드인 '카카오스토리 마케팅'을 노출하려고 작성한 것은 아니다. 하지만 검색 로직에 의해 상위에 노출될 수도 있다. 이것을 알아보기 위해서 메인 키워드인 '카카오스토리 마케팅'을 검색해봤다.

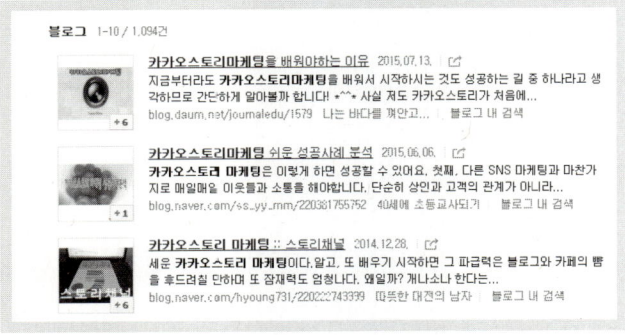

▲ 블로그 글(위)과 메인 키워드 검색 결과(아래)

역시나 상위에 노출되지 않았다. 자주 있는 일은 아니지만 메인 키워드가 상위에 노출되는 날도 있으니 꼭 확인하도록 하자.

4 저품질, 유사문서 그리고 검색 누락

블로그 글의 제목 전체를 넣었음에도 불구하고 블로그 영역의 1위에 노출이 되지 않는 문제가 발생할 수 있다. 물론 언급했듯이 신생 블로그의 경우는 약 45일 후에 확인하면 된다. 그러나 이미 블로그를 운영하고 있는 경우 저품질 블로그인지 유사문서인지 검색 누락인지를 꼭 확인해야 한다.

일단 저품질과 유사문서, 검색 누락이 무엇인지 알아보자.

'저품질 블로그'란 블로그 글이 검색에 정상적으로 노출되지 않는 경우를 말한다. 블로그가 저품질이 되었다면 고객이 네이버에서 검색을 통해 내 블로그에 들어오는 건 불가능하다. 원인은 네이버에서 검색의 질이 떨어진다고 판단해 네이버가 블로그에 주는 일종의 패널티이다. 저품질 블로그가 있다는 것을 네이버에서는 공식적으로 인정하지 않지만 실제 많은 블로거가 저품질 현상으로 인해서 고통을 겪고 있다. 일반적으로 과도한 상업적 글, 도배성 글, 고의적인 상위 노출 작업 등을 원인으로 꼽지만, 정확한 원인은 네이버 외에는 아무도 알지 못한다.

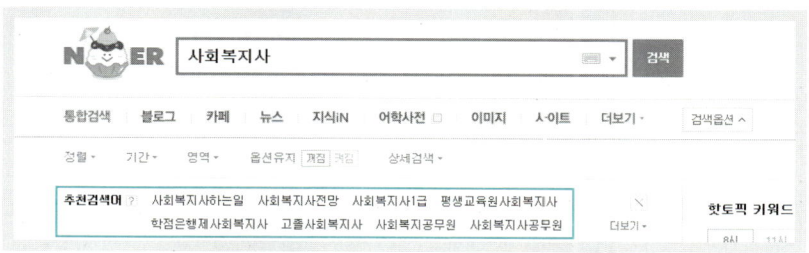

▲ 검색량이 많고 키워드 단가가 비싼 일부 키워드는 연관검색어 대신 추천검색어가 뜬다

참고로 노출시킬 키워드를 검색했을 때 추천검색어가 뜬다면 사용하지 않길 권한다. 키워드 검색 시 검색창 하단에 추천검색어가 나오는 키워드를 사용해 저품질에 빠졌다는 증언이 적지 않다. 이는 메인 키워드의 경우 키

워드 단가가 높기 때문에 키워드 광고로 유도시키기 위함이라고 추측된다.

'유사문서'란 블로그, 카페와 뉴스 중 내가 쓴 글의 원본이 존재하는 경우이다. 의도적으로 남의 콘텐츠를 동일하게 베끼거나 베끼면서 약간의 수정을 거친 경우 네이버 유사문서판독시스템에 의해 유사문서로 판단되어 노출되지 않는다. 그런데 남의 글뿐만 아니라 내 글을 수정해서 다시 쓰는 경우에도 많은 수정을 거치지 않으면 유사문서로 판독될 수 있다. 일반적으로 블로그에 유사문서가 많이 쌓이면 저품질 블로그로 빠질 수 있다. 다만 다른 블로그나 카페 게시글을 스크랩하는 경우는 유사문서로 인식되지 않으며 소설의 일부분, 시, 가사 등은 유사문서 영역에 들어가지 않는다.

'검색 누락'이란 네이버 검색엔진이 애초에 글을 읽지 않는 경우이다. 과거에는 네이버 검색엔진이 제대로 작동하지 않아 발생하는 경우가 많았으나, 최근에는 검색엔진의 문제로 발생하는 경우는 거의 없다. 보통 검색 누락이 발생했다면 블로그 글에 문제가 있다고 판단한다. 사용하면 안 되는 키워드를 사용했거나 상위 노출을 위한 작업을 했거나 저작권 위반 게시물을 담고 있는 등 결론적으로 블로그 글 자체에 문제가 있다고 봐도 무방하다.

과거에는 블로그 전체가 검색 누락되는 경우는 거의 없었으며 개별 블로그 글에만 적용되었지만, 최근에는 블로그 게시글 전체가 누락되는 경우가 많다. 특히 상업적 성격이 강한 '성형', '웨딩', '대출' 등의 키워드에서 많이 발생되고 있다. 네이버의 스팸문서 필터링 시스템이 변경된 것으로 보인다.

5 정상적으로 노출되지 않는 원인 확인하기

이제 내 블로그 글이 정상적으로 노출되지 않는다면 그 원인은 무엇인지 알아보자. 먼저 블로그 글 제목 전체를 검색창에 넣어서 블로그 영역 1위에 노출되는지 확인한다.

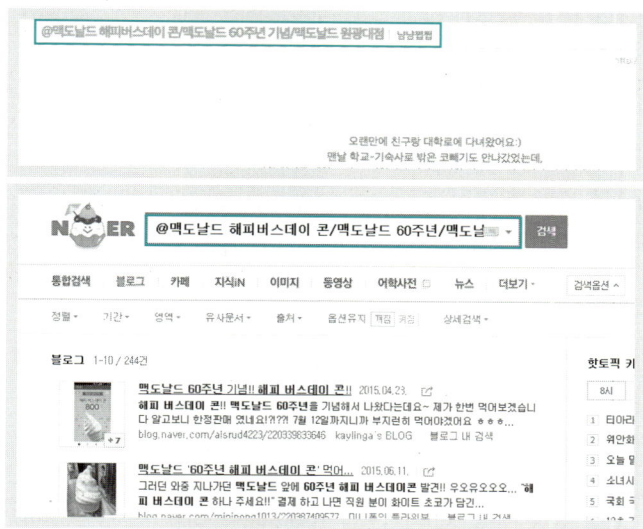

▲ 블로그 글(위)과 제목 전체 검색 결과(아래)

그림의 블로그 글은 정상적으로 검색에 반영되고 있지 않은 경우이다. 제목 전체를 넣어봐도 블로그 영역에서 노출되지 않는다. '저품질 블로그', '유사문서', '검색 누락' 중 한 가지가 원인이 되어 정상적인 노출이 이루어지고 있지 않다. 정확한 원인이 무엇인지 하나씩 살펴보자.

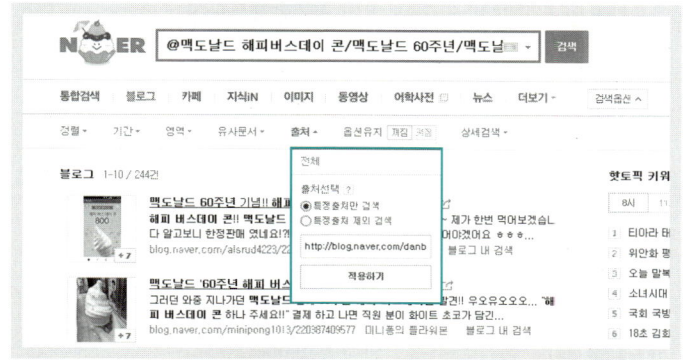

▲ 검색 옵션을 이용한 저품질 블로그 확인 방법

5단계 콘텐츠를 생산하고 노출시키기 • 189

저품질 블로그인지 확인하는 방법은 '검색옵션 > 출처 > 출처선택 > 특정 출처만 검색'을 클릭한 후 블로그 주소를 넣어 [적용하기]를 클릭하면 된다.

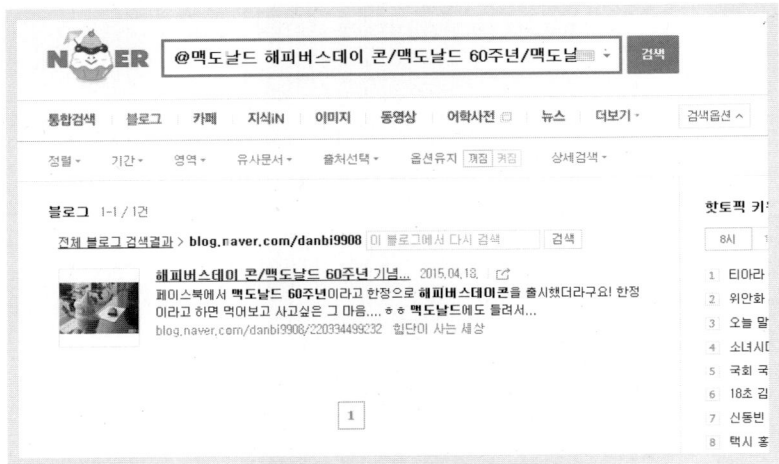

▲ '출처' 옵션을 이용해 검색한 결과

만약 '출처' 옵션을 통해서 검색했을 때 내 글이 노출되고 있다면 내 블로그는 저품질 블로그일 가능성이 높다. 이런 경우 저품질에 빠진 블로그를 버릴 것인가 아니면 그냥 지속적으로 운영할 것인가를 판단해야 한다.

참고로 저품질 블로그와 비슷한 '3페이지 블로그'라는 것이 있다. '3페이지 블로그'도 네이버 검색에서 정상적으로 노출되지 않는다. 블로그 글 전체를 네이버 검색창에 넣었을 때 블로그 영역 1위이기 때문에 정상적으로 노출되는 것으로 보일지 몰라도 타깃 키워드를 검색했을 경우에는 모조리 3페이지 이후로만 노출된다. 아무리 조회 수가 없고, 경쟁이 심하지 않은 키워드라도 무조건 3페이지 이후에 노출된다. 저품질과 마찬가지로 고객이 네이버에서 검색을 통해 내 블로그 글을 본다는 것은 불가능하다.

> **유용한 팁** 저품질 탈출을 위한 기본적인 방법

저품질 탈출 방법이 100% 존재하진 않는다. 하지만 많은 사람이 저품질에 빠졌을 때 이렇게 했더니 탈출했다고 증언한 사례와 필자의 경험을 중심으로 몇 가지 기록했다. 물론 100% 해결책은 될 수 없더라도 저품질에 빠진 분들에게 도움이 되길 바라며 적어본다.

① 방문자가 급격하게 하락할 때 앞서 언급한 방법으로 저품질 여부를 확인한다. 그리고 저품질에 빠졌다면 빠진 날을 기준으로 최근 일주일간 적은 블로그 글을 삭제한다.
② 블로그 제목에 추천검색어가 노출되는 키워드를 쓴 듯이 있다면 삭제한다.
③ 네이버 블로그 애플리케이션을 통해서 일주일에 세 번 정도 포스팅한다. 이때 제목에 키워드를 삽입하지 않는다. 블로그 애플리케이션을 써야 하는 이유는 최근 애플리케이션에서 쓴 글에 가중치를 많이 주기 때문이다.
④ 매일 블로그 이웃을 방문해 댓글을 달면서 이웃이 내 블로그에 방문하도록 유도한다.

약 3개월 정도 위 방법을 지속적으로 진행해본다. 그러면 저품질에서 탈출할 수도 있을 것이다.

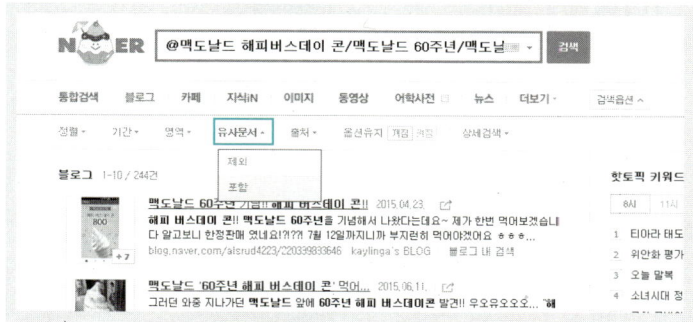

▲ 유사문서 여부를 확인하는 방법

유사문서인지를 확인하는 방법은 '검색옵션 > 유사문서 > 포함'을 선택하면 된다. 만약 검색옵션에서 '유사문서 포함'을 했을 때 내 글이 노출된다면 내가 원본 글을 베낀 게 된다. 다만 내가 쓴 글이 원본이거나 다른 글을 베끼지 않았을 경우 네이버 고객센터에 요청하면 된다.

신청 방법은 네이버 고객센터의 [통합검색]에서 '원본 반영 요청하기'를 클릭하면 된다.

▲ '원본 반영 요청하기' 페이지 작성 화면

네이버 아이디로 로그인 후 내 블로그 글의 주소를 넣으면, 원본이라고 판단될 경우 검색에 반영시켜준다. 물론 처리 결과는 별도로 알려주지 않아 일주일 후에 정상적으로 노출되고 있는지 직접 알아봐야 한다.

저품질 블로그와 유사문서 과정을 거쳐도 내 블로그 글이 노출되지 않는다면 이는 검색 누락이다. 검색 누락은 내 블로 글 자체에 네이버에서 싫어하는 키워드나 작업 그리고 저작권 관련된 내용이 포함됐다는 뜻이다. 물론 네이버 고객센터의 [통합검색]에서 '검색 반영 요청하기'를 사용해 검색에 노출시켜줄 것을 요청할 수 있으나, 일반적으로 요청하더라도 검색에 잘 반영되지 않는다. 가장 편한 방법은 '이 글에 무슨 문제가 있군. 앞으로는 이렇게 쓰면 안 되겠어!'라고 생각하고 해당 글의 노출을 포기하는 것이다.

유용한 팁 · 검색 누락의 원인 찾기

네이버 검색에서 누락되었다면 블로그 글 자체에 문제가 있는 경우가 많다. 그럼 무엇이 문제일까? 몇 가지 테스트를 통해서 원인을 알 수 있다.

❶ 의심되는 키워드는 제외하고 글 쓰기

우선 검색 누락이 된 글을 삭제하고 삭제한 글의 제목과 본문에 네이버가 싫어할만한 키워드를 뺀 후 다시 포스팅을 하면 노출되는 경우가 있다. 한 전당포에서 글을 썼는데 노출이 되지 않아서 다시 재작성한 일이 있었다.

- **이전 제목** 명품전당포에서 담보대출을 받기 위해 걸리는 시간은 얼마?
- **변경 제목** 명품전당포를 이용해서 급전을 빌리기 위해 걸리는 시간은 얼마?

'담보대출'이라는 키워드를 제목과 본문에서 제외한 후 다시 포스팅을 했더니 정상적으로 검색에 반영이 되었다. 특히 대출, 보험, 병원 등의 아이템을 다루는 업체에서는 이런 테스트를 통해 네이버가 싫어하는 키워드는 피해서 포스팅해야 한다.

❷ 의심되는 링크는 제외하고 글 쓰기

네이버에서는 괜찮다고 하나 항상 블로그를 운영하면서 부담되는 부분이 본문에 삽입한 링크이다. 만약 내 글이 노출되지 않는다면 글을 삭제하고 링크를 뺀 후 다시 작성해 포스팅하면 노출되는 경우가 있다.

❸ 키워드 과다 삽입이 의심될 때

본문에 키워드를 몇 개 넣어야 제일 좋은지 정확한 대답은 힘들다. 네이버 정책에 따라서 이 기준은 바뀔 것이기 때문이다. 그러나 일단 내 블로그 글이 검색에서 누락되었다면 본문의 키워드 개수가 너무 많이 삽입된 것은 아닌지 확인할 필요가 있다. 글을 삭제하고 다시 글을 쓸 때 키워드 개수를 줄여서 다시 발행한다.

물론 대표적인 방법 몇 가지만 이야기했다. 초보자들이 이런 방법으로 테스트를 하기에는 무리가 있지만 어느정도 블로그를 운영해봤다면, 그리고 내 블로그 글을 꼭 검색에 노출시켜야 한다면 테스트를 꼭 진행해보길 바란다.

블로그에 글을 쓰는 것 자체도 매우 중요하지만 마케터 입장에서는 글을 쓴 후 어떻게 노출되고, 어떻게 고객들에게 인지되는지가 매우 중요하다. 가장 많은 고객이 이용하는 네이버에 어떻게 노출되고 있는지 꼭 파악하자.

10. 카페를 직접 키우지 않고 카페 영역에 노출하는 방법

카페 영역 역시 네이버 통합검색에서 중요한 영역이다. 특히 카페는 블로그와 같이 모바일 통합웹에서 중요한 위치를 차지하고 있기 때문에 반드시 노려야 하는 영역이다. 특히 여성과 주부를 대상으로 하는 아이템이라면 카페 영역에서 콘텐츠가 노출되는 것이 중요하다.

그렇다면 카페에 어떻게 노출시켜야 할까? 물론 카페를 직접 키우면 가장 좋겠지만 작은 기업과 개인사업자에게는 효율적이지 않은 방법이다. 그래서 쉽게 활용할 수 있는 방법은 대표카페나 큰 카페에 가입해서 그곳의 활동 회원이 된 뒤 그 카페에 글을 써서 노출시키는 것이다. 우선 내가 활동할만한 대표카페를 찾자. 단식원의 경우 '단식하는 사람들의 모임', 웨딩 컨설턴트의 경우 '레몬테라스', 동탄 지역 업체의 경우 '동탄맘들 모여라' 등에 가입한다. 카페에 가입하고 바로 글을 쓴다고 검색에 노출이 되지는 않는다. 그래서 활동회원이 되는 과정이 필요하다. 카페의 다양한 게시판에 글과 댓글을 남기면서 등업을 하는 한편 일주일에 세 번 정도 안부 인사나 유머글을 남기면서 회원의 활동성을 높이도록 한다.

이렇게 60일 정도 활동하면 내가 작성한 카페에 작성한 글들이 네이버 통합검색에 노출되기 시작한다. 즉 활동회원이 되는 과정을 거쳐야만 비로소 내가 카페에 작성한 글이 노출된다. 그 후 정보성 글을 중심으로 글을 작성한다. 물론 카페 정책에 따라서 상업적인 글을 쓸 수 있는지의 여부가 다르며, 카페와 전략적인 제휴를 하는 경우 큰 무리 없이 쉽게 상업적인 글을 쓸 수도 있다. 특히 활동회원으로 만들기까지 오랜 시간이 걸리기 때문에 가급적 카페의 정책을 준수해 강퇴당하는 일이 없도록 해야 한다. 여기서 중요한 것은 상업적 글이 많으면 카페에서 호응을 받기가 어렵다는 점이다. 카페의 게시글에 댓글이 많이 달리면 역시 카페 검색 순위에서 상위에 노출되고 오랫동안 순위를 유지할 수 있다. 결국 고객의 호응을 이끌어낼 수 있는 정보성 글을 중심으로 글을 쓰는 것이 중요하다.

주의할 점은 정보성 글을 카페에 쓰더라도 중요한 것은 제목에 키워드를 삽입해야 한다는 것이다. 키워드를 삽입해야 최소한 검색엔진에 노출되는 기존 조건을 갖추는 것이기 때문이다.

11. 네이버 마케팅의 현실에 대한 솔직한 이야기

네이버에서 블로그 마케팅을 포함해 다양한 마케팅을 해본 사람이라면 쉽게 공감하는 것이 네이버는 변화가 심해도 너무 심하다는 것이다. 특히 블로그 영역의 변화가 심하다. 그래서 마케팅 전략을 세우기 또한 쉽지 않다. 또 하나 명확한 이유가 없는 패널티가 존재한다. 저품질, 3페이지 블로그, 검색 누락 등이 대표적이다.

네이버 검색에서 순위나 노출 영역의 변화가 심하고, 저품질, 3페이지 블로그, 검색 누락 등의 이유 모를 패널티들이 존재하는 것은 네이버가 어뷰징을 효과적으로 막지 못하기 때문이라고 생각된다. 앞서 말한 창과 방패의 싸움에서 방패가 창에 밀리고 있는 것이다. 기존의 네이버 검색 알고리즘이 어뷰징에 의해서 뚫려버린다면 어뷰징을 가장 쉽게 막는 방법은 검색 알고리즘을 아예 새로운 것으로 바꿔버리는 것이다. 그렇게 되면 기존의 어뷰징들이 더 이상 통하지 않는다. 네이버가 바로 이 방법을 자주 사용한다. 새로운 알고리즘이 나오고 난 뒤 어느 정도 어뷰징에 취약하다고 생각하면 아예 새로운 검색 알고리즘을 적용시켜 검색 순위를 요동치게 만든다. 이 방법은 일차적으로는 어뷰징을 막을 수 있을지 모르지만 문제는 그 뒤에 발생을 한다. 아무리 고민하고 연구해서 고객들이 좋아하는 글을 써도 검색 로직이 너무 자주 바껴 고객이 내 글을 안정적으로 읽을 수 있는 기회가 없어지는 것이다.

또한 현실적으로 네이버 검색엔진은 어뷰징에 취약하기 때문에 악성 광고대행사가 상위 노출 작업을 통해 검색 결과를 쉽게 도배할 수 있는데, 아무리 좋은 글도 도배 앞에서는 장사가 없다. 내가 좋은 글 한 개 쓸 시간에 광고대행사에서는 100개의 스팸성 글을 어뷰징해서 도배한다. 이렇게 되면 아무리 좋은 글이라고 해도 노출 순위에서 밀리고 고객들의 선택을 받기가 불가능해진다. 그래서 다음과 같은 마음가짐으로 네이버 마케팅에 임해야 효과적으로 노출시킬 수 있으며 정신적인 스트레스도 적게 받는다.

첫째, 네이버는 검색엔진이 존재하지 않는다. 즉 좋은 콘텐츠를 우대하지 않고 당시의 로직에 따라서 노출 순위를 정한다. 특히 블로그, 카페의 순위 변화가 심하다.

둘째, 동일한 시간을 투자해서 좋은 글을 하나 쓰기보다는 그저 그런 글을 여러 개 쓰는 것이 노출에 훨씬 유리하다. 아무리 콘텐츠가 좋아도, 상위 노출로 도배하는 업체 앞에선 장사가 없다.

셋째, 메인 키워드는 블로그나 카페를 통해 노출시키려고 노력하기보다는 키워드 광고를 하는 게 편하다. 안정적인 노출 보장은 물론 효과적인 광고비 집행이 가능하기 때문이다. 게다가 블로그로 메인 키워드 검색 결과를 상위에 노출시키는 것은 현실적으로 어려울 뿐만 아니라 상위에 노출시킨다고 해도 경쟁 업체의 도배와 네이버의 검색 알고리즘 변화로 안정적인 노출이 보장되지 않는다. 메인 키워드를 블로그로 상위에 노출한다는 것은 전략적으로 그리 유리하지 않다.

넷째, 지금의 네이버 블로그가 언젠가는 저품질로 분류되어 노출되지 않을 것을 항상 염두해야 한다. 다양한 사례를 분석해봤을 때 상업적인 내용을 쓰지 않고 비교적 희소성 있는 콘텐츠를 작성했음에도 어처구니 없게 저품질에 빠지는 경우가 허다하다. 이럴 경우 저품질을 탈출하는 데 에너지를 쏟기보다는 예비 블로그를 바로 활용하는 것이 현실적이다. 그래서 여유가 된다면 지금 사용하는 블로그 외에 또 다른 블로그에 지속적으로 일상글을 포스팅할 것을 추천한다. 그래야 필요할 때 바로 쓸 수 있다.

다섯째, 내 고객의 블로그를 자주 활용하라. 이는 체험단을 통한 리뷰 글을 뜻한다. 마케팅하는 입장에서 안정적으로 콘텐츠가 노출되는 것은 매우 중요한 것이다. 그런데 내가 원하는 영역에 내가 가진 마케팅 채널로 모두 노출된다는 것은 쉬운 일이 아니다. 시간적인 한계도 이유 중 하나이지만 네이버는 변화가 심하다는 것이 가장 큰 이유이다. 하지만 체험단을 통해 네이버 블로그 영역에서 다양한 콘텐츠를 노출시킨다면 네이버 검색의 심한 변화에도 비교적 안정적으로 노출될 수 있고, 노출된 몇몇 블로그의 저품질 현상에도 쉽게 대비할 수 있다. 저품질로 빠진 자리는 다른 리뷰 글이 채울 것이기 때문이다. 그래서 가급적 체험단은 지속적으로 운영하길 추천한다.

마지막으로 경쟁이 심하지 않는 키워드와 영역을 노려라. 사실 어뷰징이 난무하고, 수많은 업체에서 도배하는 영역은 대부분 검색량이 많은 키워드가 노출되는 영역이다. 악성 광고대행사가 도배 작업을 하는 것도 검색량이 많은 메인 키워드들이 대부분이다. 그래서 경쟁이 심하지 않지만 구매로 이어질 가능성이 높은 키워드를 찾고, 이 키워드를 적극적으로 활용해야 한다. 앞서 알아본 키워드 추출이 중요한 것도 이 때문이다. 네이버 마케팅에서 키워드 추출만큼 좋은 것은 없다. 네이버에서 경쟁이 심하고 어뷰징이 난무하는 키워드에 집중하기보다는 내 브랜드를 좋아해주고 타깃 고객이 검색할만한 키워드를 찾아 노출시키는 것이 더 중요하고 효율적이다.

많은 사람이 네이버가 공명정대해지길 기대한다. '언젠가는 어뷰징은 알아서 잘 걸러내고 질 좋은 콘텐츠를 상위에 노출시켜주겠지'라는 믿음이다. 그러나 현실적으로 불가능하다. 현실은 상위 노출을 위한 어뷰징이 난무하고, 내가 쓴 질 좋은 글보다 도배한 글이 더 상위에 노출되는 경우가 많다. 현실을 직시하고, 정수와 꼼수를 포함해 최소한의 에너지로 최대한 많이 네이버에 노출되기 위한 방법을 연구하고 또 연구해야 한다. 이는 네이버에서 돈을 벌어야만 하는 마케터의 숙명이다.

12. 블로그 외 영역에서의 효과적인 노출 전략

네이버는 각 영역이 서로 영향을 미치지 않지만, 중복된 콘텐츠를 걸러내기 위해서 유사문서가 존재한다. 블로그, 카페, 뉴스가 대표적인 영역이다. 이 영역에서는 오로지 원본 하나만 노출된다. 그런데 이는 블로그, 카페, 뉴스 영역 외에는 원본과 동일한 문서가 있어도 유사문사가 아니라는 뜻이 된다. 대표적인 영역이 네이버 포스트와 지식iN이다. 그리고 블로그 글이나 카페 글 하나로 여러 영역에 노출시킬 수 있는 방법이 있다. 이미지와 동영상 영역이다.

앞서 네이버는 좋은 글 한 개를 생산하는 것보다 그저 그런 콘텐츠를 많이 생산하는 것이 더 유리하다고 했다. 그리고 이 글을 별도의 수정 없이 다른 영역에 노출시킬 수 있다면 마케팅하는 입장에서는 매우 높은 효율성을 가지게 될 것이다. 일타이피, 아니 삼피까지도 할 수 있다. 지금부터 하나씩 알아보자.

1 복사 붙여넣기가 가능한 네이버 포스트

우선 블로그 글을 그대로 복사하고 붙여넣어도 되는 영역이다. 바로 네이버 포스트 영역post.naver.com이다.

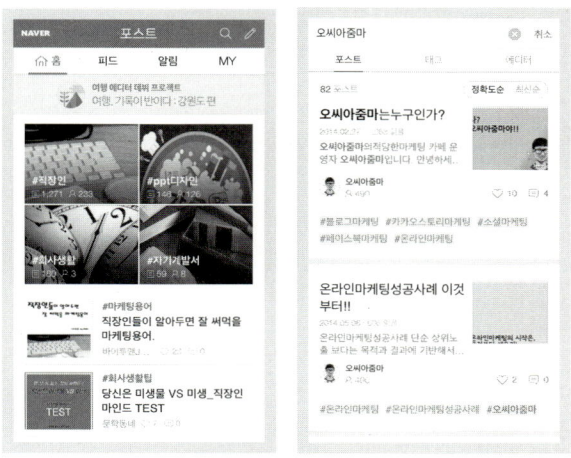

▲ 네이버 포스트 홈 화면(좌)과 검색 화면(우)

현재 네이버 포스트는 네이버 통합검색에서 일부 키워드에 한해 PC와 모바일 모두 노출되고 있으며, 네이버 포스트 홈을 통해서 # 태그 중심으로 노출되고 있다. 네이버 포스트는 블로그나 카페에 비해서 노출 알고리즘이 매우 단순한 편이다. 제목이 노출에 90% 이상 영향을 미친다. 또한 노출 순위는 거의 최신순에 가깝다 보니 블로그처럼 지속적으로 포스팅하면서 키우는 최적화 작업이 필요 없다. 그냥 글을 쓰면 노출된다. 블로그보다 노출하기 쉽다는 점에서도 매력적이지만, 블로그 글을 별도의 수정 없이 그대로 사용하니 더 매력적이다.

블로그 글을 네이버 포스트에 그대로 사용하는 부분을 살펴보자. 먼저 블로그를 운영하고 있는 네이버 아이디로 포스트를 개설한다.

❶ 네이버 포스트에서 새로운 글을 작성할 때 우측의 [글 불러오기]를 클릭한다.

❷ 로그인한 네이버 아이디로 운영하고 있는 블로그의 글 목록이 나오면, 글을 선택한다.

❸ 우측 하단의 [불러오기]를 클릭한다.

❹ 해당 글이 불려오고 발행하면 완료된다.

이렇게 불러온 글은 네이버 통합검색에 바로 노출된다. 유사문서가 아니기 때문에 같은 글이 네이버 블로그 영역과 포스트 영역에서 함께 노출된다. 실제로 네이버 포스트를 발행하고 10분 후 다시 검색했더니 네이버 포스트에 노출되고 있는 것을 확인할 수 있었다.

▲ 네이버 통합검색에 노출된 화면(좌)과 블로그 글과 내용이 같은 포스트 글(우)

    같은 콘텐츠를 블로그에도 사용하고 네이버 포스트에도 사용한다니 참 매력적이다. 다만 발행하는 네이버 포스트에서 동일한 링크를 반복적으로 사용했을 때는 검색에 노출되지 않는 경우도 있으니 링크 삽입 시 참고하자. 만약 내가 네이버 포스팅에 사용할 콘텐츠가 티스토리나 다른 네이버 아이디의 블로그에 있다면 복사해서 붙여넣기만 해도 된다. 단 이미지는 포스트에 직접 업로드하는 게 좋다.

    현재 네이버 포스트는 출시된지 얼마되지 않았으며 네이버가 적극적으로 밀고 있는 영역이다. 즉 허니문 기간이다. 콘텐츠가 많이 필요한 네이버 포스트는 블로그나 카페에 비해서 비교적 광고 글에 대한 제재가 덜하다. 그렇기 때문에 네이버 포스트를 보다 적극적으로 활용해야 한다. 허니문 기간은 언젠가는 종료된다. 따라서 종료되기 전에 적극적으로 활용해 노출시켜야 한다.

2 인위적인 작업이 필요 없는 지식iN 집필

지식iN 마케팅이라고 하면 인위적으로 질문하고 답변해서 노출시키는 것을 많이 떠올린다. 그런데 이런 인위적인 작업을 하지 않아도 지식iN 영역에 노출시킬 수 있는 방법이 있다. 바로 지식iN 집필이다. 먼저 지식iN 홈 kin.naver.com에 접속하자.

❶ 우측 상단의 [집필하기]를 클릭한다.

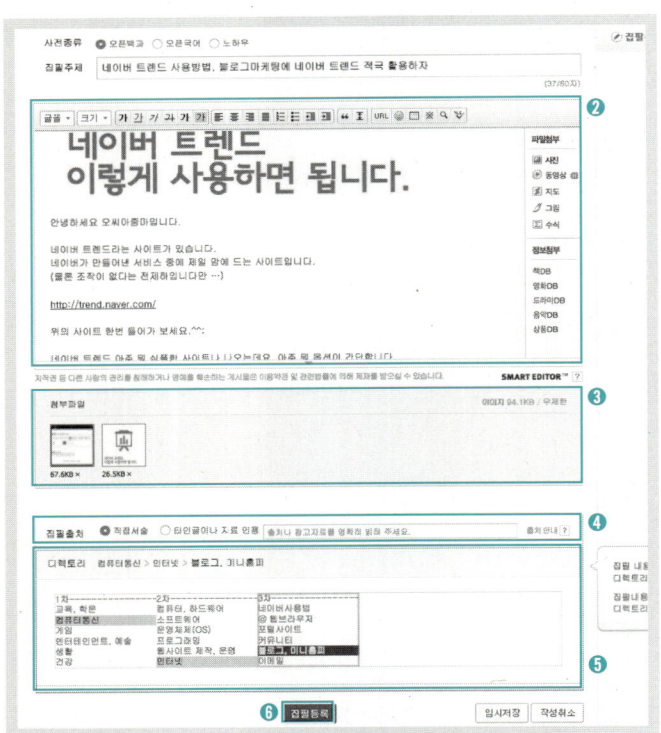

❷ 블로그의 편집기와 비슷한 지식iN 편집기가 나오면 블로그 글의 텍스트를 복사해서 붙여넣는다.

❸ 이미지는 직접 업로드하는 것이 좋다.

❹ '집필출처'는 '직접서술'을 선택한다.

❺ 자신에게 맞는 디렉토리를 선택한다.

❻ [집필등록]을 클릭하면 완료된다.

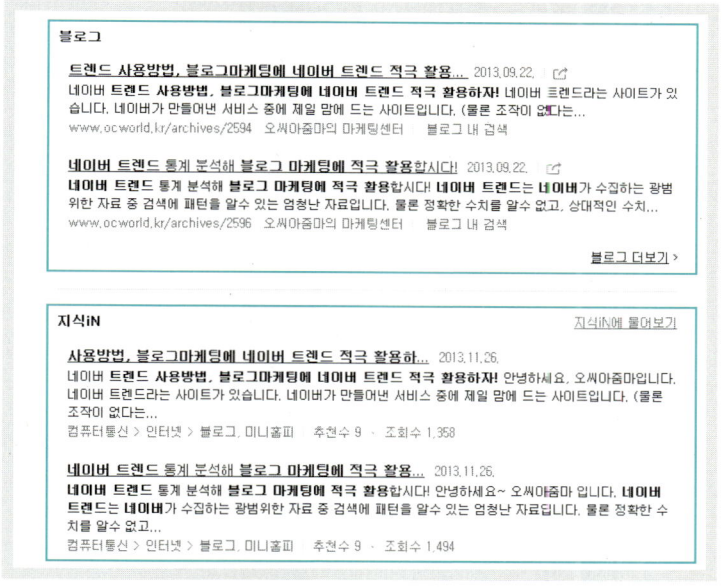

▲ 하나의 콘텐츠가 블로그 영역과 지식iN 집필 영역에도 노출되고 있다

집필 등록을 하면 바로 검색에 노출되는 것이 아니라 네이버 담당자가 지식iN 집필 내용을 심사한다. 심사에는 최대 3일 정도 걸리며, 무사히 통과하면 지식iN 영역은 물론 블로그 영역에도 노출된다. 블로그 글을 그대로 붙여넣기했는데 지식iN에도 노출되니 노출량을 늘리는 데도 아주 매력적이다.

5단계 콘텐츠를 생산하고 노출시키기 • 203

다만 모든 블로그 글을 지식iN 집필에 등록할 수는 없다. 지식iN 집필의 경우 정보성 글을 오픈백과나 노하우(중수이상)에 등록하는 것이다. 즉 과도하게 상업적인 글과 상업적 이미지를 사용할 경우 등록이 불가능하다. 그래서 정보성 콘텐츠를 중심으로 올리는 것을 추천한다. 예를 들어 '어린이 유산균'을 판매하는 곳에서 지식iN 집필하기를 활용한다면 '어린이 변비 해결에는 왜 유산균이 필요할까?', '어린이 유산균과 성인용 유산균의 차이점은?', '어린이 유산균을 하루에 얼마나 먹어야 할까?' 등 직접 상품명이나 제품명을 언급하진 않지만 내 브랜드를 알릴 수 있는 정보 중심으로 블로그에 글을 먼저 쓴다. 그리고 해당 글을 그대로 지식iN 집필에 붙여넣어 노출시킨다. 병원이라면 다양한 질환에 대해서 일반 환자가 이해하기 쉽게 올리는 것도 좋은 방법이며, 초등학생 영어 교육을 진행하는 업체라면 어떻게 하면 초등학생들이 영어 공부를 효율적으로 할 수 있는가에 대한 교육 정보가 지식iN 집필에 올리기 적합하다.

참고로 지식iN 집필의 경우 본문에 링크를 달 수 없다. 링크는 곧 상업적 글로 인식하기 때문에 등록될 수가 없다. 그래서 링크를 넣는 대신 다음과 같이 내 업체명을 인사말에 넣는다.

- 안녕하세요, 오씨아줌마입니다. 오늘은 네이버 트렌드에 대해서 알아보겠습니다.
- 오종현 원장입니다. 오늘은 쌍꺼풀 수술 종류에 대해서 알아보겠습니다.
- 안녕하세요, 청송에서 농사 짓는 오씨총각입니다. 오늘은 사과의 종류에 대해서 알아보겠습니다.

이는 고객이 콘텐츠를 보고 네이버에서 '오씨아줌마', '오종현 원장', '오씨총각' 등을 검색할 수 있도록 유도하는 역할을 한다. 물론 블로그나 네이버 포스트처럼 본문에 직접 링크를 넣는 것에 비해서는 효과가 떨어질 수밖에 없다. 그러나 하나의 콘텐츠를 복사해 붙여넣는 것만으로 네이버 검색 결과에 쉽게 노출시킬 수 있기 때문에 노출량을 늘린다는 관점에서는 매력적이다.

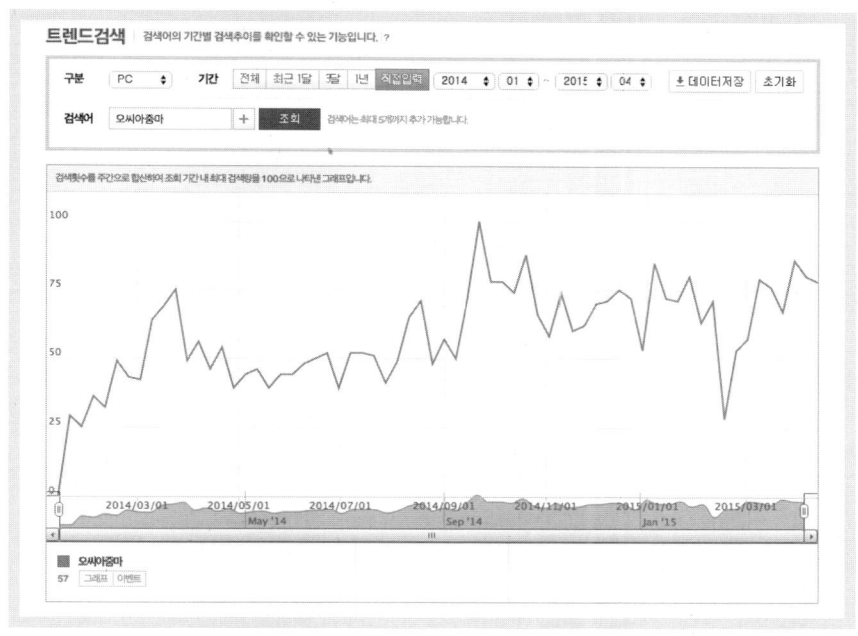

▲ 네이버 트렌드에서 '오씨아줌마'의 검색량 추이

필자는 마케팅 정보를 다루고 있기 때문에 일반 업체보다 비교적 생산하는 정보성 글이 많다. 그래서 지식iN 집필을 적극적으로 활용하고 있으며, 지식iN 집필은 '오씨아줌마'의 네이버 검색량이 늘어나는 데 큰 역할을 했다. 그리고 지식iN 집필은 마케팅 효과뿐만 아니라 일대일 질문을 통해 컨설팅 상담을 받는 직접적인 효과도 있다.

참고로 사이트 등록을 심사하는 것이 사람인 것처럼 지식iN 집필을 등록

하는 것 역시 사람이다. 즉 심사의 기준은 주관적이다. 그래서 만약 지식iN 집필이 한 번에 통과되지 않는다면 그 글을 삭제하고 기다렸다가 다시 똑같이 등록하면 심사하는 사람이 달라져 통과될 수도 있다.

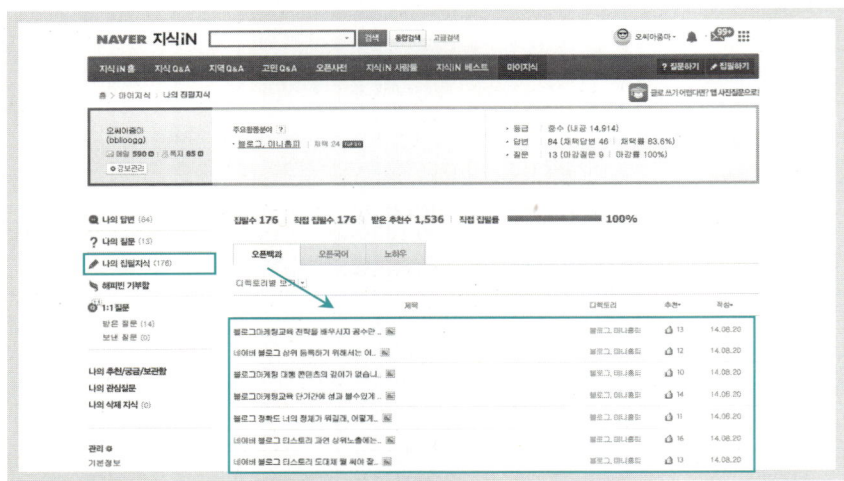

▲ '마이지식 > 나의 집필지식'에서 내가 쓴 집필 지식을 확인할 수 있다

　그림은 필자가 블로그에 작성한 글을 지식iN 집필을 통해서 재생산한 목록이다. 노골적인 상업적 멘트가 아니면 큰 무리 없이 등록된다. 다만 상업적인 글인지 아닌지는 네이버 담당자의 관점에서 보기 때문에 이 점을 고려해 콘텐츠를 생산하도록 한다. 이렇게 지식iN을 통해서 내 브랜드를 접한 고객은 다시 검색창에 내 브랜드를 검색해 홈페이지까지 유입될 가능성이 높다.

3 이미지와 동영상

블로그나 카페에 이미지와 동영상을 삽입하면 통합검색의 이미지와 동영상 영역에 노출된다. 블로그 글을 하나 쓰는 것만으로 이미지와 동영상 영역에 노출될 수 있으니 이를 적극적으로 활용한다. 특히 이미지의 경우 직접 찍은 사진이 비교적 노출이 잘된다고 알려져 있다. 동영상의 경우는 중요하지만 남들이 잘 활용하지 않는 영역이다. 많은 마케터가 잘 찍은 동영상만을 올리려고 하다 보니 동영상을 활용한 마케팅을 포기한다. 그렇기 때문에 남들이 하지 않을 때 먼저 올리자.

▲ '오씨아줌마' 검색 시 노출되는 동영상 영역과 이미지 영역

네이버는 잘 만든 콘텐츠를 하나 올리는 것보다 적당히 만든 콘텐츠를 많이 올리는 것이 중요하다. 동영상도 마찬가지이다. 동영상을 활용할 수 있는 콘텐츠라면 동영상을 삽입해서 적극적으로 활용하자.

네이버 통합검색을 효과적으로 마케팅하기 위해서는 유사문서를 피해 각 영역의 매력적으로 노출시켜야 한다. 물론 시간과 인력, 자금이 허락하면 각 영역의 콘텐츠를 직접 생산하는 방법이 좋지만 작은 기업은 현실적으로 어려운 일이다. 그래서 하나의 콘텐츠를 작성해서 다양한 영역에 노출되는 방법을 적극적으로 활용하자. 변동이 심한 네이버에서 고객들이 내 콘텐츠를 접할 기회는 많아질 것이고 이는 매출로 이어질 것이다.

03 | 온라인 광고 상품의 이해

작은 규모의 사업에서는 온라인 광고를 아예 배제하고 마케팅하는 경우가 있다. 특히 블로그에만 올인하는 전략의 중심에는 노출이 공짜라는 고정관념이 있기 때문이다. 그러나 온라인 광고 상품을 잘만 활용한다면 적은 비용으로 최대의 효과를 볼 수 있으며, 블로그나 카페와 달리 '키우는' 작업을 하지 않아도 된다. 즉 효율적으로 브랜드를 알린다는 관점에서 온라인 광고를 적절하게 활용하는 것이 매우 중요하다. 광고 상품의 특징은 무엇이고 과금 방식은 어떻게 되는지, 어떻게 활용하면 좋은지 알아보자.

1. 네이버 검색광고란?

네이버 검색광고는 네이버의 가장 중요한 수익원이다. 그래서 상업적인 키워드를 네이버에 검색했을 때는 어김없이 키워드 광고가 노출된다. 일반적으로 경쟁이 심한 키워드의 경우 파워링크 열 개, 비즈사이트 다섯 개로 총 열다섯 개의 광고가 노출되며, 경쟁이 없는 키워드의 경우는 파워링크가 세 개까지 노출된다.

```
파워링크  '사회복지사2급' 관련 광고입니다. ⓘ                          클릭초이스 등록 >

격이다른 서울디지털평생교육원   www.sdulife.com
최초우수기관 2014교육부장관상, 이수보장 사회복지사2급 최대60%, 8/18개강

모바일 실시간진도반영 유비온   www.iubion.com
친구랑 할인받는 8월 사회복지사2급개강반! 편한실습연계, 맞춤학습설계로 초 단기취득

사회복지사 15만수강 위더스   www.edu2080.co.kr
과제 단 1번으로 이수! 무료 재수강 혜택! 사회복지사2급 실습연계율 100%!

사회복지사 55%할인 한올   www.paranhanul.net
2015 국가콘텐츠품질인증, 실습100%, 사회복지사2급 무료재수강 보장!

전과목 교육부인증기관 한원평   www.learn.or.kr/
F학점모여라 60%할인 패자부활전! 사회복지사, 보육교사, 타교육원 수강생도 OK

스마트하게 한국보육교사교육원   www.cyberi.or.kr
8월 개강! 사회복지사 특급할인, 모바일수강으로 사회복지사2급 준비 끝!

사회복지사2급 케이스터디   www.kstudy.co.kr
15년전통 사회복지사2급 50%할인+무료1과목, 민간자격 무료수강, 실습포함전과목

남서울대학교 원격평생교육원   nsucyber.nsu.ac.kr
선착순60,000원, 60%할인, 실습연계, 모바일출석, 학위취득, 민간자격증무료

고용노동부최우수A등급 패스원   welfare.passone.net
사회복지사2급자격증 빠른취득, 50%할인, 실습 100%연계, 모바일 출석가능

사회복지사 취득은 여기스터디   www.yeogicyber.co.kr
9월9일개강, 상담만받아도 56%할인, 무시험자격증취득 사회복지사2급
```

▲ '사회복지사2급' 검색 시 검색광고

비교적 경쟁이 심한 '사회복지사2급'을 검색하면 파워링크 열 개, 비즈사이트 다섯 개로 총 열다섯 개의 광고가 노출된다.

```
파워링크  '사회복지사3급자격증취득' 관련 광고입니다. ⓘ              클릭초이스 등록 >

사회복지사2급 케이스터디   www.kstudy.co.kr
15년전통 사회복지사 50%할인+무료1과목, 민간자격 무료수강, 실습포함전과목

서울문화예술대학교 시간제수업   time.scau.ac.kr
사회복지사, 보육교사, 평생교육사, 유망자격증 실습신청 선착순모집! 08/14마감

서울문화예술대학교 평생교육원   life.scau.ac.kr
대학부설 안전성100%, 1과목 신청해도 50%장학, 08/18마감 선착순 모집!

                                                                더보기
```

▲ '사회복지사3급자격증취득' 검색 시 검색광고

반면 경쟁이 심하지 않은 '사회복지사3급자격증취득'의 경우는 파워링크가 총 세 개만 나온다.

검색광고는 CPC 광고이다. 클릭당 입찰가가 높은 업체가 1위에 노출되며, 통합검색은 물론 블로그 검색 탭, 블로그 글 하단(애드포스트), 지식iN 글 하단, 뉴스, 웹툰 등 다양한 영역에 노출된다. 네이버 검색광고를 집행할 때는 앞서 언급한 키워드 추출 방법으로 다양한 키워드를 추출해 집행해보는 것이 좋다. 클릭이 없으면 비용은 발생하지 않으니 부담 없이 할 수 있다.

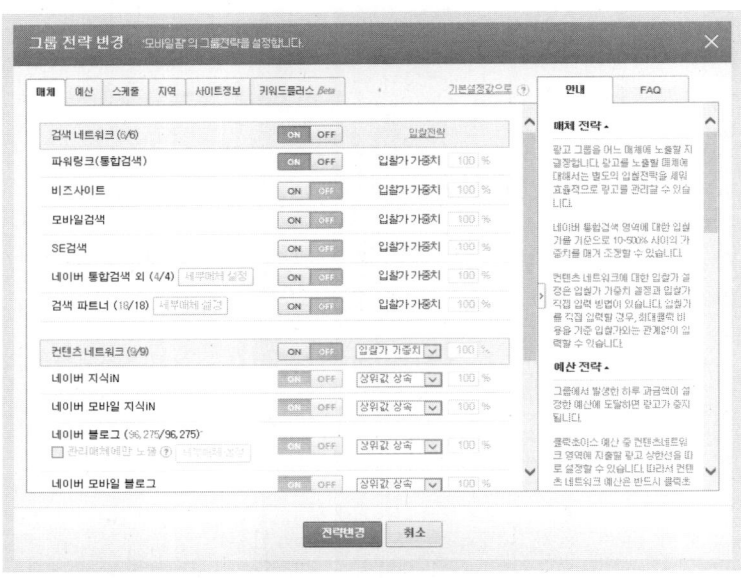

▲ 네이버 검색광고의 그룹 전략 변경 화면

그리고 광고 집행 시 옵션을 설정해 타깃 고객에게 최대한 노출시키는 것이 중요하다. 단순히 입찰가를 조정해 순위를 높히고 낮추는 전략 외에도 노출되는 영역과 요일, 그리고 지역 등을 설정할 수 있다. 일반적으로 통합검색에 노출되는 광고가 광고 효율이 좋은 편이며, 휴일이 있는 업체의 경우와 지역 옵션이 필요한 경우에는 적절한 옵션을 선택해 활용하면 된다.

네이버 검색광고는 네이버에서 허가한 공식 광고대행사에서 진행해도 되고 본인이 직접 진행해도 된다. 보통 100만 원 이하로 광고를 집행할 경우 광고대행사에서 잘 받아주지 않는다. 광고대행사는 광고주가 사용한 광고비의 몇 %를 네이버에서 수수료로 받기 때문에 가급적 광고비를 많이 쓰는 광고주를 관리하는 것이 덜 수고스럽고 남는 장사이다. 그래서 소액 광고를 집행할 경우에는 본인이 직접 해야 하는 경우가 많다. 본인이 직접하면 광고비의 5%를 포인트 형태로 돌려주는 혜택이 있으며, 검색광고에 관한 다양한 교육 프로그램이 있다. 그래서 마음만 먹으면 공짜로 키워드 광고를 배울 수 있다. 네이버도 광고대행사에 수수료를 주느니 광고주들이 직접 운영해 5% 주는 게 남는 장사이기 때문이다.

네이버 마케팅을 하면서 내가 원하는 키워드를 가장 쉽게 노출시킬 수 있는 방법이 바로 검색광고이다. 예를 들어 새로 개원하는 한의원이 있다고 하자. 구파발 쪽에 위치하고 있는데, 이 한의원은 지역 키워드와 질환 키워드의 조합이 매우 중요해 '구파발 틱장애', '은평구 총명탕', '연신내역 수험생보약' 등 지역 키워드를 우선적으로 노출시켜야 했다. 그래서 지역 키워드와 질환 키워드를 조합해 키워드를 추출해봤더니 600개 정도의 키워드가 나왔다. 그런데 마케팅에서 두 가지 애로사항이 있었다. 노출이 잘되는 블로그와 카페가 없는 것이 첫 번째 문제였고, 600개의 키워드를 중심으로 마음잡고 마케팅할 인력과 시간이 없는 것이 두 번째 문제였다. 그래서 택한 방법은 600개의 키워드를 키워드 광고로 진행하는 것이었다. 메인 키워드에 비해서 지역 키워드는 조회 수가 많지 않지만 실제 병원에 내원할 수 있는 고객이 검색한다는 점에서 매우 중요한 키워드이다. 이 경우 짧은 시간에 효과적인 노출을 위해서 키워드 광고가 매우 중요하다.

광고비에서 검색광고가 차지하는 비중은 차이가 있겠지만, 검색광고는 꼭 필요한 광고로 적절하게 활용하길 추천한다.

2. 돈 주면 블로그 상위에 띄워준다는 파워컨텐츠

'블로그 상위 노출시켜드립니다'라는 광고 문구를 봤다면 어느 광고대행사의 어뷰징 광고라고 생각했을지도 모른다. 그런데 네이버에 이런 광고 상품이 있다. 두 눈을 의심하겠지만 공식 광고 상품이다. 바로 네이버 '파워컨텐츠mktgcenter.naver.com'이다.

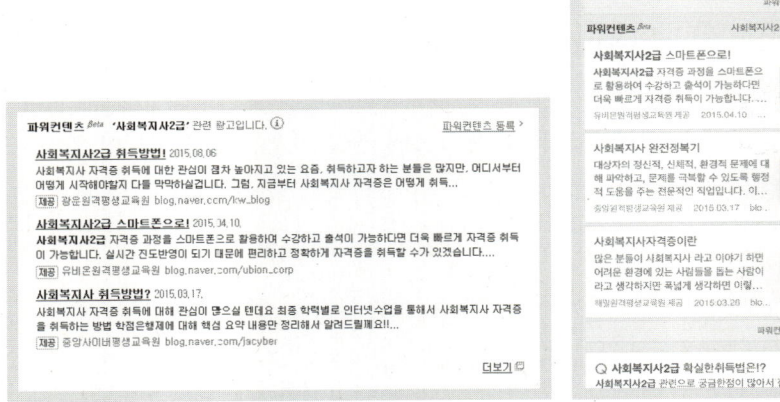

▲ PC(좌)와 모바일(우)에서의 네이버 '파워컨텐츠' 영역

CPC 광고 상품으로 현재 PC와 모바일에서 노출되며 총 세 개가 노출된다. 네이버 블로그의 콘텐츠를 블로그 지수에 상관 없이 입찰가에 의해 상위에 노출시켜주는 것이다. 블로그 영역과는 별도로 구분된 '파워컨텐츠'라는 영역에 노출되며 블로그 본문에 홈페이지로 유입되는 링크나 전화번호를 삽입할 수 있다.

네이버 파워컨텐츠에 대해서는 말이 많다. 과거 암암리에 블로그 상위 노출을 시켜주고 돈을 챙겼던 광고대행사의 입장에서는 골목상권 침해라고 할 수 있고, 블로그 상위 노출을 강의하는 강사들 입장에서는 나름의 노하우로 블로그 키우는 방법을 알려줬는데 이제는 키울 필요 없이 광고만 하면 상위에 노출되니 말이다.

하지만 광고를 집행해야 하는 광고주 입장에서는 보다 효과적으로 광고를 집행할 수 있어 좋다. 과거 광고대행사를 통해서 블로그 상위 노출을 시켰을 때는 광고비가 천차만별이었고, 100% 안정적인 노출이 보장되지 않았다. 블로그 상위 노출 강의 역시도 강사의 경험에서 나온 내용이기에 100% 신뢰하기 힘들었으며 이 역시 안정적인 노출을 보장하지 않았다. 그러나 네이버 파워컨텐츠는 입찰을 통해 안정적인 노출이 가능하고, 시간별로 노출 여부를 설정할 수 있다. 물론 세 개만 노출되기 때문에 입찰 경쟁이 심하다. 노출 순위, 시간 등의 전략적 운영이 필요하다.

▲ 파워컨텐츠 작성 가이드라인

이렇게 잠재력이 있는 네이버 파워컨텐츠이지만, 아쉬운 부분 역시 존재한다. 대표적으로 콘텐츠를 구성하는 데 제한이 너무 많다. 광고 상품의 이름과 같은 '콘텐츠'를 강조하고 있는데, 블로그 글 본문을 제공자 소개, 정보성 콘텐츠(1000자 이상), 홍보성 콘텐츠로 영역을 구분해서 만들게 되어 있다. 즉 평소 포스팅한 내용을 파워컨텐츠에 사용하기에는 무리가 있으며, 별도로 콘텐츠를 만들어야 한다. 또한 내가 원하는 키워드로 광고를 집행할 수 있는 것이 아니라 네이버에서 제공해주는 '구매 가능 키워드 리스트'에 등록된 키워드만 광고로 집행할 수 있다.

아직까지 출시된지 얼마 안 되었기 때문에 부족한 부분이 많다. 하지만 이런 부분은 시간이 지날수록 광고주가 만족하는 방향으로 변할 것이다. 광고주가 사용하지 않는 광고 상품은 의미가 없기 때문이다. 그래서 블로그 마케팅을 할 때는 단순히 내 블로그를 키워서 상위에 노출시키는 데 모든 에너지를 쏟지 말고 필요에 의해서 네이버 파워컨텐츠를 적극적으로 활용하길 추천한다.

3. 네이티브 광고란?

최근 스마트폰을 이용해 많은 시간을 보내는 곳이 SNS이다. 대표적인 SNS가 페이스북과 카카오스토리이다. 초창기에는 내 소식을 올리고 지인의 소식을 보는 것이 주된 SNS 용도였다면 지금은 미디어로서의 역할을 하고 있다. 지인의 소식뿐만 아니라 뉴스, 동영상, 이슈 등을 모두 SNS에서 소화하고 있다. 만약 이러한 SNS 타임라인에 광고를 낸다면 많은 사람에게 내 콘텐츠를 노출시킬 수 있을 것이다. 이것을 네이티브 광고라고 하며, 다양한 소식 사이에서 정보성 소식처럼 노출되기 때문에 거부감이 들지 않는다는 장점이 있다.

▲ 카카오스토리(좌)와 페이스북(우)에 노출되고 있는 네이티브 광고

실제로 미국 광고 업체의 MDG애드버타이징MDG Advertising의 조사에 의하면 네이티브 광고가 배너 광고보다 브랜드 충성도 면에서 32% 더 높게 나왔으며, 제품 구매 의향 역시 네이티브 광고가 52%로, 배너 광고의 34%보다 높게 나왔다. 중요한 부분이 클릭률인데 네이티브 광고가 배너 광고에 비해서 49배 높게 나왔으며, CPC는 54%나 저렴했다. 이는 기존의 배너 광고보다 네이티브 광고가 고객들에게 보다 효과적인 노출이 되고 있다는 이야기다. 이렇게 배너 광고에 비해서 효과가 좋은 이유는 바로 고객을 타기팅할 수 있기 때문이다.

카카오스토리와 페이스북은 가입할 때 대부분의 개인정보를 수집한다. 그리고 글을 작성하는 패턴을 분석해 우리의 취미와 관심사를 알아낸다. 그리고 이 정보를 광고에 적극적으로 사용한다. 카카오스토리 타임라인에 노출되는 카카오 모바일 광고의 타기팅 옵션은 안드로이드인지 iOS인지부터 성별, 지역, 연령, 관심사 등 모두 설정해 내 광고를 구매할 가능성이 높은 고객에게 노출시킬 수 있다. 배너 광고와 키워드 광고는 이렇게까지 구체적으로 타기팅할 수 없다.

물론 네이티브 광고는 검색광고에 비해서 전환율은 떨어진다. 다만 검색광고와 달리 이미지 중심의 광고가 노출되어 클릭하지 않더라도 고객에게 인지되고, 비교적 정확한 타기팅이 가능하며, 아직까지는 검색광고에 비해서 저렴하다는 장점이 있기 때문에 꼭 활용해보길 추천한다.

4. 나에게 효과적인 광고 운영 전략

필자가 컨설팅한 단식원의 경우는 처음 오픈했기 때문에 기존의 마케팅 결과물이 없었다. 그래서 짧은 시간에 다양한 고객들에게 노출되어 단식원의 존재를 알리는 것이 중요했다. 초기에는 검색광고와 네이티브 광고를 함께 진행했고, 진행하는 동안 블로그와 네이버 포스트, 지식iN 등을 통해서 콘텐츠를 생산하고 노출시켰다.

시간이 지나니 어느 정도 네이버 통합검색에 광고 외의 콘텐츠가 다양하게 노출되었다. 이렇게 되면 광고의 비중을 줄일 수 있다. 광고는 특별한 경우, 예를 들어 여름철 비키니 몸매를 갖고 싶어 하는 고객을 대상으로 4~5월에 대대적으로 진행했다. 노출량을 늘리기 위해서 메인 키워드인 '단식원', '비키니다이어트' 등의 키워드로 광고를 집행했으며, 카카오스토리와 페이스북을 통해 단식원에 방문할 수 있는 지역의 '20~40대' 여성들에게 광고를 노출시켰다. 키워드 광고 및 카카오스토리와 페이스북에서 광고를 본 고객들은 자연스럽게 네이버에서 이 단식원에 대한 정보를 다시 찾는다. 사이트와 공식 블로그에 방문해 운영자의 글도 읽어보고, 블로그나 카페에서 이 단식원에 직접 체험한 고객들의 후기도 읽었다. 이 과정에서 고객들은 단식원에 대해 긍정적인 느낌을 받아 상담으로 이어지게 되었다. 실제 이벤트 기간 동안 고객의 예약 성사는 오픈 초기 예상에 비해서 20% 이상

높았다.

광고의 중요성은 광고를 집행해 시의적절할 때 노출되어 고객의 유입을 유도할 수 있다는 것이다. 광고를 집행하면 노출량이 늘어난다. 즉 내 콘텐츠를 보는 고객이 늘어난다. 이때 콘텐츠가 고객에게 만족도만 준다면 노출량은 곧 매출로 이어질 수 있다. 이제 적절한 광고 상품을 활용해 매출 증대를 이뤄보자!

6단계

기존 고객을 관리하는 시스템 만들기

01 잦은 노출의 중요성

네이버 통합검색에서 콘텐츠를 노출시킨다는 것이 신규 고객에게 내 브랜드를 알리기 위한 가장 매력적인 마케팅 수단이라는 것을 알게 되었을 것이다. 이를 통해 신규 고객을 내 홈페이지에 유입시켜서 첫 구매가 이뤄진다면 다음에 해야 할 것은 신규 고객을 내 브랜드의 충성 고객으로 만드는 일이다. 어떻게 하면 신규 고객이 충성 고객이 될 수 있을까? 해답은 잦은 노출과 '너에게만 주는 혜택'이다.

1. 자주 보면 정이 든다

자꾸 보면 정이 든다는 말이 있다. 이 말은 사회 생활에서만 국한된 것이 아니다. 온라인 마케팅에서도 적용할 수 있다. 설문조사 기관인 다이내믹로직Dynamic Logic에 따르면 고객에게 브랜드가 자주 노출될수록 브랜드의 인지도는 높아지고 이는 매출로 이어진다고 했다. 즉 내 브랜드를 고객들에게 자주 노출시키는 것이 충성팬으로 만드는 데 가장 중요하다는 것이다.

그렇다면 어떻게 하면 기존 고객에게 쉽게 노출될 수 있을까? 신규 고객에게 적극적으로 노출되기 위해서는 적절한 키워드로 네이버 통합검색에 노출되는 것이 중요하다. 그리고 이 경우는 고객을 수동적으로 기다릴 수밖에 없다. 그러나 기존 고객은 다르다. 적극적으로 어필해야 한다. 왜냐하면 이미 고객의 정보를 가지고 있기 때문이다. 회원가입 혹은 제품 구매를 통해서 고객의 이름과 연락처, 주소, 이메일 등을 알 수 있으며, 이 정보를 통해서 기존 고객에게 '적극적으로 노출'될 수 있는 것이다. 여기서 '적극적으로 노출'될 수 있다는 것은 내가 원할 때 고객에게 내 콘텐츠를 줄 수 있다는 것을 뜻한다.

청송사과의 경우 9월부터 사과가 나오기 시작해 다음 해 2월에 판매가 완료된다. 즉 9월부터 다음 해 2월까지 고객에게 최대한 노출되는 것이 중요하다. 이때 고객의 전화번호, 이메일, 카카오톡 등을 활용해 청송사과 구매에 대한 정보를 준다. 이미 한 번 구매했던 고객이기 때문에 과거의 경험이 만족스러웠다면 신규 고객보다 쉽게 구매를 결정할 것이다.

내가 원할 때 내 콘텐츠를 노출하고 고객이 보다 쉽게 구매를 하게 되는 것! 이것이 기존 고객을 마케팅했을 때 얻을 수 있는 장점이다. 이 장점을 맛보기 위해서 일단 고객들에게 어떻게 하면 자주 노출될 수 있을지 노출 전략을 짜는 것이 우선이다.

2. 잦은 노출에 필요한 마케팅 채널

기존 고객에게 마케팅하기 위한 채널은 무엇이 있을까? 일단 기존 고객이 많이 보는 채널이어야 한다. 과거에는 이메일과 문자 메시지가 대표적인 마케팅 채널이었으나 현재 이 채널의 오픈률은 그리 높지 않는 편이다. A 쇼핑몰에서 이메일과 문자 메시지를 보냈을 때 고객이 콘텐츠를 확인하는 오픈률은 이메일의 경우 2%, 문자 메시지의 경우 10% 이내였다. 물론 업종마다 다르지만 오픈률은 비슷한 수준이다. 그래서 기존의 이메일과 문자 메시지를 활용하는 것은 물론 고객들이 자주 사용하는 새로운 마케팅 채널을 찾는 것이 매우 중요하다. 대표적인 것이 카카오톡이다. 우리나라 대부분 사람이 사용하는 카카오톡에 내 콘텐츠를 노출시킨다면 노출량과 고객의 오픈률은 더 높아질 수 있다.

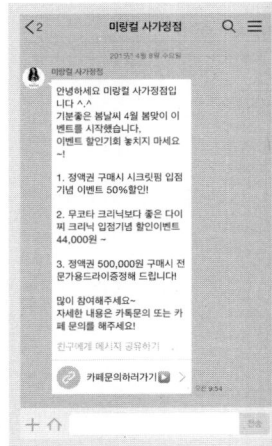 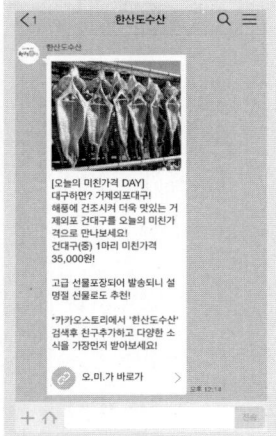

▲ 카카오톡 옐로아이디의 전체 메시지 발송 화면

따라서 '카카오톡 옐로아이디yellowid.kakao.com'를 주목해야 한다. 기존 카카오톡과 달리 친구 수의 제한이 없을 뿐만 아니라 전체 메시지 기능도 있다. 단체 문자 메시지를 보내는 것과 동일하게 단체 메시지를 보낼 수 있다. H 수산물 쇼핑몰에서 카카오톡 옐로아이디를 통해 전체 메시지를 3회 보냈을 때 13.27%, 15.10%, 15.99%로 기존 이메일과 문자 메시지에 비해서 높은 오픈율을 보였다. 아직 카카오톡을 통해서는 이메일과 문자 메시지에 비해서 광고성 내용이 많지 않고 스마트폰의 푸쉬 알람 기능으로 인해 오픈율이 높은 것으로 생각된다.

2014년 8월에 출시된 카카오톡 옐로아이디는 아직 많은 업체에서 사용하지 않고 있는 새로운 서비스이다. 고객들은 카카오톡을 이미 많이 사용하고 있지만 마케터는 아직 많이 사용하지 않는 아주 매력적인 채널이다. 지금 바로 사용해 고객에게 노출시키자.

3. 고객 정보의 DB화가 중요한 이유

앞서 콘텐츠를 생산하기 위해서 글감을 항상 생각하고 기록해야 콘텐츠를 생산할 때 한결 쉬워진다는 것을 살펴봤다. 고객 정보 역시 동일하다. 고객의 재구매를 일으킬 수 있는 주제에 따라 데이터베이스DB를 필터링해놓으면 유리하다.

B 쇼핑몰의 사례를 살펴보자. B 쇼핑몰에서는 유산균을 기본 3개월 패키지로 판매한다. 유산균은 제품의 특성상 지속적으로 구매를 하는 제품이다. 그래서 오늘 기준으로 유산균을 구매한지 3개월이 되는 고객들만 필터링해서 문자 메시지를 발송해 모바일에서 바로 재구매할 수 있도록 유도한다. 물론 재구매 고객들은 조금 더 저렴한 가격에 유산균을 구매할 수 있다. C 수산물 쇼핑몰의 경우에는 자연산 바다장어를 판매하는데, 작년에 자연산 바다장어를 구매한 고객들에게 저렴한 가격으로 바다장어를 재구매할 수 있도록 카카오톡과 이메일을 보내고 있다.

실제로 많은 쇼핑몰과 매장에서는 고객을 연령대별로 필터링해서 20대 남자에게는 화이트데이 때 여자 친구에게 줄 선물 제안을, 20대 여자들에게는 발렌타인데이 때 남자 친구에게 줄 선물 패키지 제안을 카카오톡, 문자 메시지, 이메일 등을 사용해서 알려준다. DB 활용은 이외에도 아이 엄마에게 어린이날 선물을 추천할 수가 있고, 20대 청년들에게 어버이날 선물을 추천할 수도 있다. 아주 간단한 예만 들었지만 핵심은 이미 내가 가지고 있는 고객의 회원 정보를 매출로 연결시키기 위해서 필터링하고 거기에 맞는 제품이나 패키지를 제안한다는 데 있다. 신규 고객에게는 절대로 할 수 없는 마케팅 방법이다. 이미 내 제품을 구매했거나 관심을 보이는 고객에게 시의적절할 때 적극적으로 노출시키는 방법의 시작은 전략적인 고객 정보의 DB화에 있음을 잊지 말자.

4. 노출 시기는 언제가 좋은가

네이버 마케팅은 성수기가 오기 전에 블로그와 포스트, 지식iN 등에 콘텐츠를 배포해야 한다. 그래야 성수기에 고객들이 키워드로 검색할 때 비교적 안정적으로 노출시킬 수 있다. 물론 키워드 광고의 경우는 성수기에 적극적으로 노출시켜야 한다.

그렇다면 재구매 고객에게는 언제 어떻게 노출시켜야 좋을까? 바로 성수기에 적극적으로 노출시켜야 한다. 우선 성수기를 알기 위해서는 네이버 트렌드를 적극적으로 활용해야 한다.

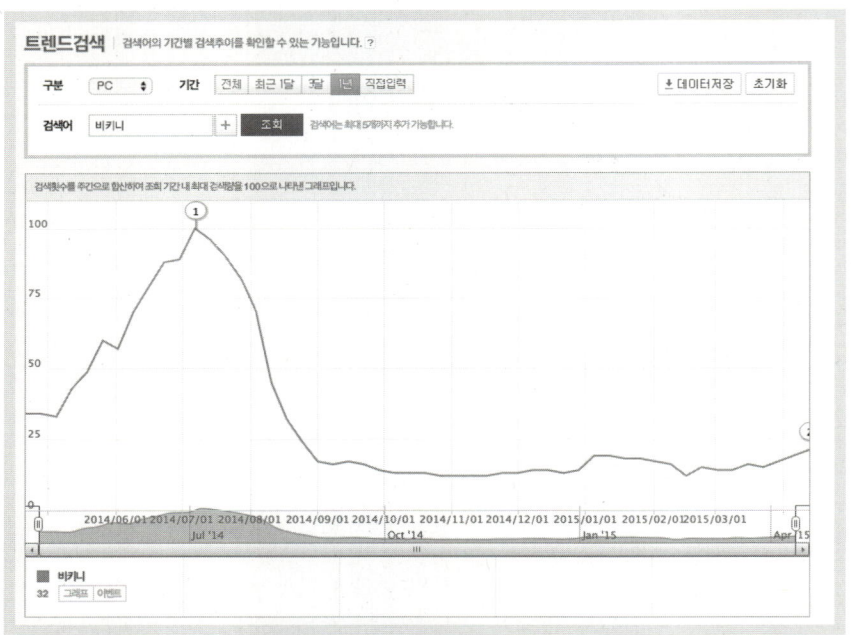

▲ 네이버 트렌드를 통해 알아본 '비키니'의 검색량 추이

그림은 네이버 트렌드를 통해 '비키니'를 검색했을 때의 검색량 추이다. 6월부터 늘어나기 시작해 7월의 검색량이 제일 많다. 검색량이 늘어나고

있다는 것은 고객들의 관심이 많고 구매할 욕구가 충만하다는 의미이다. 그래서 6~8월 사이에 고객들에게 '비키니를 너에게만 저렴하게 판매할테니 구매하라'는 메시지를 준다면 다른 시기에 메시지를 봤을 때보다 구매할 가능성이 높다. 따라서 기존 고객에게 메시지를 보내려면 성수기 전에 보내는 것이 가장 좋다.

H 수산물 업체에서 취급하는 수산물은 수십 가지이다. 그리고 생물이기 때문에 각각의 제품들은 자신만의 성수기를 가진다. 예를 들어 '돌문어'와 '털게'의 성수기는 다르다. 한 한의원에서는 봄여름가을겨울에 따라서 오는 환자의 질환이 다르다. 봄과 가을에는 비염 환자가 많지만, 겨울에는 아토피 환자가 많다. 즉 고객의 스마트폰이나 이메일로 전달한 콘텐츠도 시의성을 가지고 적절한 콘텐츠를 전달해야 한다. 그래서 우선 자신이 가진 아이템을 네이버 트렌드에서 검색량 추이를 파악하고 성수기가 언제인지 그리고 언제 재구매를 위한 메시지를 보낼 것인지 구체화시키자.

02 | 기존 고객을 위한 혜택

브랜드 마케팅에서 중요한 것은 고객에게 지속적으로 노출되는 것이다. 고객이 신규 방문자로 내 사이트에 왔을 때보다 재구매 고객으로 이미 두세 번의 구매 경험이 있을 때 내 브랜드에 대한 충성도가 높은 것은 당연하다. 충성도가 높다는 것은 재구매를 지속적으로 할 가능성이 크다는 것이다. 고객을 자꾸 내 홈페이지 들어오게 하고 구매하도록 유도하는 것이 브랜드의 충성도를 높이는 길이다.

그렇다면 어떤 콘텐츠를 지속적으로 노출시켰을 때 고객은 내 홈페이지에 들어오고 구매할까? 지금부터 알아보자.

1. 충성 고객을 만들 콘텐츠

고객이 원하는 것은 브랜딩에 맞는 제품 그리고 콘텐츠이다. 신규 고객으로 왔든 기존 고객으로 왔든 고객이 나에게 듣고 싶은 이야기는 브랜드에 대한 이야기이다. 차이가 있다면 신규 고객은 검색을 통해 힘들게 정보를 찾아야 하지만 기존 고객은 시의적절할 때 스마트폰이나 이메일로 브랜드 정보를 전달하면 된다.

예를 들면 '제초제를 치지 않는 사과'에 관심이 있어 사과를 구입한 고객에게 지속적으로 전달해야 하는 콘텐츠는 '제초제를 치지 않는 사과'에 대한 이야기이다. 실제 제초제를 치지 않으면 땅에 지렁이가 굉장히 활발하게 활동한다. 제초제를 치는 과수원에서는 볼 수 없는 현상이다. 이런 지렁이에 대한 이야기도 브랜딩하기에 아주 매력적인 아이템이다. 또한 농부의 땀 흘리는 모습이나 맛있게 여물고 있는 과수 전경 등 모두 브랜딩하기에 매력적이다. 이런 콘텐츠를 홈페이지나 블로그에 넣어서 고객들에게 전달해야 한다.

단순히 고객들에게 '내 사과 사라~ 사라~' 압박을 주는 메시지를 전달해서는 안 된다. '당신이 먹는 이 사과는 이렇게 소중하게 키우고 있습니다'라는 메시지를 전달해 고객에게 신뢰감을 주고 그들의 마음을 잡는 것이 더 중요하다.

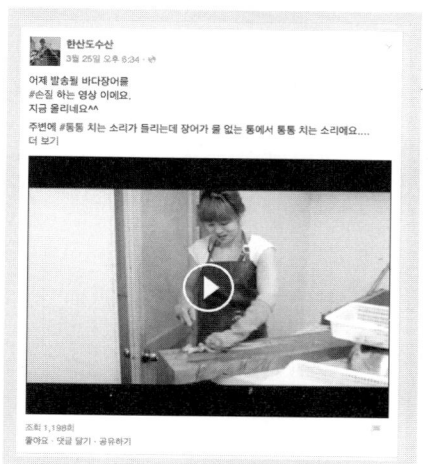 

▲ H 수산물 업체의 바다장어 관련 동영상 콘텐츠

　그림은 H 수산물 업체에서 만든 동영상 콘텐츠이다. 화려한 효과는 없지만 바다장어의 힘이 느껴지고 깔끔하게 손질되었다는 것을 고객에게 알려주고 있다. 이 콘텐츠에는 바다장어를 지금 구매하라는 메시지가 없다. 그러나 고객들은 이미 알고 있다. 이렇게 싱싱하고 깔끔하게 관리되는 바다장어라면 믿고 구매할 수 있다고 말이다. 그리고 이 신뢰는 구매로 이어질 것이다.

　고객이 나에게 돈을 쓴 이유는 브랜딩된 제품이 마음에 들어서이다. 그리고 제품에 대한 만족도가 있다면 이 제품을 계속 사용할 것이다. 제품에 대한 만족도를 높이기 위해서 이 제품만이 가지는 장점들을 지속적으로 이야기하는 것이 중요하다. 자꾸 보면 정 드는 것과 같은 이치이다. 콘텐츠를 보게 되면 브랜드에 대한 충성도는 함께 올라가게 될 것이다. 고객들에게 내 이야기를 하자!

2. 재구매 유도 전략

브랜딩된 콘텐츠를 고객들에게 지속적으로 노출시킨다면 브랜드에 대한 충성도가 올라간다. 그렇다면 이제 충성도가 올라간 고객의 지갑을 열자. 핵심 키워드는 '특별한 너에게'이다. 단순히 10% 할인을 해주는 것보다 당신이기 때문에 10% 할인을 해주는 것이 중요하다. 명분이 중요하다.

▲ 명분 있는 이벤트를 하고 있는 예시

좌측 그림의 이벤트를 먼저 살펴보자. 어린이날 모든 엄마는 고민한다. 특히 어린이집 선물까지 생각해야 했다면 더 고민되기 마련이다. 그런데 이 이벤트는 '특별한 네가 고민하는 어린이집 선물의 해답은 이것!'이라는 콘셉트로 고민의 해결책을 제시해준다. 이 이벤트는 어린이집에 아이를 보내지 않는 처녀, 총각 혹은 아이가 이미 훌쩍 큰 학부모 등에게는 전혀 의미가 없다. 어린아이를 자녀로 둔 학부모라는 명확한 타기팅으로 목적이 뚜렷한 콘셉트를 잡았다.

우측 그림은 카카오톡 친구들에게만 보내는 특가 이벤트이다. '카톡 친구인 특별한 너에게만 할인해줄게'라는 콘셉트로, 할인 금액은 카카오톡 친구가 아니면 받아볼 수 없다. 이는 충성도가 높은 고객들에게 보다 다양한 혜택을 주는 전략이다.

  이처럼 브랜드 충성도가 높은 고객에게 명분 있는 혜택을 주는 것이 적극적인 구매를 유도할 수 있는 좋은 전략이라는 점을 명심하자.

마무리

통계로 마케팅 성과 확인하기

01 마케팅 채널의 통계 분석

　지금까지 브랜딩된 콘텐츠를 네이버 통합검색에 노출되는 다양한 영역에 퍼트리는 방법에 대해서 알아봤다. 이제 마케팅 채널의 효과를 알아보자. 고객들이 어떤 키워드를 통해서 들어오는지, 어떤 경로로 들어오는지를 파악해야 한다. 다만 블로그나 카페, 네이버 포스트 등의 마케팅 채널에서 제공하는 통계는 한계가 있기 때문에 홈페이지의 통계와 연동해서 봐야 좀 더 명확한 마케팅 효과를 측정할 수 있다.

1. 블로그 통계 분석하기

네이버 블로그의 통계를 중심으로 알아보자. 많은 통계를 제공하는 듯하지만 막상 마케팅에 도움이 되는 정보를 그리 많지 않다. 그래서 네이버 블로그에서 중점적으로 봐야 할 통계는 세 가지이다. 바로 방문자 수, 검색 유입 그리고 유입 URL이다. 하나씩 알아보자.

1 방문자 수

우선 '방문자수', '방문횟수', '페이지뷰'를 정리하자.
　'방문자수'는 내 블로그에 방문한 사람이 몇 명인지 알수 있다. 한 방문자가 내 블로그에 세 번 방문한다고 해도 방문자 수는 +1 이상 올라가지 않는다. '방문횟수'는 몇 번 블로그에 방문했는지 알 수 있는 통계이다. 한 방문자가 30분 간격으로 두 번 블로그에 방문한다면 방문 횟수는 +2가 된다. 그런데 통계에서 잡히지 않는 경우가 두 가지 있다. 첫째, 로그인한 상태에서 블로그 주인이 자신의 블로그에 방문한 경우, 둘째, 이미 방문했던 사람이 30분 이내 다시 방문한 경우이다. 참고로 로그인하지 않고 블로그 주인이 자신이 블로그에 방문했다면 방문 수에 집계된다. '페이지뷰'는 내 블로그에서 방문자가 읽은 '총 포스트 페이지+목록 보기 수'를 의미한다. 페이지뷰가 높으면 높을수록 고객이 내 블로그에 오래 머물러 다양한 글을 읽었다고 예상할 수 있다. 다만 프로필, 안부게시판, 프롤로그를 읽은 수는 포함되지 않는다.

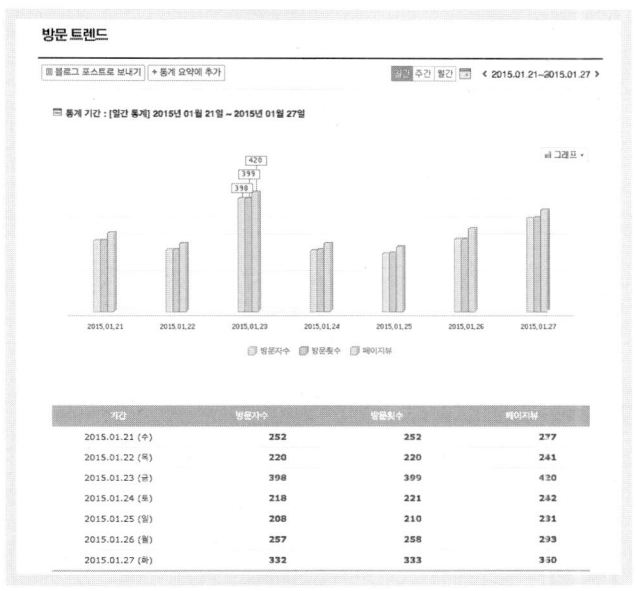

▲ 필자의 개인 블로그 방문자 수

일반적으로 수치가 높은 것은 '페이지뷰 > 방문횟수 > 방문자수' 순이다. 여기서 주목해야 하는 것은 방문 횟수가 일정하게 유지되고 있거나 비교적 소폭으로 상승하고 있는지이다. 네이버 블로그를 운영하면서 무엇보다 조심해야 하는 것은 방문자의 급등 혹은 급락인데, 블로그 방문 횟수가 급등

하고 난 뒤 며칠 후 저품질로 빠지는 사례가 보고되고 있다. 의도하지 않았는데 방문자가 급등했다면 키워드를 타기팅하지 않은 일상글을 일주일 정도 적어주는 게 유리하다. 반면 방문 횟수가 급락하면 저품질이나 3페이지 블로그로 빠졌을 가능성이 높다. 그래서 방문 횟수를 유심히 관찰하면서 내 블로그에 이상이 있는지 없는지 확인해야 한다. 즉 방문 횟수는 단순히 숫자가 늘었다고 잘 운영하는 게 아니라 블로그가 문제없이 잘 노출되고 있는지 모니터링하는 과정이라고 보면 된다.

2 검색 유입

블로그 통계를 보면 1위부터 10위까지 내 블로그의 유입된 키워드 통계를 볼 수 있다. 일단 여기서 유의할 점은 1위부터 10위까지의 유입 키워드 중 내 브랜드와 관련된 키워드가 최소 50% 이상은 되어야 한다.

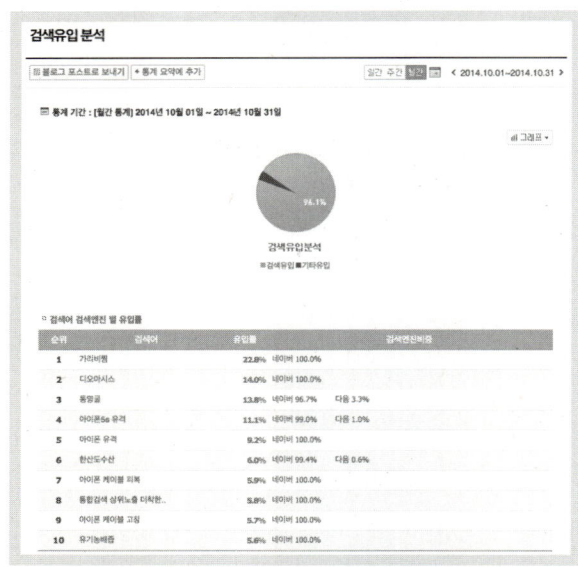

▲ 필자의 개인 블로그 한 달 간 통계

만약 그림의 블로그가 마케팅을 주제로 운영하는 블로그라고 한다면 키워드 추출과 콘텐츠 생산 면에서 전혀 잘못된 방향으로 마케팅하고 있는 것이다. 왜냐하면 유입 키워드 중 마케팅에 대해 궁금해하는 키워드는 하나도 없기 때문이다. 즉 다수의 방문자가 블로그에 왔지만 매출과는 전혀 상관없다는 뜻이다. 검색 유입 키워드 1위를 기록하고 있는 '가리비찜'을 검색한 고객이 내 블로그에서 가리비찜 글을 보다가 갑자기 마케팅이 궁금해 블로그 강의를 들을 가능성은 거의 없다. 마케팅과 관련 없는 키워드로 오는 유입은 영양가 없는 유입이다. 단순히 방문자가 많다고 좋아할 필요가 없는 이유가 여기에 있다.

순위	검색어	유입수	비율
1	한국마케팅교육원	17	15%
2	모바일마케팅교육	6	5%
3	똘로아이디교육	4	3%
4	카카오톡교육	3	3%
5	모바일광고교육	3	3%
6	스토리채널홍보	3	3%
7	카카오스토리채널소식받기	3	3%
8	모바일광고제작	2	2%
9	카카오스토리채널교육	2	2%
10	스토리채널강좌	2	2%

▲ 필자의 마케팅 블로그 한 달 통계

반면 그림의 통계를 보면 1위부터 10위까지 유입 키워드가 모두 마케팅에 대한 키워드들이다. 마케팅에 대해서 궁금한 고객이 내 블로그에 와서 정보를 보기 때문에 매출을 올릴 가능성이 매우 높다.

이처럼 네이버 블로그의 검색 유입을 통해서 블로그의 방문자가 나의 매출을 올려줄 고객인지 아닌지를 판단할 수 있다. 이러한 판단의 근거는 유입된 키워드이다.

검색 유입 통계를 살펴보면서 조심해야 할 부분이 있는데, 바로 특정 키워드를 통해서 유입이 많은 경우이다. 만약 현재 1위로 유입되고 있는 키워드의 방문 횟수 비중이 80% 넘는다면 블로그 운영에 주의해야 한다. 특정 키워드 하나의 유입에만 의존하고 있다면 이 키워드의 순위가 상승되거나 하락함에 따라서 블로그 방문 횟수에도 큰 영향을 미쳐 저품질이나 3페이지 블로그에 빠질 수 있다. 그렇기 때문에 가급적 메인 키워드를 노리기보다 적절한 세부 키워드를 전략적으로 운영하길 추천한다.

네이버 블로그 통계에서 아쉬운 부분은 10위 이후의 키워드 통계는 나오지 않는 것이다. 앞서 세부 키워드를 통한 마케팅이 중요하다고 했는데 정작 네이버 블로그에서는 세부 키워드를 통한 유입을 확인할 수 없다. 이것이 네이버 블로그 통계의 한계이다. 이를 보완하기 위해 홈페이지 통계와 함께 봐야 한다. 만약 세부 키워드를 제목으로 활용한 블로그 글의 내부 링크를 통해 내 홈페이지에 유입되었다면 이는 유의미한 콘텐츠라고 판단할 수 있다.

3 유입 URL

어떤 경로를 통해서 내 블로그에 들어왔는지 알 수 있는 것이 바로 유입 경로이다. 일반적으로 네이버 통합검색의 노출을 목적으로 하는 블로그는 네이버 통합검색을 통한 유입이 가장 많다.

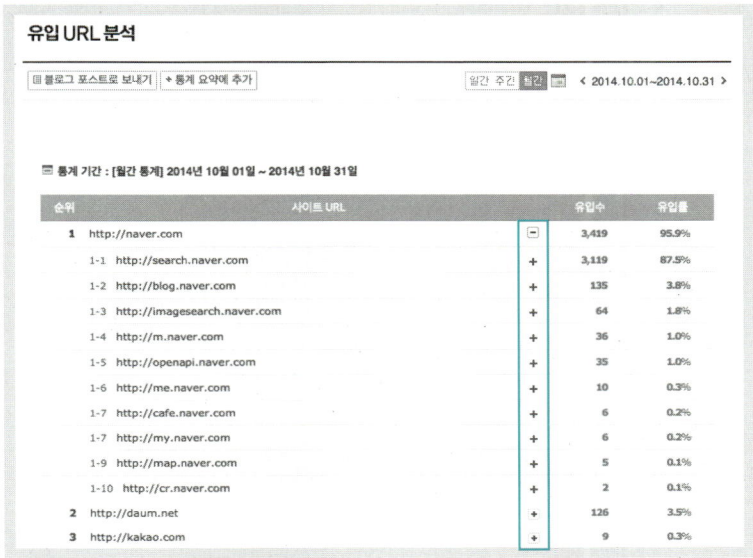

▲ 필자의 개인 블로그 유입 경로

네이버 통합검색으로 들어온 유입이 전체 유입의 87.5%를 차지하고 있다. 보다 정확한 유입 경로를 알기 위해 [+]를 눌러본다.

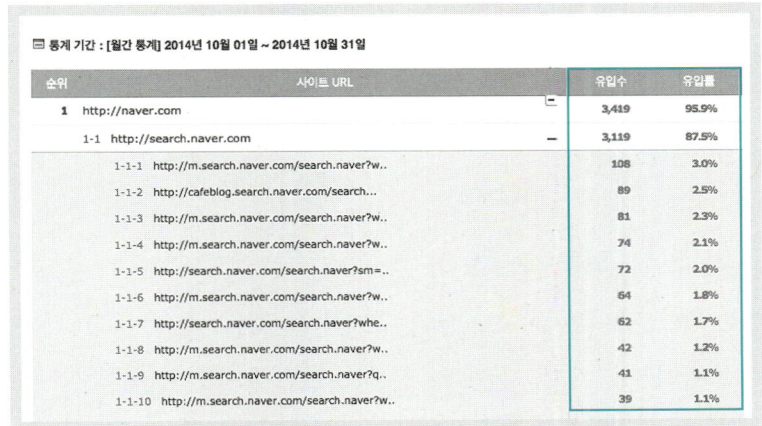

▲ 블로그 유입 경로 중 네이버 통합검색의 자세한 경로

해당 유입 경로의 자세한 경로가 펼쳐지고 '유입수'와 '유입률'을 알 수 있다. 자세한 경로 분석을 알기 위해서 몇 가지 알아야 하는 경로가 있다.

- 모바일 통합웹/블로그탭 m.search.naver.com
- PC 통합검색 search.naver.com
- PC 블로그탭 cafeblog.search.naver.com

위 경로를 통해 분석해보면 필자의 개인 블로그에서 다루는 '육아'라는 아이템의 특성상 모바일 유입이 많았다. '육아'라는 키워드는 아이들을 키우는 30대 여성들이 자주 검색하는 키워드로, 특정 시간에 PC에서 검색해 정보를 찾는 것은 거의 불가능하다. 그래서 언제 어디서든지 쉽게 검색할 수 있는 스마트폰 검색량이 많다. 마케팅을 다루는 블로그의 경우는 PC를 통한 유입이 많았다. 마케팅 정보는 마케터들이 업무 시간이라는 정해진 시간에 PC에서 검색하는 경우가 많기 때문에 모바일보다 PC의 검색량이 더 높다.

이처럼 네이버 유입 URL을 통해서 알 수 있는 것은 고객이 어떤 경로로 내 블로그 글을 많이 보느냐이며, 모바일과 PC 중 어디에서 많이 유입되는지 판단할 수 있다.

2. 네이버 포스트 통계 분석하기

네이버 포스트의 경우 네이버 포스트에 로그인 후 'MY > 설정(톱니바퀴 모양) > 포스트 관리 바로가기 > 통계'의 경로를 통해 통계를 알려준다.

▲ 마케팅을 주제로 운영하는 필자의 포스트 주간 통계

우선 세 가지 용어부터 알아보자.

- 팔로워수   해당 기간 동안 다른 사람이 나를 팔로우한 총 횟수
- 방문수   해당 기간 동안 다른 사람이 나의 MY에 방문한 총 횟수
- 조회수   해당 기간 동안 나의 포스트를 클릭한 총 횟수. 블로그의 '방문횟수'와 동일한 의미

관심을 가져야 할 부분은 '조회수'이다. 블로그의 '방문횟수'와 동일한 의미이다. 기존에는 네이버 포스트 영역에서만 노출이 되었지만 2015년 4월 9일 이후 일부 키워드의 네이버 포스트가 PC의 통합검색은 물론 모바일에서도 비교적 상위에 노출되기 시작하면서 방문자가 늘어나기 시작했다. 그림의 주간 통계를 봐도 4월 9일을 기점으로 방문자 수가 대략 5.5배 정도 증가

한 것을 알 수 있다. 블로그만큼이나 많은 방문자를 유입시키기 때문에 네이버에서의 필수 마케팅 채널이 되었다.

현재 정보성으로 분류되는 키워드에 대해서 포스트 영역이 통합검색에 노출되고 있다. 단 모든 포스트가 노출되는 게 아니라 정보성 키워드를 중심으로 발행한 포스트의 구독자와 좋아요 등이 일정 기준 이상 충족되면 노출된다. 그래서 블로그의 정보성 글을 중심으로 네이버 포스트에 옮기는 것이 중요하고, 고객을 구독자로 유도하고, 댓글과 좋아요 등 관심을 받는 것이 중요하다. 블로그가 그랬듯이 네이버 포스트도 앞으로 알고리즘이 지금보다 더 복잡해질 것이다.

▲ 마케팅을 주제로 운영하는 필자의 포스트 주간 검색유입 분석

네이버 포스트의 '검색유입 분석'은 블로그의 '검색유입' 부분과 동일하

다. 네이버 통합검색 및 네이버 포스트 검색 영역에서 어떤 키워드를 검색해서 내 포스트 글을 봤는지, 타기팅한 키워드가 실제 고객의 검색에서 선택되고 있는지를 알 수 있다. 또한 블로그와 마찬가지로 유입 키워드 중 최소 50% 이상은 내 브랜드와 관련된 키워드여야 한다.

3. 지식iN 집필 통계 분석하기

지식iN 집필은 별도의 통계 자료를 제공하지는 않지만 고객에게 어느 정도의 관심을 받고 조회되고 있는지 추측해볼 수 있다.

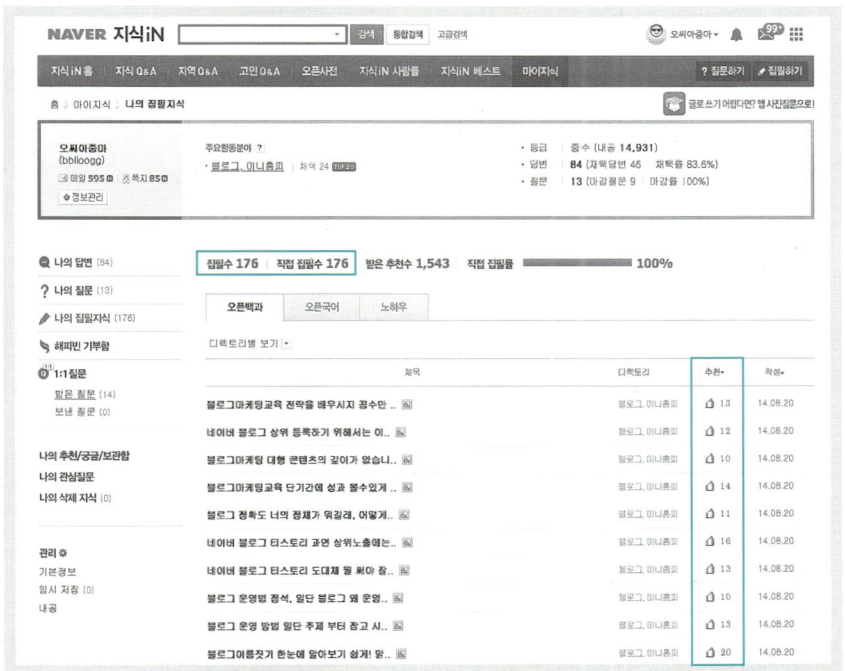

▲ 필자가 운영 중인 지식iN 집필 목록

우선 로그인 후 지식iN에 방문해 '마이지식 > 나의집필지식'을 클릭한다.

[오픈백과] 영역에서 내가 올린 집필 지식의 목록이 나올 것이다.

고객의 관심을 가장 쉽게 알 수 있는 부분이 바로 '추천'이다. 추천을 누른 고객은 내 콘텐츠에 만족했다고 볼 수 있으며 첫 번째 글은 작성이 2014년 8월 20일임에도 13개의 추천을 받았고, 2015년 4월 기준으로 계산해보면 한 달에 1.6개를 받은 것이 된다. 이런 방법으로 한 달 평균 추천 수는 물론 추천 수를 통해 고객의 관심도 알 수 있다.

▲ 필자가 운영 중인 지식iN 집필 글의 일부

집필한 글로 들어가면 제목 우측에 조회 수가 나온다. 그림에서는 400회로, 작성일부터 2015년 4월까지 한 달에 평균 50회 정도 조회하고 있음을 추측할 수 있다. 이 지식iN 글의 경우는 '블로그마케팅교육'이라는 키워드를 노리고 작성했다.

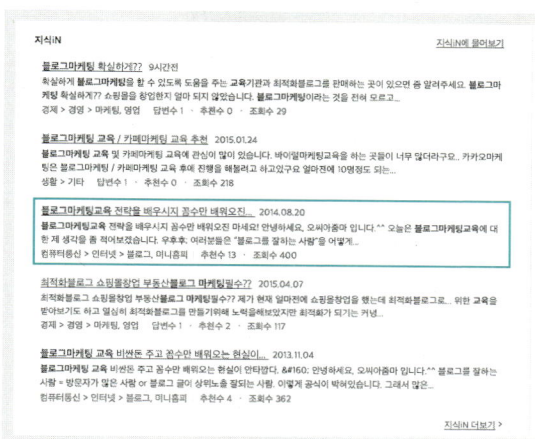 

▲ '블로그마케팅교육' 검색 시 PC(좌)와 모바일(우) 결과

타깃 키워드인 '블로그마케팅교육'으로 검색했을 때 노출되는지 알아보기 위해 검색창에 검색해봤다. 그 결과 월 50회 정도의 조회는 그림과 같이 PC와 모바일 모두에서 해당 분야 상위에 노출되었다. 따라서 '이 키워드는 잘되는 키워드구나'라고 생각하면 된다. 물론 순위 변화, 주변 게시물 상황, 콜렉션 랭킹 등을 명확하게 반영할 수는 없다. 지식iN 집필의 한계이지만 이런 통계를 통해서라도 고객들에게 내 콘텐츠가 얼마나 어필되고 있는지 짐작할 수 있을 것이다.

4. 지도 통계 분석하기

"어? 지도에도 통계가 있어요?"라는 질문을 많이 받는다. 그렇다. 지도도 몇 명이 방문했는지의 간단한 통계는 네이버에서 제공해주고 있다. 단 본인의 네이버 아이디로 등록한 지도 정보만 확인할 수 있다.

▲ 네이버 지도에서도 간단한 통계를 볼 수 있다

로그인 후 네이버 지도에서 [정보수정·통계]를 누르면 통계가 나온다.

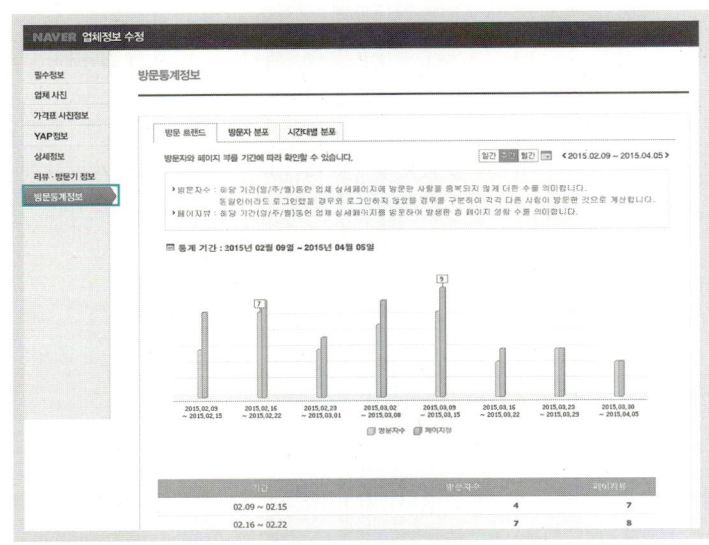

▲ 네이버 지도의 방문 통계 정보

'업체정보수정'이라는 팝업창이 뜨는데 좌측 메뉴에서 [방문통계정보]를 누르게 되면 [방문 트렌드], [방문자 분포], [시간대별 분포]의 통계를 알 수 있다. 이 중에서 가장 의미 있는 항목은 '방문 트렌드'이다. 네이버에 등록된 지도에 하루 몇 명의 방문자가 방문했는지, 블로그, 홈페이지, 전화번호 그리고 매장에 대한 상세 설명을 몇 명의 고객이 봤는지 간단한 통계로 파악할 수 있다. 다만 이 숫자 외의 유입 키워드, 유입 경로 등은 나오지 않기 때문에 큰 의미를 두기엔 부족함이 많은 통계이다.

02 홈페이지 통계 분석

브랜드 마케팅에서 중요한 것은 홈페이지이며, 나와 평생 함께 갈 마케팅 채널 역시 홈페이지이다. 고객을 어떻게 하면 내 홈페이지로 많이 유입시킬 수 있을지 많은 사람이 고민한다. 지금까지 네이버 마케팅에 대해 주된 이야기는 다양한 키워드로 다양하게 노출하는 방법이었다. 그런데 이런 마케팅 전략의 성적표가 있어야 한다. 이게 바로 홈페이지 통계이다. 지금부터 하나씩 알아보자.

1. 로그분석 프로그램의 종류

로그분석 프로그램의 종류는 많다. 무료는 구글 애널리틱스 www.google.com/intl/ko/analytics, 네이버 애널리틱스 analytics.naver.com, 유료는 에이스카운터 www.acecounter.com, 로거 www.bizspring.co.kr 등이 대표적이다. 세계적으로 가장 많이 쓰고 다양한 기능을 갖추고 있는 것은 말할 것도 없이 구글 애널리틱스이다. 하지만 초보자가 익히기 어렵고 네이버가 웹 표준을 지키지 않아 몇몇 통계는 정확하지 않다. 즉 네이버 중심의 마케팅을 할 때는 예외가 자주 발생한다. 반면 에이스카운터와 로거는 네이버에 최적화된 로그분석 프로그램이다. 유료이기 때문에 선뜻 사용이 망설여지고 잘 쓰지 않는 기능이 많은 편이다. 초보자가 돈 주고 에이스카운터를 쓰기에는 돈 낭비일 수도 있다.

▲ 네이버 애널리틱스 홈페이지

 필자는 네이버 애널리틱스를 추천한다. 아직까지는 기본적인 통계만 제공해주고 있어 앞서 소개한 세 가지 프로그램에 비해서 기능이 부족한 것은 사실이다. 그러나 기초적인 통계 항목은 실제로 작은 기업에서 꼭 체크해야 하는 항목이며 마케팅 성과를 측정하는 중요한 지표이다. 지금 당신이 로그분석의 초보자라면 네이버 애널리틱스를 사용하길 적극 추천한다.

2. 유입률이 높은 키워드는 무엇인가

만약 구글 중심의 마케팅을 했다면 유입 키워드가 매우 중요하다. 구글은 홈페이지의 웹문서가 노출되기 때문에 콘텐츠에 어떤 키워드가 세팅되어 있는지 매우 중요하다. 그러나 네이버는 홈페이지가 노출될 수 있는 영역이 사이트 영역과 웹문서 영역 두 곳이며, 아직까지 네이버 통합검색 영역에서 큰 비중을 차지하고 있지 않기 때문에 블로그와 달리 어떤 키워드로 많이 들어왔는지에 대한 분석은 큰 비중을 차지하지 않는다.

특히 과거 홈페이지는 웹 표준을 지키지 않고 제작된 사례가 많아 홈페이지가 노출될 수 있는 영역이 사이트밖에 없다. 당연히 유입 키워드는 더 줄어든다. 물론 네이버 검색광고를 집행하면 광고를 통해 들어온 키워드도 유입 키워드에 집계된다. 그래서 고객이 사이트나 웹문서 영역에서 내 홈페이지에 왔는지, 키워드 검색광고를 통해 왔는지는 별도로 구분되지 않는다.

▲ 필자의 홈페이지 유입 검색어 순위

필자의 홈페이지는 '한국마케팅교육원'이라는 사이트명을 검색해서 많이 들어오고 있다. 대부분 홈페이지가 사이트명으로 검색해 들어오는 방문자 비중이 높을 것이다.

▲ '한국마케팅교육원' 사이트 등록 현황

그렇기 때문에 네이버에서는 희소성이 높은 사이트명으로 사이트 등록시켜야 고객들이 큰 어려움 없이 내 홈페이지를 쉽게 찾을 수 있다.

유입 키워드 분석은 블로그와 마찬가지로 상위 10위 안의 키워드 중 최소 50%가 내게 돈을 벌어줄 수 있는 키워드인지 확인해본다. 블로그 통계와 다른 것은 블로그는 상위 10위까지만 알려주지만 네이버 애널리틱스의 경우에는 거의 모든 키워드를 알려준다. 모든 세부 키워드의 유입을 확인할 수 있기 때문에 어떤 키워드가 고객들이 검색하는 유의미한 키워드인지 쉽게 확인할 수 있다.

홈페이지의 유입 키워드는 아직 네이버 통계분석에서 큰 부분을 차지하진 않는다. 홈페이지가 노출될 수 있는 영역이 제한되어 있기 때문이다. 그러나 앞으로 네이버가 웹문서 부분을 강화한다고 하니 이 부분을 관심 있게 지켜보도록 하자.

3. 어떤 경로에서 많이 들어왔는가

농사를 지을 때 씨를 뿌리고 정성스럽게 가꾸다 적절한 때 수확을 한다. 마케팅도 마찬가지이다. 콘텐츠를 정성스럽게 만들어 노출시키면 시의적절할 때 고객이 구매를 한다. 다양한 마케팅 채널을 통해 농부가 씨를 뿌리며 가꾸듯 브랜딩이 된 콘텐츠를 만들고 배포했다면 이제 다양하게 노출시킨 마케팅 채널 중 어떤 채널에서 매력적으로 어필되고 있는지 파악하는 수확의 과정이 필요하다. 이것이 파악되어야 어떤 채널에 집중을 해야 할 것인가를 알 수 있다.

▲ 필자의 홈페이지 7일간 유입 경로 분석

그림은 필자의 홈페이지의 7일간 유입 경로이다. 대부분 유입 경로 표기는 네이버 블로그 통계와 비슷하게 나온다. 유념해서 볼 것은 다음의 두 가지이다.

1 다이렉트 유입

다이렉트^{direct} 유입이란 고객이 직접 검색창에서 내 홈페이지 주소를 쳐서 들어오는 경우이다. 과거에는 브라우저의 북마크에 설정되어 있거나 바탕화면에 바로가기가 설치되어 있을 때 표기되었으나 최근 다이렉트의 의미가 확장되었다. SNS나 애플리케이션을 통해 들어온 유입 역시 다이렉트 유입으로 분석되고 있다.

최근 SNS나 애플리케이션에서의 유입이 폭발적으로 늘고 있지만 구글 애널리틱스와 네이버 애널리틱스를 포함한 대부분 애널리틱스가 애플리케이션에서의 유입을 분석하고 있지 못하다. 예를 들어 카카오톡을 통해서 공유된 링크는 홈페이지에 방문하더라도 '카카오톡'이 아닌 'direct'로 경로가 표시된다.

앞으로 애널리틱스의 다양한 기능들이 업데이트되면서 이런 부분은 해결될 것이지만 현재는 다이렉트 유입 중 상당 부분이 SNS나 애플리케이션을 통해 들어왔다고 가정하는 수밖에 없다. 페이스북이나 카카오스토리, 카카오톡, 문자 메시지 등으로 마케팅을 열심히 했는데 경로에서 확인할 수 없다고 슬퍼하지 말자. 이 경로들은 이미 'drirect'에 포함되어 있다.

2 search.naver.com와 m.search.naver.com

필자의 홈페이지 유입 경로 중 1위와 2위는 네이버 모바일과 PC를 통한 유입이다. 하지만 정확히 어떤 영역에서 들어오고 있는지 알 수 없다. 현재 필자의 홈페이지는 사이트 영역과 웹문서 영역에서 노출되고 있다. 그런데 유입 경로만 봐서는 어느 영역을 통해 들어왔는지 알 수 없다. 그냥 네이버 통합검색을 통해서 들어왔다는 정도만 알 수 있지 정확한 영역은 파악이 어렵다. 블로그는 블로그 영역에만 노출되기 때문에 이런 고민이 필요 없지만, 홈페이지는 이런 고민을 해야 한다. 하지만 안타깝게도 아직까지는 구분할 수 있는 방법이 없다. 네이버 통합검색 영역에서 노출시키는 홈페이지의 숙명이라고 생각하자.

참고로 검색광고는 에이스카운터, 로고 등 유료 통계 프로그램을 통해서는 구분이 가능하지만, 구글애널리틱스와 네이버애널리틱스로는 구분되지 않는다. 특히 네이버 애널리틱스는 검색광고를 통한 유입을 따로 구분하지 않고 search.naver.com와 m.search.naver.ccm로 잡는다.

다음은 유입 경로별로 마케팅 채널을 정리한 것이다. 참고하도록 하자.

- search.naver.com, m.search.naver.com 네이버의 검색광고, 통합검색
- search.daum.net, m.search.daum.net 다음의 검색광고, 통합검색
- blog.naver.com/**** 브랜드 블로그, 체험단 블로그
- *.facebook.com 페이스북(100% 정확하게 잡히지 않고 일부만 잡힘)
- redirect-story.kakao.com 카카오스토리(100% 정확하게 잡히지 않고 일부만 잡힘)
- 타사 사이트 주소 타 업체의 홈페이지 통한 유입
- mail.****.com/net 고객의 이메일을 통한 유입
- direct SNS, 애플리케이션, 문자메시지 등을 통한 유입

모든 유입 경로를 다 정리할 수는 없지만 대략적으로 살펴보면서 내 홈페이지의 유입 중 어떤 마케팅 채널의 비중이 높은지 확인해야 한다. 만약 블

로그 체험단을 10명 진행했는데 10만 원이 들었다면 체험단 한 명에 1만 원의 광고비가 들어간 것이다. 그리고 체험단 집행 후 일주일간 홈페이지의 유입 경로를 분석해봤더니 체험단을 통해 내 홈페이지에 들어온 고객이 1천 명이라면 고객 한 명을 유입시키는 데 약 10원의 비용이 투자된 것이다. 키워드 광고나 다른 광고에 비해 매우 낮은 편이라고 할 수 있다. 그런데 고객의 유입이 10명이었다면 한 명의 고객이 홈페이지에 들어오기 위해서는 약 1천 원의 광고비가 소진되는 것이다. 키워드 광고나 여타 다른 광고에서도 1천 원은 비싼 편에 속한다.

블로그 체험단을 통한 유입에서 한 가지 더 고려해야 하는 부분이 있다. 블로그 체험단 1차를 10명으로 진행한다면 체험단의 글 열 개가 네이버에 노출될 것이다. 한 달 후 2차를 열 명, 다시 한 달 후 3차를 열 명 진행한다면, 네이버에서 노출되는 글 역시 과거에 이미 진행된 글까지 서른 개로 늘어난다. 온라인 광고의 경우 광고 집행을 하지 않으면 노출이 되지 않지만, 체험단의 경우는 체험단이 끝나더라도 블로그 글은 계속 살아 있어 검색에 노출된다는 특징이 있다. 즉 체험단을 지속적으로 진행하면 네이버에 노출되는 블로그 글의 양이 늘어나 장기적으로 유입 방문자 수는 늘어나게 되고, 유입 비용 역시 줄어든다.

지금까지 유입 경로에 대해 알아봤다. 만약 웹문서가 활성화되었다면 홈페이지 최적화와 유입 키워드 분석이 중요하다. 그러나 국내에서는 현재 웹문서가 아직 활성화되지 않은 네이버 통합검색으로 인해 가장 무게 중심을 두고 분석해야 하는 것은 유입 경로이다.

내가 투자한 마케팅 채널에서 많은 유입이 일어나야 한다. 지금 여러분이 투자한 마케팅 채널에서 얼마나 많은 고객이 들어오고 있는가? 지금 바로 확인하라.

4. 체류 시간과 이탈률은 어떠한가

소개팅을 할 때도 상대가 마음에 들면 오랜 시간 만남이 이어지고 반대로 마음에 들지 않으면 최대한 빨리 각자의 집으로 향한다. 홈페이지에 방문한 고객도 마찬가지이다. 고객이 내 홈페이지에 오래 머무른다면 그만큼 구매할 확률이 높아진다고 할 수 있다. 고객이 내 홈페이지서 회원가입을 하거나 제품에 대해서 알아보고, 사이트 구석구석 뒤져본다면 이 고객은 실제로 구매할 가능성이 매우 높은 것이다. 고객이 홈페이지에 들어와 머무른 시간, 즉 체류 시간이 길어야 한다.

▲ 필자 홈페이지의 체류 시간 분포

물론 홈페이지마다 체류 시간의 기준은 다르겠지만 가급적 길게 고객을 머무르도록 하는 것이 좋다. 체류 시간이 짧다는 것은 콘텐츠가 마음에 들어서 홈페이지에 들어왔지만 막상 홈페이지의 콘텐츠는 마음에 들지 않아

나가버리는 것이나 마찬가지이다. 최소한 콘텐츠를 읽을 수 있는 30초 이상 홈페이지에 머무는 고객이 늘어날 수 있도록 홈페이지 콘텐츠를 수정하는 것이 좋다.

▲ 한 쇼핑몰의 제품 소개 페이지

재미있는 사례가 있다. 한 쇼핑몰의 체류 시간이 어느 날 1분 이상 상승했다. 굉장히 극적으로 상승한 것이었다. 그 이유는 바로 제품 소개 페이지의 동영상 때문이었다. 제품 소개의 일부로 넣은 동영상을 고객이 감상하면서 상승한 것이었다. 이는 곧 고객에게 제품에 대한 긍정적인 이미지를 심어주고, 매출로 상승으로 이어졌다.

고객이 내 홈페이지에 들어오는 데까지 성공했다면 가급적 오래 머무를 수 있도록 홈페이지를 구성해야 한다. 이때 동영상은 꽤 매력적인 방법이다.

5. 어떤 지역에서 많이 들어왔는가

온라인 쇼핑몰은 크게 상관 없지만 오프라인 매장의 경우 어떤 지역에서 내 홈페이지에 들어왔는지가 매우 중요하다. 왜냐하면 오프라인 매장은 고객이 직접 방문해야 하는데 고객의 지역과 오프라인 매장의 거리가 너무 멀면 방문은 거의 힘들다고 할 수 있다.

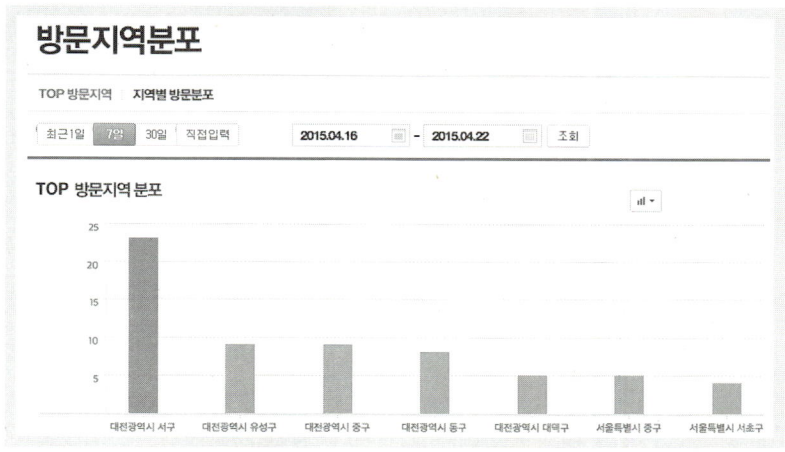

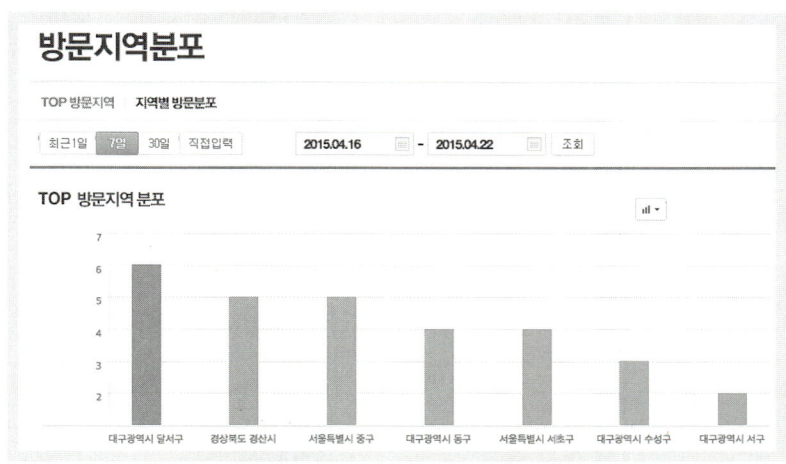

▲ 대전(위)과 대구(아래)를 기반으로 오프라인 업체의 방문 지역 분포 통계

그림을 보면 대전과 대구를 기반으로 하는 두 업체의 홈페이지 유입 통계가 확연히 구분되는 것을 알 수 있다. 당연히 대전에 있는 오프라인 업체에서는 대전의 고객들이 많이 검색해야 하고 대구는 대구에 있는 고객이 많이 검색해야 한다. 그래야 거리가 가까워 방문을 통해 구매할 수 있다. 실제로도 두 업체의 유입을 보면 고객이 매장에 올 수 있는 거리의 지역에서 많이 유입되고 있다. 만약 내 헤어숍이 대전에 있는데 홈페이지 유입은 서울과 경기 지역이 많다면 지역명과 키워드 조합을 다시 생각해봐야 한다. 서울과 경기도 고객이 머리를 하기 위해서 대전까지 내려오는 것은 말도 안 된다. 그래서 오프라인 매장이 있다면 키워드 추출 시 지역명을 키워드와 함께 잘 조합하는 것이 중요하다.

홈페이지는 이러한 지역명 콘텐츠의 배포 결과물이라고 봐야 한다. 지금 바로 홈페이지 통계를 확인해보고 실제 고객이 매장으로 방문 가능한 지역에서 내 홈페이지에 들어왔는지의 여부를 파악하자. 그리고 방문이 힘든 지역의 유입이 많다면 지역명 키워드를 더 적극적으로 사용하자. 다시 한 번 강조하지만 오프라인 매장이 있다면, 특히 서울이 아닌 지역에 매장이 있다면 지역 키워드에 사활을 걸어야 한다.

6. PC와 모바일의 유입 비율은 어떠한가

앞서 키워드 성향을 분석하면서 모바일과 PC에서의 검색량을 비교해봤다. 실제 키워드에 따라서 모바일과 PC의 검색량은 달랐다. PC에 앉은 고객을 주로 타깃으로 하는 키워드, 예를 들면 '카카오스토리 마케팅' 같은 경우 PC 검색량이 많았고, 모바일에서 여성들이 쉽게 구매하는 키워드, 예를 들면 '사과직거래'의 경우는 모바일 검색량이 PC보다 많았다. 이런 성향은 홈페이지 유입에도 영향을 미친다.

이 통계를 통해 콘텐츠 제작 시 모바일과 PC 중 어디에 무게 중심을 둘지 쉽게 결정할 수 있다. 또한 기존 고객에게 콘텐츠를 제공할 때 문자 메시지, 카카오톡으로 보내느냐 이메일로 보내느냐 등을 결정할 수 있다. 다만 키워드 성향 분석은 모바일 유입이 많았지만 실제로 홈페이지 유입이 PC가 많다면 모바일에서 충분히 콘텐츠를 노출시키고 있지 못하다는 이야기와 동일하다. 이런 경우는 보다 적극적으로 모바일에 콘텐츠를 노출시킴으로써 모바일을 통한 홈페이지 유입을 유도해야 한다.

7. 이 전화는 무엇을 보고 걸려왔는가

오프라인 매장을 운영하거나 고객과 상담이 중요한 업종의 경우 가장 강력한 전환은 '전화'이다. 고객이 전화를 했다는 것은 온라인 상담 혹은 문자, 카카오톡을 남긴 경우보다 훨씬 더 구매에 대한 욕구가 있다. 그래서 모바일 홈페이지를 만들 때 오프라인 매장이 있다면 '전화걸기' 버튼이 가장 잘 보이는 곳에 위치해야 한다.

그리고 또 하나 중요한 것은 과연 이 전화는 어디서 걸려왔는가이다. 바로 유입 경로가 중요하다. 고객이 홈페이지에 들어왔다면 통계를 통해서 경로를 정확하게 알 수 있다. 그러나 전화는 "무엇을 보고 전화하셨어요?"라는 질문을 하지 않는 이상 정확하게 알 수 없고, 고객 역시 정확히 어디서 보고 왔는지 기억하지 못하는 경우가 많다.

그런데 네이버가 비즈캐쳐biz-catcher.naver.com 서비스를 출시했다. 이를 통해 고객이 무엇을 보고 전화했는지 알 수 있다. 다만 검색광고, 사이트, 지도 등 네이버 서비스를 통한 전화만 가능하다.

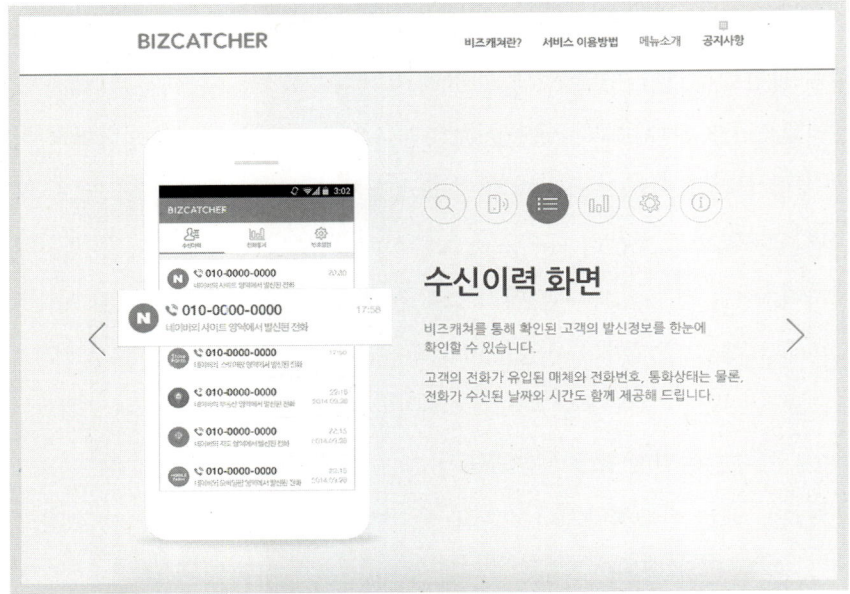
▲ 네이버 비즈캐쳐 홈페이지

　네이버 서비스 중 전화번호가 연동될 수 있는 영역은 검색광고, 사이트, 지도, 지도 애플리케이션 등이다. 이곳에서 고객이 전화를 걸면 비즈캐쳐를 통해 전화의 유입 경로를 알수 있다. 물론 현재는 홈페이지를 포함해 네이버 서비스 외의 영역에서 전화를 걸었을 때는 유입 경로를 알 수 없다. 오로지 네이버 서비스에서만, 그리고 안드로이드 OS에서만 가능하다.

8. 전략 점검 및 노출 계획

　통계는 성적표이다. 내가 브랜딩한 콘텐츠를 다양한 키워드와 마케팅 채널을 통해 노출시켰을 때 고객이 이 콘텐츠로 내 홈페이지에서 얼마나 구매와 관련된 행위를 했는지의 평가이다. 평가를 받았다면 평가를 기준으로 전략을 수정해야 한다.

브랜드 블로그와 체험단 블로그를 통해 내 홈페이지에 방문한 고객이 얼마나 구매했는지 알아야 고객 한 명의 유입 비용이 계산된다. 이 유입 비용은 키워드 광고에 비해서 낮다면 블로그를 통한 유입에 적극적으로 노출시켜야 하며, 반대로 키워드 광고의 유입 비용이 낮다면 키워드 광고를 더 활성화시키고 블로그를 통한 유입을 낮출 필요가 있다.

또한 홈페이지의 구성에 대해서도 고민을 해야 한다. 고객이 내 홈페이지에 방문해서 평균 30초 이하로 머문다면 내 홈페이지의 콘텐츠가 매력적이지 않다는 것이다. 이럴 때 고객이 좋아할만한 콘텐츠로 홈페이지의 내용을 바꿔야 한다. 또한 고객이 모바일로 많이 유입되고 있는데 나는 PC에서 보기 좋은 콘텐츠를 만들고 있다면 고객을 외면하는 일이다. 그래서 통계 성적표는 매주 확인해야 하고, 최소 유입 경로, 유입 키워드, 유입 지역 항목의 변화에 주목하고 분석해야 한다. 이런 과정을 통해서 나에게 최적화된 마케팅 시스템은 더욱 굳건해질 것이다.

에필로그

　필자가 병원에서 온라인 마케팅을 시작했을 때, 브랜딩에 대한 개념이 없었다. 일단 방문자를 늘려야 하니, 가장 손쉬운 방법이 돈을 쓰는 키워드광고였다. 키워드광고를 먼저 배우고 실무에 바로 적용했다. 그런데 광고비를 많이 사용하면 방문자는 많이 늘어났지만 매출로 이어지는 비율은 낮았다. 특히 홈페이지 통계를 보니 홈페이지에 방문해도 바로 나가버리는 이탈률이 높았으며, 체류 시간 역시도 굉장히 낮았다. 이는 고객이 홈페이지의 콘텐츠에 만족하지 못한다는 뜻이었다. 키워드 광고로만 노출시키는 것은 한계가 있었다. 그래서 네이버에서 블로그를 시작했고 뒤이어 카페, 지식iN 등 다양한 영역에 노출시켰다. 그 결과 블로그와 카페 지식iN을 통한 유입이 늘어나면서 홈페이지 방문자 역시 확실히 늘어났다.

　그러나 이렇게 1년 이상 운영하다 보니 문제가 생기기 시작했다. 크게 세 가지였다. 첫째, 브랜딩에 대한 문제였다. 고객에게 내 브랜드가 추구하는 이야기를 하기보다는 일단 노출하고 보자라는 생각으로 검색량이 많은 키워드를 활용해 노출시켰더니 방문자는 늘어났지만, 매출로 이어지는 경우가 여전히 낮았다. 즉 돈을 안 쓸 고객에게 에너지를 쏟고 있었던 것이다. 둘째, 지속적인 콘텐츠 관리였다. 처음에는 키워드광고 하나만 관리를 하다가 다양한 영역에 노출을 시도하다 보니 관리하는 채널이 늘어나기 시작했고, 꾸준한 운영이 문제가 되었다. 특히 콘텐츠를 지속적으로 생산해야 했기 때문에 동일한 키워드로 비슷한 글은 물론 블로그, 카페, 지식iN에도 써야 했고 효율적인 운영이 불가능했다. 마지막 문제는 고객 관리를 아예 시도조차 하지 못했다. 단순히 노출시키고 방문 수만 늘리는 데 모든 에너지를 쏟다 보니 기존 고객에게 지속적으로 재방문과 구매를 유도하는 전략은 시간이 없다는 핑계로 손도 대지 못했다.

다시 마케팅 전략을 점검했다. ❶브랜드 콘셉트 결정, ❷거기에 맞는 키워드를 추출, ❸홈페이지 구축, ❹사이트 및 지도 등록, ❺신규 고객의 유입을 네이버 노출, ❻기존 고객을 관리하는 시스템 구축으로 마케팅 전략을 구성했다. 브랜딩을 바탕으로 나에게 돈을 쓸 고객에게 효과적인 노출을 시도했기에 홈페이지의 방문자가 늘어남과 동시에 이탈률이 줄었으며, 체류 시간 또한 길어졌다. 특히 이 고객들은 특정 영역만 보는 것이 아니라 다양한 영역에서 두 개 이상의 콘텐츠를 보고 내 홈페이지에 들어오는 경우가 많았다. 또한 업체명을 바로 검색해 들어오는 고객도 늘어났으며, 콘텐츠 생산 효율성도 높아졌다. 과거에는 다양한 노출을 시도하다 지쳐 결국 블로그 몇 개만 운영했는데, 하나의 콘텐츠를 비슷하게 표현해 쉽게 콘텐츠를 생산하고, 유사문서 정책이 적용되지 않는 영역에는 기존 콘텐츠를 그대로 사용해 노출의 효과를 높였다. 이렇게 신규 고객을 효율적으로 유입시킴과 동시에 기존 고객을 관리할 수 있는 시간적 여유가 생기게 되었다.

필자가 오프라인 강의나 온라인 상담을 할 때 어떻게 하면 블로그 영역의 상위에 노출되는지 물어보는 분이 생각보다 많다. 그러나 본문에서도 언급했듯이 블로그를 안정적으로 상위에 노출시키는 방법은 없다. 네이버가 수시로 검색 로직과 정책을 바꾸기 때문이다. 그런데 블로그 외의 영역에 관심을 가지거나 어떻게 콘텐츠를 작성해야 하는지에 대한 문의는 상대적으로 적은 편이다.

블로그가 매우 중요한 영역인 것은 분명하지만 블로그가 네이버 마케팅의 전부는 아니다. 이때 반드시 생각해봐야 할 것은 고객의 입장이다. 고객은 블로그 영역 하나만 보는 것이 아니라 네이버 통합검색의 전체를 보고 내 브랜드를 판단한다. 또한 고객에게 노출되었을 때, 고객의 지갑을 열기 위해서는 매력적인 콘텐츠가 중요하다.

마지막으로 셋째 출산을 앞두고 물심양면으로 내조를 아끼지 않는 아내 수진이에게 사랑한다는 말을 전한다.

네이버 마케팅 컨설팅북

초판 1쇄 발행 | 2015년 9월 20일

지 은 이 | 오종현
펴 낸 이 | 이은성
펴 낸 곳 | e비즈북스
편   집 | 김은미
디 자 인 | 백지선

주   소 | 서울시 동작구 상도동 206 가동 1층
전   화 | (02) 883-9774
팩   스 | (02) 883-3496
이 메 일 | ebizbooks@hanmail.net
등록번호 | 제 379-2006-000010호

ISBN 979-11-5783-019-0 03320

e비즈북스는 푸른커뮤니케이션의 출판브랜드입니다.

이 도서의 국립중앙도서관 출판시도서목록(CIP)은 서지정보유통지원시스템 홈페이지(http://seoji.nl.go.kr)와
국가자료공동목록시스템(http://www.nl.go.kr/kolisnet)에서 이용하실 수 있습니다.(CIP제어번호: CIP2015023942)